全国期货从业人员资格考试辅导系列

期货投资分析

过关必做1000题(含历年真题)

(第3版)

主编:圣才学习网
www.100xuexi.com

中国石化出版社

内 容 提 要

本书是全国期货从业人员资格考试科目“期货投资分析”过关必做习题集。本书遵循最新版教材的章目编排，共分为10章，根据最新全国期货从业人员资格考试大纲中“期货投资分析”科目的要求及相关法律法规精心编写了约1000道习题，其中包括历年机考真题。所选习题基本涵盖了考试大纲规定需要掌握的知识内容，侧重于选编常考重难点习题，并对大部分习题进行了详细的分析和解答。

圣才学习网(www. 100xuexi. com)提供全国期货从业人员资格考试等各种考试辅导方案【视频课程、电子书、题库等】。购书即可享受大礼包增值服务【本书电子书(手机版、电脑版)】。手机扫码(本书封底)领取本书大礼包。

图书在版编目(CIP)数据

期货投资分析过关必做1000题:含历年真题/圣才学习网主编. —3版. —北京:中国石化出版社,2023. 4 (2025. 6重印)

ISBN 978 - 7 - 5114 - 7064 - 5

Ⅰ. ①期… Ⅱ. ①圣… Ⅲ. ①期货交易 - 投资分析 - 资格考试 - 习题集 Ⅳ. ①F830. 9 - 44

中国国家版本馆CIP数据核字(2023)第075057号

中国石化出版社出版发行

地址:北京市东城区安定门外大街58号

邮编:100011 电话:(010)57512500

发行部电话:(010)57512575

http://www. sinopec-press. com

E-mail:press@ sinopec. com

武汉市盛宏源印务有限公司印刷

全国各地新华书店经销

*

787毫米×1092毫米 16开本 10. 25印张 258千字

2023年5月第3版 2025年6月第2次印刷

定价: 38. 00元

序　言

为了帮助考生顺利通过全国期货从业人员资格考试，我们根据最新考试大纲和指定参考教材精心制作了全国期货从业人员资格考试辅导系列：

1. 期货从业资格考试过关必做2000题(含历年真题)【期货基础知识+期货法律法规】

2. 期货投资分析过关必做1000题(含历年真题)

本书是全国期货从业人员资格考试科目“期货投资分析”过关必做习题集。本书遵循最新版教材的章目编排，共分为10章，根据最新全国期货从业人员资格考试大纲中“期货投资分析”科目的要求及相关法律法规精心编写了约1000道习题，其中包括历年机考真题。所选习题基本涵盖了考试大纲规定需要掌握的知识内容，侧重于选编常考重难点习题，并对大部分习题进行了详细的分析和解答。

购书即可享受大礼包增值服务。手机扫码(本书封底)领取本书大礼包。具体包括：本书电子书(手机版、电脑版)。

与本书相配套，圣才学习网提供全国期货从业人员资格考试视频课程、电子书、题库。

圣才学习网(www.100xuexi.com)是一家为全国各类考试和专业课学习提供名师视频课程、电子书、题库等全方位教育服务的综合性学习型视频学习网站，拥有近100种考试(含418个考试科目)、194种经典教材(含英语、经济、管理、证券、金融等共16大类)，合计近万小时的面授班、网授班课程。

资格考试：www.100xuexi.com(圣才学习网)

考研辅导：kaoyan.100xuexi.com(圣才考研网)

圣才学习网编辑部

目 录

第一章　宏观经济分析与指标

一、单项选择题(以下各小题所给出的 4 个选项中，只有 1 项最符合题目要求，请将正确选项的代码填入括号内)

1. 居民将储蓄存款取出购买理财产品，对货币供应量的影响是(　　)。[2025 年 3 月真题]

A. M0　　B. M1

C. M2　　D. 不变或上升或下降

【解析】M2 是指银行存款中的定期存款、储蓄存款以及各种短期信用工具。当居民将储蓄存款取出时，这部分资金不再属于储蓄存款，因此 M2 会减少。如果居民将储蓄存款取出后以现金形式持有或存入活期账户，M1 会增加，M2 总量不变(因为 M1 本身就是 M2 的一部分)。但题目中明确是“购买理财产品”，理财产品通常不计入 M1 或 M2(除非是短期或货币基金类产品可能计入 M2，但一般非银理财产品不属于 M2)。如果购买非银理财产品，大部分理财产品(尤其是非保本理财)不属于 M2 的统计范围，因此储蓄存款转为理财产品会导致 M2 减少。

2. 经济处于复苏期，还未到繁荣期，持有以下哪种期货比较合适？(　　)。[2025 年 3 月真题]

A. 中期国债期货　　B. 长期国债期货　　C. 中期股指期货　　D. 长期股指期货

【解析】经济复苏期，经济增长开始回升，但尚未过热。货币政策可能保持宽松或逐步转向中性，市场利率处于低位或缓慢上升。股票市场逐步回暖，企业盈利改善，但波动可能较大。债券市场对利率变动敏感，尤其是长期债券价格可能因利率上行预期而承压。A 项，中期国债对利率的敏感性低于长期国债，在经济复苏期利率上行压力下，中期国债的波动和风险相对较小，适合防御性配置。B 项，长期国债对利率最敏感，若经济复苏伴随利率上行预期，长期国债价格可能下跌，风险较高。C 项，股指期货受益于经济复苏带来的企业盈利改善，但中期合约的波动性可能低于短期合约，适合参与股市上涨的同时控制风险。D 项，长期股指期货对经济复苏的反映更充分，但若市场对远期经济存疑(如政策收紧预期)，可能面临较大波动。综上所述，中期股指期货是更优选项。经济复苏期股票市场通常表现较好，中期合约既能捕捉上涨趋势，又避免长期合约的过度波动或不确定性。

3. 下列关于扩张性财政政策和扩张性货币政策对经济和利率的影响，正确的是(　　)。[2025 年 5 月真题]

A. 扩张性财政政策会降低利率

B. 扩张性货币政策会提高利率

C. 扩张性财政政策和扩张性货币政策会刺激总需求

D. 当经济严重通胀时，应采用扩张性财政政策和扩张性货币政策

1C　2C　3C

【解析】在经济萧条时，总需求不足，政府会采用扩张性财政政策，增加支出、削减税收和降低税率等措施来刺激总需求增加，从而国民收入与就业增加，进而使经济复苏。当经济衰退时，政府采用扩张性货币政策，通过在金融市场上购买有价证券、降低贴现率和准备金率以增加货币供给，使利率下降，进而刺激投资和消费，使国民收入增加。

4. (　　)是指金融机构为保证客户提取存款和资金清算需要而准备的资金。[2022年7月真题]

A. 存款准备金　　B. 法定存款准备金
C. 超额存款准备金　　D. 库存资金

【解析】存款准备金，是指金融机构为保证客户提取存款和资金清算需要而准备的资金，金融机构按规定向中央银行缴纳的存款准备金占其存款总额的比例就是存款准备金率。存款准备金分为法定存款准备金和超额存款准备金。法定存款准备金比率由中央银行规定，是调控货币供给量的重要手段之一。超额准备金比率由商业银行自主决定。

5. 在我国，金融机构按法人统一存入中国人民银行的准备金存款不得低于上旬末一般存款余额的(　　)。[2022年7月真题]

A. 4%　　B. 6%　　C. 8%　　D. 10%

【解析】在我国，中国人民银行对各金融机构法定存款准备金按旬考核，如果金融机构按法人统一存入中国人民银行的准备金存款低于上旬末一般存款余额的8%，对其不足部分按每日万分之六的利率处以罚息。

6. (　　)是各外汇指定银行以中国人民银行公布的人民币兑美元交易基准汇价为依据，根据国际外汇市场行情，自行套算出当日人民币兑美元、欧元、日元、港币以及各种可自由兑换货币的中间价。[2022年7月真题]

A. 银行外汇牌价　　B. 外汇买入价　　C. 外汇卖出价　　D. 现钞买入价

【解析】银行外汇牌价是各外汇指定银行以中国人民银行公布的人民币对美元交易基准汇价为依据，根据国际外汇市场行情，自行套算出当日人民币兑美元、欧元、日元、港币以及各种可自由兑换货币的中间价。外汇指定银行可在中国人民银行规定的汇价浮动幅度内，自行制定各挂牌货币的外汇买入价。

7. 某基金经理决定卖出股指期货，买入国债期货来调整资产配置，该交易策略的结果为(　　)。[2021年12月真题]

A. 预期经济增长率上升，通胀率下降　　B. 预期经济增长率上升，通胀率上升
C. 预期经济增长率下降，通胀率下降　　D. 预期经济增长率下降，通胀率上升

【解析】根据美林时钟投资理论，当经济增长率下降、通胀率下降时，最佳投资资产类别为债券。

8. (　　)是衡量一个国家或地区经济发展水平和富裕程度的重要综合指标。[2020年11月真题]

A. GDP　　B. 人均GDP
C. 居民可支配收入　　D. 消费价格指数

4A　5C　6A　7C　8B

【解析】国内生产总值与人口指标相结合可以计算人均 GDP。人均 GDP 是衡量一个国家或地区经济发展水平和富裕程度的重要综合指标。把各国人均 GDP 折算成同一货币，可以进行国际比较，反映各国的富裕程度。

9. 上海银行间同业拆借利率是从(　　)开始运行的。[2020 年 11 月真题]

A. 2008 年 1 月 1 日　　B. 2007 年 1 月 4 日

C. 2007 年 1 月 1 日　　D. 2010 年 12 月 5 日

【解析】2007 年 1 月 4 日开始运行的上海银行间同业拆借利率(Shibor)，是目前中国人民银行着力培养的市场基准利率。

10. 若美国 ISM 采购经理人指数高于 50%，则生产活动在______，若指数低于 43%，则表明经济有______的倾向。(　　)[2018 年 11 月真题]

A. 收缩；衰退　　B. 收缩；繁荣　　C. 扩张；繁荣　　D. 扩张；衰退

【解析】ISM 采购经理人指数对于评估经济周期的转折较为重要。它以百分比为单位，常以 50% 作为经济强弱的分界点。一般而言，当 ISM 采购经理人指数超过 50% 时，表明制造业和整个经济都在扩张；当该指数在 43% ~50% 之间，表明生产活动收缩，但经济总体仍在增长；而当其持续低于 43% 时，表明生产和经济可能都在衰退。

11. 理论上，央行扩大资产规模，将导致本国(　　)。[2018 年 11 月真题]

A. 基础货币供给增加，利率上升　　B. 基础货币供给增加，利率下降

C. 基础货币供给减少，利率上升　　D. 基础货币供给减少，利率下降

【解析】中央银行的资产是指中央银行在一定时点上所拥有的各种债权。央行扩大资产规模会引起社会的基础货币供给增加，在货币供求失衡的情况下，信贷总额趋于增长、市场利率趋于下降，而价格水平趋于上涨。

12. 一国或地区的实际 GDP 的增长是指(　　)。[2018 年 5 月真题]

A. 该国的境内外上市公司价值　　B. 所有部门生产的最终产值

C. 境内居民生产的最终产值　　D. 境内部门生产的最终产值

【解析】国内生产总值(GDP)是指一个国家或地区在一定时期内生产的所有最终产品与服务的市场价值。GDP 核算主要以法人单位作为核算单位，依据法人单位从事的主要活动将其划分到不同行业，分别计算各行业的增加值，最终汇总得到 GDP。

13. 美国失业率及非农就业数据会对美联储货币政策制定产生一定的影响，当失业率下降，非农就业上升时，市场对美联储货币政策的预期为(　　)。[2018 年 5 月真题]

A. 加息可能性增加　　B. 加息可能性减弱

C. 维持利率不变　　D. 降息可能性增加

【解析】美国新增非农就业人数呈现稳步上升趋势，美国经济稳健复苏。市场对美联储提前加息的预期大幅升温，使得美元指数触底反弹。

14. 在通货紧缩的经济背景下，投资者应配置的最优资产是(　　)。[2024 年 5 月真题]

A. 黄金　　B. 债券　　C. 大宗商品　　D. 股票

9B　10D　11B　12D　13A　14B

【解析】当经济处于衰退阶段，公司产能过剩，盈利能力下降，商品在去库存压力下价格下行，表现为低通货膨胀甚至通货紧缩。为提振经济，政府会实施较为宽松的货币政策并引导利率走低。在衰退阶段，债券是表现最好的资产类。

15. 表1－1是某年某地居民消费价格指数与上一年同比的涨幅情况，可以得出的结论是(　　)。[2015年11月真题]

表1－1　居民消费价格指数与上一年同比的涨幅情况

月份	1	2	3	4	5	6	7	8	9	10	11	12
同比%	6.3	8.2	7.5	8.0	7.2	6.6	6.2	4.3	3.8	2.6	1.7	1.9

(1)当地居民的消费能力下降了
(2)当年当地物价同比上一年仍是上涨的
(3)当地居民的生活水平提高了
(4)当年下半年当地的物价同比涨幅明显下降了

A. (1)(2)　B. (1)(3)　C. (2)(4)　D. (3)(4)

【解析】在我国，消费者价格指数即居民消费价格指数，反映一定时期内城乡居民所购买的生活消费品价格和服务项目价格变动趋势及程度的相对数，是对城市居民消费价格指数和农村居民消费价格指数进行综合汇总计算的结果。从表中可以看出，该地区当年的居民消费价格指数相对于上一年的涨幅均为正数，说明当地物价同比上一年是上涨的；从表中还可看出，下半年居民消费价格指数同比涨幅的数据明显小于上半年的数据，表明下半年当地的物价同比涨幅明显下降了。

16. 美联储对美元加息的政策，短期内将导致(　　)。[2015年11月真题]

A. 美元指数下行　B. 美元贬值　C. 美元升值　D. 美元流动性减弱

【解析】美联储对美元加息的政策会导致外国资本流入美国，对美元的需求增加，美元流动性增加，从而美元升值，美元指数上行。

17. 国内生产总值(GDP)的核算有生产法、收入法和支出法。其中，生产法的GDP核算公式为(　　)。[2015年7月真题]

A. 总收入－中间投入　B. 总产出－中间投入
C. 总收入－总支出　D. 总产出－总收入

【解析】生产法是从国民经济各部门在核算期内生产的总产品价值中，扣除生产过程中投入的中间产品价值，得到增加价值的方法。核算公式为：GDP＝总产出－中间投入。

18. 美林投资时钟理论将每个经济周期划分为四个阶段，其中不包括(　　)。

A. 复苏期　B. 过热期　C. 衰退期　D. 萧条期

【解析】美林投资时钟理论将每个经济周期划分为四个阶段：复苏期、过热期、滞胀期和衰退期。

19. (　　)是政府为促进就业水平的提高、减轻经济波动、防止通货膨胀和实现经济稳定增长对政府支出、税收和借债水平所采取的政策。

15C　16C　17B　18D　19D

A. 货币政策　　B. 收入政策　　C. 产业政策　　D. 财政政策

【解析】财政政策是政府为促进就业水平的提高、减轻经济波动、防止通货膨胀和实现经济稳定增长而对政府支出、税收和借债水平所采取的政策。

20. 下列哪项不是 GDP 的核算方法？(　　)

A. 生产法　　B. 支出法　　C. 增加值法　　D. 收入法

【解析】GDP 核算主要以法人单位作为核算单位，依据法人单位从事的主要活动将其划分到不同行业，分别计算各行业的增加值，最终汇总得到 GDP。GDP 核算有三种方法，即生产法、收入法和支出法，分别从不同角度反映国 民经济生产活动成果。

21. 全社会用电量数据的波动性(　　)GDP 的波动性。

A. 强于　　B. 弱于　　C. 等于　　D. 不确定

【解析】用电量数据的波动性强于 GDP，因为在经济上行周期，用电量增幅比 GDP 增速大；在经济下行周期，用电量增幅比 GDP 增速小。

22. 宏观经济分析是以______为研究对象，以______为前提。(　　)

A. 国民经济活动；既定的制度结构　　B. 国民生产总值；市场经济

C. 物价指数；社会主义市场经济　　D. 国内生产总值；市场经济

【解析】宏观经济分析是以国民经济活动为研究对象，以既定的制度结构为前提，分析国民经济的总量指标及其变化，研究国民收入的变动与就业、通胀、经济波动和经济增长等之间的关系。

23. 宏观经济分析的核心是(　　)分析。

A. 货币类经济指标　　B. 宏观经济指标

C. 微观经济指标　　D. 需求类经济指标

【解析】宏观经济指标的数量变动及其关系，反映了国民经济的整体状况。因此，宏观经济分析的核心就是宏观经济指标分析。

24. 下列关于主要经济指标的说法错误的是(　　)。

A. 经济增长速度一般用国内生产总值的增长率来衡量

B. 国内生产总值的增长率是反映一定时期经济发展水平变化程度的动态指标

C. GDP 的持续稳定增长是各国政府追求的目标之一

D. 统计 GDP 时，中间产品的价值也要计算在内

【解析】D 项，用生产法统计 GDP 时，从国民经济各部门在核算期内生产的总产品价值中，扣除生产过程中投入的中间产品价值，得到增加价值。

25. 在 GDP 核算的方法中，收入法是从(　　)的角度，根据生产要素在生产过程中应得的收入份额反映最终成果的一种核算方法。

A. 最终使用　　B. 生产过程创造收入

C. 总产品价值　　D. 增加值

【解析】收入法是从生产过程创造收入的角度，根据生产要素在生产过程中应得的收入

20C　21A　22A　23B　24D　25B

份额反映最终成果的一种核算方法。按照这种核算方法，最终增加值由劳动者报酬、生产税净额、固定资产折旧和营业盈余四部分相加得出。

26. 使用支出法计算国内生产总值(GDP)是从最终使用的角度衡量核算期内商品和服务的最终去向，其核算公式是(　　)。

A. 消费+投资+政府购买+净出口　　B. 消费+投资-政府购买+净出口

C. 消费+投资-政府购买-净出口　　D. 消费-投资-政府购买-净出口

【解析】GDP核算有三种方法，即生产法、收入法和支出法，分别从不同角度反映国民经济生产活动成果。其中，支出法是从最终使用的角度衡量核算期内商品和服务的最终去向，包括消费、投资、政府购买和净出口四部分。核算公式为：GDP=消费+投资+政府购买+净出口。

27. 中国的GDP数据由中国国家统计局发布，季度GDP初步核算数据在季后(　　)天左右公布。

A. 5　　B. 15　　C. 20　　D. 45

【解析】中国的GDP数据由国家统计局发布，季度GDP初步核算数据在季后15天左右公布，初步核实数据在季后45天左右公布，最终核实数据在年度GDP最终核实数据发布后45天内完成。

28. 从中长期看，GDP指标与大宗商品价格呈现较明显的正相关关系，经济走势从(　　)对大宗商品价格产生影响。

A. 供给端　　B. 需求端　　C. 外汇端　　D. 利率端

【解析】从中长期看，GDP指标与大宗商品价格呈现较明显的正相关关系，经济走势从需求端方面对大宗商品价格产生影响，当GDP呈现上行趋势，大宗商品价格指数重心上移，而当GDP增速放缓时，大宗商品价格指数往往走势趋弱。

29. 我国目前官方正式对外公布和使用的失业率指标是(　　)。

A. 农村人口就业率　　B. 非农失业率

C. 城镇登记失业率　　D. 城乡登记失业率

【解析】城镇登记失业率，即城镇登记失业人数占城镇从业人数与城镇登记失业人数之和的百分比，是我国目前官方正式对外公布和使用的失业率指标，由人力资源与社会保障部负责收集数据。

30. 美国劳工部劳动统计局公布的非农就业数据的来源是对(　　)进行调查。

A. 机构　　B. 家庭　　C. 非农业人口　　D. 个人

【解析】与失业率调查数据的来源不同，非农就业数据的来源是对机构进行调查，收集的就业市场信息直接来自企业，而非家庭，劳动统计局与40万家企业和政府机构保持联系，这些机构雇用人数约占全部非农人口的45%。

31. 劳动参与率是______占______的比率。(　　)

A. 就业者和失业者；劳动年龄人口　　B. 就业者；劳动年龄人口

26A　27B　28B　29C　30A　31A

C. 就业者；总人口　　　　　　　　D. 就业者和失业者；总人口

【解析】劳动参与率是经济活动人口(包括就业者和失业者)占劳动年龄人口的比率，是用来衡量人们参与经济活动状况的指标。

32. (　　)是反映一定时期内城乡居民所购买的生活消费品价格和服务项目价格变动趋势和程度的相对数。

A. 生产者价格指数　　　　　　　　B. 消费者价格指数

C. GDP 平减指数　　　　　　　　D. 物价水平

【解析】在我国，消费者价格指数即居民消费价格指数，反映一定时期内城乡居民所购买的生活消费品价格和服务项目价格变动趋势及程度的相对数，是对城市居民消费价格指数和农村居民消费价格指数进行综合汇总计算的结果。

33. 大宗商品价格持续下跌时，会出现下列哪种情况？(　　)

A. 国债价格下降　　　　　　　　B. CPI、PPI 走势不变

C. 债券市场利好　　　　　　　　D. 通胀压力上升

【解析】CPI、PPI 走势受到大宗商品价格走势的影响，并对中央银行货币政策取向至关重要，决定市场利率水平的中枢，同时对债券市场、股票市场会产生一系列重要影响。以 2014 年为例，中国经济下行压力加大，大宗商品价格持续下跌，CPI、PPI 均创出新低。得益于通货膨胀压力的减轻，债券市场表现良好，收益率下行空间逐渐加大。经济下行压力加大也使得中央银行推出更多货币宽松政策，降息降准窗口再度开启。

34. ISM 采购经理人指数是在每月第(　　)个工作日定期发布的一项经济指标。

A. 1　　　　B. 2　　　　C. 8　　　　D. 15

【解析】ISM 采购经理人指数是由美国非官方机构供应管理协会(ISM)在每月第一个工作日定期发布的一项经济领先指标。

35. 许多国家都将控制货币供应量的主要措施放在(　　)层次，使之成为国家宏观调控的主要对象。

A. M_0　　　　B. M_1　　　　C. M_2　　　　D. M_3

【解析】M_1是狭义货币，由于银行的活期存款随时可以成为支付手段，同现钞一样具有很强的流动性。M_1作为现实的购买力，对社会经济生活影响巨大。因此，许多国家都将控制货币供应量的主要措施放在这一层次，使之成为国家宏观调控的主要对象。

36. 在整个利率体系中起主导作用的利率是(　　)。

A. 存款准备金　　　　B. 同业拆借利率　　　　C. 基准利率　　　　D. 法定存款准备金

【解析】基准利率，是在整个利率体系中起主导作用的基础利率，其水平和变化决定其他各种利率和金融资产价格的水平和变化。

37. (　　)是公开市场一级交易商或外汇市场做市商。

A. 报价银行　　　　B. 中央银行　　　　C. 美联储　　　　D. 商业银行

【解析】报价银行是公开市场一级交易商或外汇市场做市商。中国人民银行成立 Shibor

32B　33C　34A　35B　36C　37A

工作小组，依据《上海银行间同业拆放利率(Shibor)实施准则》确定和调整报价银行团成员，监督和管理Shibor运行，规范报价行与指定发布人行为。

38. 在每个交易日，全国银行间同业拆借中心根据各报价行的报价，剔除最高、最低各(　　)家报价，对其余报价进行算术平均计算后，得出每一期限的Shibor。

A. 1　　B. 2　　C. 3　　D. 4

【解析】Shibor利率的发布流程是，每个交易日，全国银行间同业拆借中心根据各报价行的报价，剔除最高、最低各4家报价，对其余报价进行算术平均计算后，得出每一期限品种的Shibor，并于9:30通过中国外汇交易中心暨全国银行间同业拆借中心网站发布。

39. (　　)是中央银行向一级交易商购买有价证券，并约定在未来特定日期卖出有价证券的交易行为。[2024年5月真题]

A. 正回购　　B. 逆回购　　C. 现券交易　　D. 质押

【解析】逆回购是央行向一级交易商购买有价证券，并约定在未来特定日期卖出有价证券的交易行为，目的主要是向市场释放流动性。逆回购到期则是央行从市场收回流动性的操作。

40. (　　)一般在银行体系流动性出现临时性波动时相机使用。

A. 逆回购　　B. MLF　　C. SLF　　D. SLO

【解析】短期流动性调节工具(SLO)是公开市场常规操作的必要补充，一般用来调控银行体系的流动性，在银行体系流动性出现临时性波动时相机使用。

41. 中期借贷便利是中国人民银行提供中期基础货币的货币政策工具，其期限一般是(　　)。

A. 3个月　　B. 4个月　　C. 5个月　　D. 6个月

【解析】中期借贷便利的期限是3个月，临近到期可能会重新约定利率并展期，各借款银行可以通过质押利率债和信用债获取借贷便利工具的投放。

42. 中国人民银行开设常设借贷便利的目的在于，满足金融机构期限较长的大额流动性需求，其期限一般为(　　)。

A. 1~3个月　　B. 3~6个月　　C. 6~9个月　　D. 9~12个月

【解析】中央银行开设常设借贷便利的目的在于，满足金融机构期限较长的大额流动性需求，有效调节银行间市场短期资金供给，熨平突发性和临时性因素导致的市场资金供求的大幅波动，稳定市场预期，防范金融风险。对象主要是政策性银行和全国性商业银行，期限为1~3个月。主要以抵押贷款方式发放，合格抵押品包括高信用评级的债券类资产及优质信贷资产等，必要时也可采取信用贷款方式发放。

43. 下列关于外汇汇率的说法不正确的是(　　)。

A. 外汇汇率是以一种货币表示的另一种货币的相对价格

B. 对应的汇率标价方法有直接标价法和间接标价法

C. 外汇汇率具有单向表示的特点

38D　39B　40D　41A　42A　43C

D. 既可用本币来表示外币的价格，也可用外币表示本币价格

【解析】C项，外汇汇率是以一种货币表示另一种货币的相对价格。汇率具有双向表示的特点，既可用本币表示外币的价格，也可用外币表示本币的价格，因此对应两种基本的汇率标价方法是：直接标价法和间接标价法。

44. 全球原油贸易均以美元计价，若美元发行量增加，在原油产能达到全球需求极限的情况下，原油价格和原油期货价格将(　　)。

A. 下降　　B. 上涨　　C. 稳定不变　　D. 呈反向变动

【解析】货币供应量与大宗商品价格变化密切相关。以原油为例，全球原油贸易均以美元计价，美元发行量增加，在原油产能达到全球需求极限的情况下，将推动原油价格上涨并带动原油期货价格上涨。

45. 在国际期货市场中，(　　)与大宗商品存在负相关关系。

A. 美元　　B. 人民币　　C. 港币　　D. 欧元

【解析】在国际期货市场上，美元与大宗商品主要呈现出负相关关系。美元和欧元又是此消彼长关系，欧元走势会间接影响美元指数的变化，进而对国际大宗商品市场产生影响。

46. 大宗商品价格的上涨可能会导致欧元区______，进而加大欧元区______的压力。(　　)

A. 通货膨胀；降息　　B. 通货膨胀；加息

C. 通货紧缩；降息　　D. 通货紧缩；加息

【解析】欧元走势会间接影响美元指数的变化，进而对国际大宗商品市场产生影响。大宗商品价格波动也会反过来影响欧元走势，大宗商品价格的上涨将推升欧元区的通货膨胀，进而加大欧元区加息的压力。

47. 一般而言，GDP增速与铁路货运量增速(　　)。

A. 正相关　　B. 负相关　　C. 不相关　　D. 不确定

【解析】作为承担我国货物运输的最大载体，铁路在一定时期内实际运送的货物数量既能反映经济运行现状，又可反映经济运行效率。一般而言，GDP增速与铁路货运量增速呈正相关关系。

48. 美国商务部经济分析局(BEA)公布的美国GDP数据季度初值后，有两轮修正，每次修正相隔(　　)。

A. 1个月　　B. 2个月　　C. 15天　　D. 45天

【解析】美国的GDP数据由美国商务部经济分析局(BEA)发布，季度数据初值分别在1月、4月、7月、10月公布，以后有两轮修正，每次修正相隔1个月。

49. 我国现行的居民消费价格指数中各构成类别的权重主要是根据全国(　　)万户城乡居民家庭各类商品和服务项目的消费支出比重而确定的。

A. 5　　B. 10　　C. 12　　D. 15

44B　45A　46B　47A　48A　49C

【解析】我国现行的居民消费价格指数中各构成类别的权重主要是根据全国12万户城乡居民家庭各类商品和服务项目的消费支出比重而确定的，每5年调整一次。

50. 在下列经济指标中，(　　)是最重要的经济先行指标。

A. 采购经理人指数　　B. 消费者价格指数

C. 生产者价格指数　　D. 国内生产总值

【解析】采购经理人指数(PMI)是最重要的经济先行指标，涵盖生产与流通、制造业与非制造业等领域，主要用于预测经济的短期运行，具有很强的前瞻性。

51. 现金为王成为投资的首选的阶段是(　　)。

A. 衰退阶段　　B. 复苏阶段　　C. 过热阶段　　D. 滞胀阶段

【解析】美林投资时钟理论将每个经济周期划分为四个阶段：复苏期、过热期、滞胀期和衰退期，认为在不同阶段应该配置不同的资产。经济在过热后步入滞胀阶段，此时经济增长已经降低到合理水平以下，而通货膨胀仍然继续，滞胀期现金为王成为投资的首选。

52. 在经济周期的过热阶段，对应的最佳的选择是(　　)资产。

A. 现金　　B. 债券　　C. 股票　　D. 大宗商品类

【解析】根据美林时钟的投资策略，经济周期的衰退阶段，最佳资产类别为债券；经济周期的复苏阶段，最佳资产类别为股票；经济周期的过热阶段，最佳资产类别为大宗商品；经济周期的滞胀阶段，最佳资产类别为现金。

53. 当经济衰退时，政府通过在金融市场上______有价证券、______贴现率和准备金率以增加货币供给，使利率下降，进而刺激投资和消费。(　　)

A. 卖出、降低　　B. 卖出、提高　　C. 买入、降低　　D. 买入、提高

【解析】货币政策是中央银行改变流通中的货币数量来影响利率水平，进而影响投资，最终达到调节产出的目标。中央银行的货币政策工具主要有再贴现率、公开市场业务和法定准备率。当经济衰退时，政府通过在金融市场上购买有价证券、降低贴现率和准备金率以增加货币供给，使利率下降，进而刺激投资和消费，使国民收入增加。

二、多项选择题(以下各小题给出的4个选项中，至少有2项符合题目要求，请将符合题目要求选项的代码填入括号内)

1. 下列属于宏观经济政策目标的是？(　　)[2025年3月真题]

A. 经济增长　　B. 技术进步　　C. 充分就业　　D. 国际收支平衡

【解析】宏观经济政策的目标主要有四个，即充分就业、价格稳定、经济持续均衡增长和国际收支平衡。

2. 目前，对社会公布的上海银行间同业拆放利率(Shibor)品种包括(　　)。[2022年7月真题]

A. 隔夜拆放利率　　B. 2天拆放利率　　C. 1周拆放利率　　D. 2周拆放利率

【解析】目前，对社会公布的Shibor品种包括隔夜、1周、2周、1个月、3个月、6个月、

50A　51D　52D　53C　▌　1ACD　2ACD

9 个月及 1 年品种。

3. 以下反映经济情况转好的情形有(　　)。[2020 年 11 月真题]

A. CPI 连续下降　　B. PMI 连续上升

C. 失业率连续上升　　D. 非农就业数据连续上升

【解析】B 项，采购经理人指数(PMI)是最重要的经济先行指标，涵盖生产与流通、制造业与非制造业等领域，主要用于预测经济的短期运行，具有很强的前瞻性。采购经理人指数以百分比表示，常以 50% 作为经济强弱的分界点：当指数高于 50% 时，通常被解释为经济扩张的信号；当指数低于 50%，尤其是接近 40% 时，则有经济萧条的倾向。D 项，失业率数据和非农就业数据共同反映了美国就业市场的整体状况，新增非农就业人数强劲增长反映出美国经济回升。

4. (　　)是凯恩斯经济周期理论中最重要的两个阶段。

A. 繁荣　　B. 恐慌　　C. 萧条　　D. 复苏

【解析】凯恩斯经济周期理论从心理因素角度阐述经济周期，是就业通论在经济周期方面的应用。该理论认为经济周期形成的主要原因是资本边际效率递减规律产生的投资波动，经济发展必然会出现一种始向上、继向下、再重新向上的周期性运动，并具有明显的规则性，即经济周期。在繁荣、恐慌、萧条、复苏四个阶段，繁荣和恐慌是经济周期中两个最重要的阶段。

5. 能反映美国就业市场整体状况的指标是(　　)。[2018 年 11 月真题]

A. ADP 就业报告　　B. 非农数据

C. 城镇登记失业率　　D. 失业率

【解析】失业率是反映宏观经济运行状况的重要指标，其变化反映了就业和宏观经济的波动情况。非农就业数据来自工资记录，是反映劳动力市场状况最直接、最有说服力的指标。失业率数据和非农就业数据共同反映了美国就业市场的整体状况。

6. 下列对哈罗德—多马模型的表述，正确的有(　　)。

A. 该模型强调资本形成在经济增长中的作用

B. 该模型中经济增长率与储蓄率成正比

C. 该模型考虑了技术进步对经济增长的作用

D. 该模型中经济增长率与资本 - 产出成反比

【解析】哈罗德—多马模型强调资本形成在经济增长中的作用，经济增长率与储蓄率成正比，与资本—产出成反比。但是，该模型忽视了劳动投入、技术进步乃至制度因素对经济增长的作用。

7. 造成生产者价格指数(PPI)持续下滑的主要经济原因可能有(　　)。[2016 年 11 月真题]

A. 失业率持续下滑　　B. 固定资产投资增速提高

C. 产能过剩　　D. 需求不足

【解析】生产者价格指数，是工业生产产品出厂价格和购进价格在某个时期内变动的相对数，反映全部工业生产产品出厂和购进价格的变化趋势及幅度。产能过剩和需求不足都

3BD　4AB　5BD　6ABD　7CD

会导致工业生产产品出厂价格的下降，从而导致生产者价格指数的下滑。

8. 对我国居民消费价格指数表述正确的是(　　)。[2015年11月真题]

A. 我国现行居民消费价格指数每十年调整一次，最近一次调整后的权重加大了居住类的权重同时减少了食品权重

B. 我国居民消费价格指数构成的八大类别中，食品比重最大，居住类比重其次，但不直接包括商品房销售价格

C. 利用居民消费价格指数可以观察和分析消费品的批发价格和服务价格变动对城乡居民实际生活费支出的影响程度

D. 居民消费价格指数是对城市居民消费价格指数和农村居民消费价格指数进行综合汇总计算的结果

【解析】A项，在确定各类别指数的权数上，我国现行的消费者价格指数编制方法主要是根据全国12万户城乡居民家庭各类商品和服务项目的消费支出比重确定的，每5年调整一次；C项，利用居民消费价格指数，可以观察和分析消费品价格和服务价格变动对城乡居民实际生活费支出的影响程度。

9. 2011年8月以来，国际金价从1992美元/盎司高位回落，一路走低，截止到2014年4月国际金价为1131美元/盎司，创近4年新低。当时，国际投行曾发布报告指出，黄金在未来几个月或将出现新一轮下跌行情。其判断依据可能包括(　　)。[2015年7月真题]

A. 印度削减黄金进口的新政策出台　　B. 美国非农就业指数下降

C. 中国对黄金需求放缓　　D. 美元指数出现持续上涨迹象

【解析】A项，印度削减黄金进口意味着对黄金的需求下降，在其他条件不变的情况下，黄金价格下降；B项，美国非农就业指数反映了美国就业市场的整体状况，该指数下降，说明经济下行，美元贬值，黄金价格与美元指数呈负相关关系，因此导致黄金价格上涨；C项，在其他条件不变的情况下，对黄金需求放缓会导致黄金价格下降；D项，黄金的价格以美元计价，因此，美元指数的走势对于黄金价格的变化会产生较为直接的影响，二者关系呈负相关性。

10. 中国人民银行决定，自2015年10月24日起下调金融机构人民币贷款和存款基准利率。金融机构一年期贷款基准利率下调0.25个百分点至4.35%；一年期存款基准利率下调0.25个百分点至1.5%，同时结合推进利率市场化改革，将金融机构存款利率浮动区间的上限由存款基准利率的1.3倍调整为1.5倍；其他各档次贷款及存款基准利率、人民银行对金融机构贷款利率相应调整；个人住房公积金贷款利率保持不变。央行此次利率调整有助于(　　)。

A. 缓解经济增长下行压力　　B. 发挥基准利率的引导作用

C. 降低企业融资成本　　D. 有利于人民币升值

【解析】ABC三项，基准利率，是在整个利率体系中起主导作用的基础利率，其水平和变化决定其他各种利率和金融资产价格的水平和变化。利率水平下降意味着企业的生产成本和融资成本降低，为企业提供良好的经营环境，增加企业盈利预期，股票价格也就随之上涨，缓解经济增长下行的压力。D项，根据利率平价公式，降低利率有利于缓解

8BD　9ACD　10ABC

人民币升值压力。

11. 英国莱克航空公司曾率先推出“低费用航空旅行”概念，并借入大量美元购买飞机，然而在20世纪80年代该公司不幸破产，其破产原因可能是(　　)。[2015年样题]

A. 英镑大幅贬值　　B. 美元大幅贬值

C. 英镑大幅升值　　D. 美元大幅升值

【解析】英国莱克航空公司借入大量美元购买飞机，其面临汇率风险，当美元大幅升值、英镑大幅贬值时，该公司需要更多的英镑兑换成美元还债，加重负担，因此AD两项可能成为破产的原因。

12. 以下属于宏观经济指标中的主要经济指标的是(　　)。

A. 失业率　　B. 货币供应量　　C. 国内生产总值　　D. 价格指数

【解析】宏观经济指标中的主要经济指标包括：①国内生产总值；②固定资产投资；③城镇就业数据；④价格指数；⑤采购经理人指数。B项，货币供应量属于货币金融指标。

13. 按照收入法，最终增加值由(　　)相加得出。

A. 劳动者报酬　　B. 生产税净额　　C. 固定资产折旧　　D. 营业盈余

【解析】收入法是从生产过程创造收入的角度，根据生产要素在生产过程中应得的收入份额反映最终成果的一种核算方法。按照这种核算方法，最终增加值由劳动者报酬、生产税净额、固定资产折旧和营业盈余四部分相加得出。

14. 失业率是反映宏观经济运行状况的重要指标，其变化反映了(　　)的波动情况。

A. 就业　　B. 宏观经济　　C. 劳动力　　D. 企业经营状况

【解析】失业率是反映宏观经济运行状况的重要指标，其变化反映了就业和宏观经济的波动情况。一般而言，失业率下降，代表整体经济健康发展，利于货币升值。

15. 价格指数是反映一定时期内商品价格水平变动情况的统计指标，主要包括(　　)。

A. 核心CPI和核心PPI　　B. 消费者价格指数

C. 生产者价格指数　　D. 失业率数据

【解析】价格指数是衡量物价总水平在特定时期相对于基期变化的指标。最重要的价格指数包括消费者价格指数(CPI)和生产者价格指数(PPI)。除了消费者价格指数和生产者价格指数，美国劳工部公布的价格指数中还包括核心CPI和核心PPI。

16. CPI的同比增长率是最受市场关注的指标，它可以(　　)。

A. 影响货币政策　　B. 衡量当前经济生产水平

C. 评估当前经济通货膨胀压力　　D. 反应非农失业水平

【解析】消费者价格指数(CPI)的同比增长率是最受市场关注的指标，它不仅是评估当前经济通货膨胀压力的最佳手段，也是影响货币政策的重要因素。

17. 中国生产者价格指数包括(　　)。

A. 工业生产者出厂价格指数　　B. 工业生产者购进价格指数

11AD　12ACD　13ABCD　14AB　15ABC　16AC　17AB

C. 核心工业品购入价格　　D. 核心工业品出厂价格

【解析】生产者价格指数，是工业生产产品出厂价格和购进价格在某个时期内变动的相对数，反映全部工业生产产品出厂和购进价格的变化趋势及幅度。中国生产者价格指数由工业生产者出厂价格指数和工业生产者购进价格指数两部分组成。

18. 生产者价格指数与居民消费指数的区别在于(　　)。

A. CPI 只反映了工业品出厂价格的变动情况

B. PPI 只反映了工业品出厂价格的变动情况

C. PPI 不包括服务价格变动

D. CPI 不包括服务价格变动

【解析】生产者价格指数 PPI 也被称为工业品出厂价格指数，与居民消费价格指数 CPI 相比，工业品出厂价格指数只反映了工业品出厂价格的变动情况，没有包括服务价格的变动，其变动也要比居民消费价格剧烈一些。

19. 中国官方制造业采购经理人指数包括(　　)。

A. 采购指数　　B. 购进价格指数　　C. 新订单指数　　D. 生产指数

【解析】中国官方制造业 PMI 的 5 个分类指数包括供应商配送指数、新订单指数、生产指数、就业指数以及存货指数。

20. PMI 持续上升意味着(　　)。

A. 制造业扩张　　B. 大宗商品价格上升

C. 零售业扩张　　D. 消费品价格上涨

【解析】PMI 与大宗商品价格变化具有一定的相关性。一般而言，PMI 上升，意味着制造业扩张，对大宗商品价格形成支撑。如果这一趋势持续，则会导致大宗商品价格上升。

21. 货币供应量是(　　)之和。

A. 单位和居民的手持现金　　B. 居民和单位在银行的贵金属储备

C. 居民收藏的黄金纪念币　　D. 居民和单位在银行的各项存款

【解析】货币供应量是单位和居民个人在银行的各项存款和手持现金之和，其变化反映中央银行货币政策的变化，对企业生产经营、金融市场的运行和居民个人的投资行为有着重大的影响，是国家制定宏观经济政策的一个重要依据。

22. 当货币供给量增加时，货币供求失衡，会出现哪些情况？(　　)

A. 通货紧缩现象严重　　B. 信贷总额趋于增长

C. 市场利率趋于下降　　D. 价格水平趋于上涨

【解析】当现金货币供给量增加时，存款货币量和货币总额将相继发生变动，在货币供求失衡的情况下，信贷总额趋于增长、市场利率趋于下降，而价格水平趋于上涨。

23. 下列关于利率的说法正确的有(　　)。

A. 利率越低，股票价格指数越高

B. 利率越低，股票价格指数越低

18BC　19CD　20AB　21AD　22BCD　23ACD

C. 利率低，意味着企业的生产成本和融资成本低

D. 利率低，资金倾向于流入股票市场推高股票指数

【解析】一般而言，利率水平越低，股票价格指数越高。原因主要有以下三个方面：①在利率水平较低的环境中，储蓄偏好降低，投资者更倾向于投资股票市场，大量资金流入股票市场推高股票指数；②在实体经济中，利率水平下降意味着企业的生产成本和融资成本的降低，为企业提供良好的经营环境，能提高企业盈利预期，股票价格也就随之上涨；③利率水平往往和折现率有直接关系，利率降低引起折现率降低，在进行股票估值中提高了股票价值，股票价格会上升。

24. 存款准备金分为(　　)。

A. 法定存款准备金　　B. 商业存款准备金

C. 超额存款准备金　　D. 自留存款准备金

【解析】存款准备金分为法定存款准备金和超额存款准备金。法定存款准备金比率由中央银行规定，是调控货币供给量的重要手段之一，超额准备金比率由商业银行自主决定。

25. 存款准备金制度的初始作用是保证存款的(　　)，之后才逐渐演变成为货币政策工具。

A. 借贷　　B. 清算　　C. 兑付　　D. 安全

【解析】存款准备金制度的初始作用是保证存款的兑付和清算，之后才逐渐演变成为货币政策工具，中央银行通过调整存款准备金率，影响金融机构的信贷资金供应能力，从而间接调控货币供应量。

26. 中期借贷便利的合格质押品包括(　　)。

A. 国债　　B. 中央银行票据　　C. 政策性金融债　　D. 高等级信用债

【解析】中期借贷便利是中央银行提供中期基础货币的货币政策工具，对象是符合宏观审慎管理要求的商业银行、政策性银行。该工具可通过招标方式开展，发放方式为质押方式，并需提供国债、中央银行票据、政策性金融债、高等级信用债等优质债券作为合格质押品。

27. 下列关于中央银行货币政策工具的说法正确的有(　　)。

A. 运用法定存款准备金率调节银根不仅灵活机动，而且较为中性

B. 运用回购政策既能够保证经济稳增长对流动性的需求，又能够稳定市场对房价和物价反弹的预期

C. 从长远来看，SLO 的推出有助于货币市场利率的下行，从而降低社会融资成本

D. MLF 能够发挥利率走廊上限的作用，有利于维护货币市场利率平稳运行

【解析】A 项，回购操作调节银根不仅灵活机动，而且较为中性，因为它对市场流动性的调节是通过更多环节来传导，对信贷及货币供应量的影响是间接的。

28. 下列货币政策工具中哪些属于价格型货币政策工具？(　　)

A. 法定存款准备金率　　B. SLO

C. MLF　　D. SLF

24AC　25BC　26ABCD　27BCD　28BCD

【解析】中央银行通过综合运用 SLO、MLF 和 SLF 等多种新型的货币政策工具来代替准备金等传统工具，以达到市场中长期流动性调节的作用。

29. 在中国外汇市场上，比较重要的汇率报价有(　　)。
A. 基准汇价　　B. 银行汇率报价　　C. 银行外汇牌价　　D. 基础汇率
【解析】在中国外汇市场上，比较重要的汇率报价有基准汇价和银行外汇牌价。基准汇价是中国人民银行每日公布的人民币兑美元、欧元、日元、港币的市场交易中间价；银行外汇牌价是各外汇指定银行以中国人民银行公布的人民币兑美元交易基准汇价为依据，根据国际外汇市场行情，自行套算出当日人民币兑美元、欧元、日元、港币以及各种可自由兑换货币的中间价。

30. 下列关于采购经理人指数经济强弱分界点的表述中，哪些是正确的？(　　)［2024 年 5 月真题］
A. 低于 50% 接近 40% 时，表示经济复苏
B. 高于 50% 时，为经济扩张的讯号
C. 低于 50% 接近 40% 时，有经济萧条的倾向
D. 高于 40% 时，表示经济平稳
【解析】采购经理人指数以百分比表示，常以 50% 作为经济强弱的分界点：当指数高于 50% 时，被解释为经济扩张的讯号；当指数低于 50%，尤其是接近 40% 时，则有经济萧条的倾向。目前全球已有 20 多个国家或地区建立了 PMI 体系，最具影响力的 PMI 包括美国的 ISM 采购经理人指数和中国制造业采购经理人指数。

31. 根据现汇与现钞的不同，汇率可分为(　　)。
A. 市场汇率　　B. 官方汇率　　C. 现汇汇率　　D. 现钞汇率
【解析】根据现汇与现钞的不同，汇率可分为现汇汇率和现钞汇率。现汇汇率是银行买卖外汇支付凭证时标出的汇率，现钞汇率是银行买卖外汇现钞时所标出的汇率。

32. 中国人民银行公开市场操作工具包括(　　)。
A. 回购　　B. SLO　　C. MLF　　D. SLF
【解析】中国人民银行公开市场操作工具主要包括：①回购；②短期流动性调节工具(SLO)；③中期借贷便利(MLF)；④常设借贷便利(SLF)。央行通过综合运用 SLO、MLF 和 SLF 等多种新型的货币政策工具来代替准备金等传统工具，以达到市场中长期流动性调节的作用。

三、判断题(判断以下各小题的对错，正确的用 A 表示，错误的用 B 表示)

1. 中期借贷便利(MLF)发挥着利率走廊下限的作用，有利于维护货币市场利率平稳运行。(　　)［2021 年 12 月真题］
【解析】中期借贷便利(MLF)还发挥了利率走廊上限的作用，有利于维护货币市场；利率平稳运行。

2. 核心 CPI 是美联储制定货币政策较为关注的指标，一般认为，核心 CPI 低于 2% 属于安

29AC　30BC　31CD　32ABCD　▌　1B　2A

全区域。(　　)[2018 年 11 月真题]

【解析】核心 CPI 与 CPI 数据的区别是前者剔除了食品和能源成分，因为食品和能源受临时因素影响较大。核心 CPI 是美联储制定货币政策的一个重要参考，一般认为，核心 CPI 低于 2% 属于安全区域。

3. 凯恩斯经济周期理论认为经济周期分为繁荣、衰退、萧条、回升四个阶段。[2023 年 5 月真题]

【解析】凯恩斯经济周期理论从心理因素角度阐述经济周期，经济发展必然会出现一种始向上、继向下、再重新向上的周期性运动，并具有明显的规则性，分为繁荣、恐慌、萧条、复苏四个阶段，繁荣和恐慌是经济周期中两个最重要的阶段。

4. 美国供应管理协会(ISM)公布的制造业采购经理人指数是一个综合性加权指数，其中新订单指标权重最大。(　　)[2018 年 5 月真题]

【解析】ISM 采购经理人指数是由美国非官方机构供应管理协会(ISM)在每月第一个工作日定期发布的一项经济领先指标。ISM 每个月向全美代表 20 个不同工业部门的大约 400 家公司发放问卷，ISM 采购经理人指数是以问卷中的前 5 项为基础，构建 5 个扩散指数加权计算得出，各指数的权重分别为：新订单 30%、生产 25%、就业 20%、供应商配送 15%、存货 10%。

5. 使用高信用等级债进行质押的利率相对较低。(　　)[2018 年 5 月真题]

【解析】高信用等级债进行质押时，由于信用级别高，违约风险低，是一种优质债券，因此使用其进行质押的利率相对较低。

6. 中国制造业采购经理人指数的发布日是每月的最后一个工作日。(　　)

【解析】中国制造业采购经理人指数由国家统计局和中国物流与采购联合会共同合作编制，在每月的第一个工作日定期发布。

7. 对债券持有者来说，固定资产投资增长速度放缓是一个好消息。(　　)

【解析】对债券市场而言，固定资产投资增长速度加快，会提高经济增长速度，同时提高物价水平，市场收益率水平会普遍上升，这会降低债券的价格。对债券持有者来说，固定资产投资增长速度放缓则是一个好消息。

8. M_1(狭义货币)包括银行存款中的定期存款、储蓄存款及短期信用工具。(　　)[2017 年 5 月真题]

【解析】M_1(狭义货币)，由于银行的活期存款随时可以成为支付手段，同现钞一样具有很强的流动性。M_1为现金加活期存款。M_2(广义货币)，指银行存款中的定期存款、储蓄存款以及各种短期信用工具。

9. 核心 CPI 一般是剔除了食品和居住价格影响的 CPI 指数。(　　)[2015 年 7 月真题]

【解析】核心 CPI 与 CPI 数据的区别是前者剔除了食品和能源成分，因为食品和能源受临时因素影响较大，如反常气候、石油工业的短暂中断等，而这两项分别占 CPI 的 25% 左右。

3B　4A　5A　6B　7A　8B　9B

10. M_0也称货币基数、强力货币，它是指流通于银行体系以外的现钞和铸币，包括居民手中的现钞、单位备用金以及商业银行的库存现金。(　　)[2015 年 7 月真题]

【解析】M_0(基础货币)，是指流通于银行体系以外的现钞和铸币，包括居民手中的现钞和单位的备用金，不包括商业银行的库存现金。M_0可以随时作为流通手段和支付手段，购买力最强。

11. 美国失业率与非农就业数据的好坏在很大程度上会影响商品及金融期货价格走势。一般而言，美国失业率与国际黄金期货价格呈正相关。(　　)[2015 年 7 月真题]

【解析】失业率数据和非农就业数据共同反映了美国就业市场的整体状况。美国失业率的高低会对美联储货币政策的制定产生一定影响，货币政策变化往往会引起美元汇率变动，进而使商品及金融期货产生价格波动，其中，对贵金属期货的影响较为显著。2008 年全球金融危机后，美国失业率居高不下，市场避险需求激增，大幅提振了贵金属价格。故失业率与黄金期货价格正相关。

12. 采购经理人指数(PMI)是最重要的经济先行指标，涵盖生产与流通、制造业与非制造业等领域，主要用于预测经济的短期运行，具有很强的前瞻性。(　　)[2015 年 7 月真题]

【解析】采购经理人指数(PMI)是最重要的经济先行指标，涵盖生产与流通、制造业与非制造业等领域，主要用于预测经济的短期运行，具有很强的前瞻性。采购经理人指数以百分比表示，常以 50% 作为经济强弱的分界点：当指数高于 50% 时，通常被解释为经济扩张的讯号；当指数低于 50%，尤其是接近 40% 时，则有经济萧条的倾向。

13. 国内 3 个月活期存贷款利率具有基准利率的作用，其他存贷款利率在此基础上经过复利计算确定。(　　)[2015 年样题]

【解析】市场经济国家一般以中央银行的再贴现率为基准利率。在中国的利率政策中，1 年期的存贷款利率具有基准利率的作用，在此基础上，其他存贷款利率经过复利计算确定。

14. 美国非农就业数据一般在每月第一个工作日发布。(　　)[2015 年样题]

【解析】美国劳工部劳动统计局每月发布的非农就业数据是重要的经济数据之一。非农就业数据一般在每月第一个星期五发布。

15. 在我国居民消费价格指数中，能源比重最大，居住类比重其次，但不直接包括商品房销售价格。(　　)[2015 年样题]

【解析】我国居民消费价格指数构成的八大类别中，食品比重最大，居住类比重其次，但不直接包括商品房销售价格。

16. 上海银行间同业拆放利率(Shibor)是目前国内资金市场的参考利率。(　　)[2015 年样题]

【解析】在中国的利率政策中，1 年期的存贷款利率具有基准利率的作用，在此基础上，其他存贷款利率经过复利计算确定。2007 年 1 月 4 日开始运行的上海银行间同业拆借利率(Shibor)是目前中国人民银行着力培养的市场基准利率。

10B　11A　12A　13B　14B　15B　16A

17. 用不变价格计算的 GDP 可以反映一个国家或地区的经济发展规模；用现行价格计算的 GDP 可以用来反映国民经济的增长速度。(　　)

【解析】国内生产总值在经济分析中具有重要作用。用现行价格计算的 GDP 可以反映一个国家或地区的经济发展规模，用不变价格计算的 GDP 可以用来反映国民经济的增长速度。

18. 中国的 GDP 数据由中国国家统计局发布，其中，年度 GDP 初步核算数据一般在年后 45 天公布。(　　)

【解析】中国的 GDP 数据由中国国家统计局发布，年度 GDP 初步核算数据在年后 20 天公布，而独立于季度核算的年度 GDP 核算初步核实数据在年后 9 个月公布，最终核实数据在年后 17 个月公布。

19. 全社会用电量的多少，可以准确反映我国工业生产的活跃度和开工率。(　　)

【解析】经济下行时，刚性的消费比较多，用电量降幅小，而对应高耗电的投资的降幅就很大，比如建材、水泥、钢材等。另外，在经济下行周期，企业处于去库存化，所以只能更大幅度地压缩当前的生产规模，用电量数据下滑更快。因此，全社会用电量的多少，可以准确反映我国工业生产的活跃度和开工率。

20. 铁路货运总量的下降必然意味着经济增长的下滑。(　　)

【解析】作为承担我国货物运输的最大载体，铁路在一定时期内实际运送的货物数量，既能反映经济运行现状，又可反映经济运行效率。一般而言，GDP 增速与铁路货运量增速呈现正相关关系，但是，从综合运输体系看，铁路适合中长距离和大宗货物的运输，但经济结构调整后，由于工业产品向高精尖发展，产品重量和体积下降，航空及公路等交通手段更适合商品运输，铁路货运总量下降也是大势所趋。

21. 一般而言，失业率下降，代表整体经济健康发展，利于货币升值。(　　)

【解析】失业率是反映宏观经济运行状况的重要指标，其变化反映了就业和宏观经济的波动情况。一般而言，失业率下降，代表整体经济健康发展，利于货币升值。

22. 由于统计忽略了农村人口及失业未登记人口，城镇登记失业率的调查范围仅覆盖了就业人口的一半左右。(　　)

【解析】城镇登记失业率数据是以基层人力资源和社会保障部门上报的社会失业保险申领人数为基础统计的，分别在每年第二季度、第三季度、第四季度调查 3 次。由于统计忽略了农村人口及失业未登记人口，城镇登记失业率的调查范围仅覆盖了就业人口的一半左右。

23. 非农就业数据来自社保记录，是反映劳动力市场状况最直接、最有说服力的指标。(　　)

【解析】非农就业数据来自工资记录，是反映劳动力市场状况最直接、最有说服力的指标。失业率数据和非农就业数据共同反映了美国就业市场的整体状况。

24. 就业市场状况指数比非农就业数据更好地反映了美国劳动力市场的变化。(　　)

17B　18B　19A　20B　21A　22A　23B　24A

【解析】就业市场状况指数(LMCI)是美联储于2014年10月6日开始发布的能够反映美国劳动力市场数据的指标。该指数的推出，为市场提供了一个简单衡量就业市场是否健康的指标。美联储也曾表示，该指标比非农就业数据更好地反映了美国劳动力市场的变化。

25. 一般来说，CPI同比增长大于5%时，称为通货膨胀；当CPI同比增长大于10%时，称为严重的通货膨胀。(　　)

【解析】一般来说，当CPI同比增长大于3%时，称为通货膨胀；而当CPI同比增长大于5%时，称为严重的通货膨胀。

26. 居民消费价格指数的变动往往要比生产者价格指数的变动更剧烈。(　　)

【解析】生产者价格指数也被称为工业品出厂价格指数，与居民消费价格指数相比，工业品出厂价格指数只反映了工业品出厂价格的变动情况，没有包括服务价格的变动，其变动也要比居民消费价格剧烈一些。

27. PPI在宏观经济分析中的地位非常重要，是仅次于CPI的价格指标。(　　)

【解析】由于生产者价格指数PPI衡量的是企业生产的产品费用，PPI的变动往往预示了消费价格水平的变动趋向，是在重要性上仅次于消费价格指数CPI的价格指标。

28. CPI和PPI是决定市场利率水平的中枢，对债券市场、股票市场会产生重要影响。(　　)

【解析】CPI、PPI走势受到大宗商品价格走势的影响，并对央行货币政策取向至关重要，决定市场利率水平的中枢，对债券市场、股票市场也产生了一系列重要影响。

29. 货币供给是一个经济过程，即中央政府向经济中注入货币的过程。(　　)

【解析】货币供给，是指一定时期内一国银行体系向经济中投入、创造、扩张(或收缩)货币的行为。货币供给是一个经济过程，即银行系统向经济中注入货币的过程。

30. 市场经济国家一般以中央银行的再贴现率为基准利率。(　　)

【解析】基准利率是在整个利率体系中起主导作用的基础利率，其水平和变化决定其他各种利率和金融资产价格的水平和变化。基准利率是利率市场化的重要前提之一。市场经济国家一般以中央银行的再贴现率为基准利率。

31. 基准利率是利率市场化机制形成的核心，也是利率市场化的重要前提之一。(　　)

【解析】基准利率是利率市场化的重要前提之一。在利率市场化条件下，融资者衡量融资成本，投资者计算投资收益，以及管理层对宏观经济的调控，客观上都要求有一个普遍公认的基准利率水平作参考。因此，从某种意义上讲，基准利率是利率市场化机制形成的核心。

32. 利率低会使得在股票估值的过程中提高股票价值。(　　)

【解析】利率水平往往和折现率有直接关系，利率降低引起折现率降低，在进行股票估值中提高了股票价值，股票价格会上升。

25B　26B　27A　28A　29B　30A　31A　32A

33. 短期流动性调节工具(SLO)原则上可以在开展公开市场常规操作期间使用。(　　)
【解析】中国人民银行根据货币调控需要，综合考虑银行体系流动性供求状况、货币市场利率水平等多种因素，灵活决定 SLO 的操作时机、操作规模及期限品种等。该工具原则上在公开市场常规操作的间歇期使用。

34. 中期借贷便利对资金的去向没有做明确规定。(　　)
【解析】在资金去向方面，中期借贷便利(MLF)要求各借款银行投放“三农”和小微贷款。

35. 基准汇价是中国人民银行每日公布的人民币兑美元、欧元、日元、港币的市场交易中间价。(　　)
【解析】基准汇价是中国人民银行每日公布的人民币兑美元、欧元、日元、港币的市场交易中间价，该中间价是各外汇指定银行之间以及外汇指定银行与客户之间人民币兑美元、欧元、日元、港币买卖的交易基准汇价。

36. 现钞买入卖出差价要小于现汇买入卖出的差价。(　　)
【解析】现钞的买卖因涉及现钞的保管、转移等各种费用，现钞的买入价要低于现汇的买入价，现钞的卖出价有时会高于现汇的卖出价，因而现钞买入卖出的差价要大于现汇买入卖出的差价。

37. 法定存款准备金比率由商业银行自主决定。(　　)
【解析】存款准备金分为法定存款准备金和超额存款准备金。法定存款准备金比率由中央银行规定，是调控货币供给量的重要手段之一；超额准备金比率由商业银行自主决定。

38. 发达国家货币管制一般较为宽松，其货币当局通常不会设定固定的通胀目标。(　　)
【解析】发达国家货币当局通常会设定固定的通胀目标，比如，美联储将美国的通胀率目标设为 1.5% -2%，而欧洲央行设定的通胀目标为 2% 以下。

39. 最重要的价格指数包括零售物价指数和生产者价格指数。(　　)
【解析】价格指数是衡量物价总水平在特定时期相对于基期变化的指标。物价总水平是指商品和服务的价格经过加权后的平均价格，通常用价格指数来衡量。最重要的价格指数包括消费者价格指数(CPI)和生产者价格指数(PPI)。

40. 全球最著名的基准利率有伦敦同业拆借利率和上海银行间同业拆借利率。(　　)
【解析】全球最著名的基准利率有伦敦同业拆借利率和美国联邦基准利率。伦敦同业拆借利率是英国银行家协会根据其选定的银行在伦敦市场报出的银行同业拆借利率进行取样并平均计算成为基准利率，已成为全球贷款方及债券发行人的普遍参考利率，是目前国际最重要和最常用的市场利率基准。美国联邦基准利率是指美国同业拆借市场的利率，直接反映货币市场最短期的价格变化，是美国经济最敏感的利率，也是美联储的政策性利率指标。

41. “美林投资时钟”理论形象地用时钟来描绘经济周期周而复始的三个阶段：衰退、繁荣、

33B　34B　35A　36B　37B　38B　39B　40B　41B

过热，然后找到在三个阶段中表现相对优良的资产类。(　　)

【解析】“美林投资时钟”理论将每个经济周期划分为四个阶段：复苏期、过热期、滞胀期和衰退期，认为在不同阶段应该配置不同的资产。

四、综合题(以下各小题所给出的4个选项中，至少有1项符合题目要求，请将正确选项的代码填入括号内)

1. 根据法国《世界报》报道，2015年第四季度法国失业率仍持续攀升，失业率超过10%，法国失业总人口高达200万。据此回答以下两题。[2017年5月真题]

(1)10%的失业率意味着(　　)。

A. 每十个工作年龄人口中有一人失业　　B. 每十个劳动力中有一人失业

C. 每十个城镇居民中有一人失业　　D. 每十个人中有一人失业

【解析】失业人口是指非农业人口中在一定年龄段内有劳动能力，在报告期内无业，并根据劳动部门就业登记规定在当地劳动部门进行求职登记的人口，失业率即失业人口占劳动力的比率。

(2)在上述情况下，法国失业率居高不下的原因是(　　)。

A. 实体经济短期并未得到明显改善　　B. 法国政府增加财政支出

C. 欧洲央行实行了宽松的货币政策　　D. 实体经济得到振兴

【解析】失业率是反映宏观经济运行状况的重要指标，其变化反映了就业和宏观经济的波动情况。因为法国的经济不景气，实体经济短期并未得到明显改善，所以周期性失业仍然存在。

2. 根据下列国内生产总值表(单位：亿元)回答以下三题。[2015年11月真题]

表1-2　国内生产总值表

生产方	金额	使用方	金额
一、总产出	75	一、生产总值	Y
二、中间投入	W	1. 最终消费	21
三、生产总值	Y	(1)居民消费	16
1. 劳动者报酬	18	(2)政府购买	5
2. 固定资产折旧	7	2. 社会总投资	I
3. 生产税	4	3. 出口	10
4. 生产税补贴	0.1	4. 进口	12
5. 营业盈余	4.1		

(1)生产总值Y的金额为(　　)亿元。

A. 25.2　　B. 24.8　　C. 33.0　　D. 19.2

【解析】GDP核算有三种方法，即生产法、收入法和支出法，分别从不同角度反映国民经济生产活动成果。收入法是从生产过程创造收入的角度，根据生产要素在生产过程中应得的收入份额反映最终成果的一种核算方法。按照这种核算方法，最终增加值由劳动者报酬、生产税净额、固定资产折旧和营业盈余四部分相加得出。故生产总值$Y=18+(4-0.1)+7+4.1=33.0$(亿元)。

1(1)B　(2)A　2(1)C

(2)中间投入 W 的金额为(　　)亿元。

A. 42　　B. 68　　C. 108　　D. 64

【解析】生产法是从国民经济各部门在核算期内生产的总产品价值中，扣除生产过程中投入的中间产品价值，得到增加价值的方法。核算公式为：GDP = 总产出 - 中间投入。故中间投入 W = 总产出 - GDP = 75 - 33 = 42(亿元)。

(3)社会总投资 I 的金额为(　　)亿元。

A. 26　　B. 34　　C. 12　　D. 14

【解析】支出法是从最终使用的角度衡量核算期内商品和服务的最终去向，包括消费、投资、政府购买和净出口四部分。核算公式为：GDP = 消费 + 投资 + 政府购买 + 净出口。故社会总投资 I 的金额 = 33 - 21 - (10 - 12) = 14(亿元)。

---

(2)A　(3)D

第二章　期货及衍生品定价

一、单项选择题（以下各小题所给出的 4 个选项中，只有 1 项最符合题目要求，请将正确选项的代码填入括号内）

1. 黄金现货价格为 400 元，无风险利率 r = 3%，仓储费 1 元/克/年，手续费 2 元 /克，请问 6 个月后到期的黄金期货理论价格为(　　)元/克。[2025 年 5 月真题]

A. 405.54　　B. 406.54　　C. 407.54　　D. 408.54

【解析】 黄金期货理论价格 = 现货价格 × e^(r × T) + 仓储成本 + 手续费 − 持有收益 = 400 × e^(0.03 × 0.5) + 1 × 0.5 + 2 ≈ 400 × 1.0151 + 0.5 + 2 ≈ 408.54(元/克)。

2. 黄金现货价格 500 元，储存成本现值为 6 元，连续复利利息率为 4%，请问三个月后到期的黄金期货理论价格为(　　)[2024 年 5 月真题]

A. 500e^0.01　　B. 506e^0.01　　C. 500e^0.01 + 6　　D. 494e^0.01

【解析】 假设无风险收益率为 r，仓储成本的现值为 U，时间为 T，当前现货价格为 S_0，若存在交易成本，则期货价格 $F_0 = (S_0 + U)e^{rT} = (500 + 6)e^{0.04 \times 3/12}$。

3. 公司股票看跌期权的执行价格是 55 元，期权为欧式期权，期限 1 年，目前该股票的价格是 44 元，期权费(期权价格)为 5 元。如果到期日该股票的价格是 58 元，则购进看跌期权与购进股票组合的到期收益为(　　)元。[2022 年 7 月真题]

A. 9　　B. 14　　C. −5　　D. 0

【解析】 购进股票到期日盈利 = 58 − 44 = 14(元)，购进看跌期权到期日盈利 = 0 − 5 = −5(元)，则投资组合盈利 = 14 − 5 = 9(元)。

4. 在期权风险度量指标中，(　　)表示期权价格变化与到期时间变化的比值。[2019 年 5 月真题]

A. Delta　　B. Gamma　　C. Theta　　D. Vega

【解析】 我们经常用 Delta、Gamma、Vega、Theta、Rho 这 5 个希腊字母来描述这些因素对于期权价格的影响，其中 Delta = 期权价格变化量/标的资产价格的变化量；Gamma = Delta 的变化量/标的资产价格的变化量；Vega = 期权价格的变化量/标的资产波动率的变化量；Theta = 期权价格的变化量/到期时间的变化量；Rho = 期权价格变化量/市场利率的变化量。

5. 衍生品市场的投机交易方式日益多元化，包括单边单品种的投机交易，波动率交易和指数化交易等，其中的波动率交易(　　)。[2018 年 11 月真题]

A. 属于期货价差套利策略　　B. 通常只能做多波动率

C. 通常只能做空波动率　　D. 最常使用的工具是期权

【解析】 与大宗商品和其他金融衍生品交易关注价格的波动不同，期权交易的核心是关注

1D　2B　3A　4C　5D

波动率的变化，因此，期权交易也被称为波动率交易。期权的波动率套利并非无风险套利策略，其本质是一种统计套利策略，主要是寻求波动率的回归，核心是在波动率高估时做空波动率，波动率低估时做多波动率。

6. 当前股票价格为 30 元，3 个月后支付红利 5 元，无风险年利率为 12%（连续复利计息）。期限为 6 个月的该股票远期合约的理论价格应为(　　)元。[2018 年 5 月真题]

A. $30e^{0.06}-5e^{-0.03}$　　B. $30e^{0.06}+5e^{-0.03}$

C. $30e^{0.06}+5e^{0.03}$　　D. $30e^{0.06}-5e^{0.03}$

【解析】已知支付现金红利的标的资产场合。假设标的资产在 t 时刻到 T 时刻期间所支付的现金红利在 t 时刻的折现值之和为 Dt，根据远期价格定价公式，可得：$F_t=(S_t-D_t)e^{r(T-t)}=(30-5e^{-0.12\times3/12})e^{0.12\times6/12}=30e^{0.06}-5e^{0.03}$。

7. 标的不支付红利的欧式期权的执行价格为 K，资产期初价格为 S_0，到期期限为 t，无风险利率为 r，则看涨期权价格 C_E 和看跌期权价格 P_E 之间的平价关系为(　　)。[2023 年 5 月真题]

A. $C_E+K=P_E+S_0$　　B. $C_E-K=P_E+S_0$

C. $C_E-Ke^{-rt}=P_E+S_0$　　D. $C_E+Ke^{-rt}=P_E+S_0$

【解析】欧式期权看涨－看跌平价关系为：$C_E+Ke^{-rt}=P_E+S_0$，此公式表明欧式看涨期权价格与具有相同行权价格和到期日的看跌期权价格可以相互推导出来。

8. 为了对冲某款理财产品中的 Gamma 风险，发行者应该选择(　　)最合适。[2018 年 5 月真题]

A. 沪深 300 指数期货　　B. 上证 50 指数期货

C. 中证 500 指数期货　　D. 中证 500 指数期权

【解析】Gamma 值较小时，意味着 Delta 对资产价格变动不敏感，投资者不必频繁调整头寸对冲资产价格变动风险。所有期货合约的 Gamma 都是零，只有期权的 Gamma 非零。

9. 假设某橡胶期货合约 60 天后到期交割，目前橡胶现货价格为 11500 元/吨，无风险利率为 6%，储存成本为 3%，便利收益为 1%，根据持有成本理论，该期货合约理论价格为(　　)元/吨。(参考公式：$F_t=S_t\times e^{(r+u-z)(T-t)}$)[2015 年 11 月真题]

A. 12420　　B. 11690　　C. 12310　　D. 11654

【解析】S_t 为现货价格，r 表示无风险利率，T 表示期货合约到期日，t 表示建仓日期。则该期货合约的理论价格为：$F_t=S_t\times e^{(r+u-Z)(T-t)}=11500\times^{e(6\%+3\%-1\%)\times(1/6)}\approx11654$(元/吨)。

10. 某股票价格为 50 元，若到期期限为 6 个月，执行价格为 50 元的该股票的欧式看涨期权价格为 5 元，市场无风险利率为 5%。则其对应的相同期限，相同执行价格的欧式看跌期权价格为(　　)元。(参考公式：$C_E+Ke^{-rT}=P_E+S_0$)[2015 年 11 月真题]

A. 3.73　　B. 2.56　　C. 3.77　　D. 4.86

【解析】根据欧式期权看涨－看跌平价关系：$C_E+Ke^{-rT}=P_E+S_0$，其中，C_E 表示欧式看

6D　7D　8D　9D　10C

涨期权的价格，P_E表示欧式看跌期权的价格，K表示期权的执行价，S_0表示资产的期初价格。将数据代入公式可得：$5+50\times e^{-5\%\times0.5}=P_E+50$，解得$P_E\approx3.77$（元）。

11. 假设美元兑英镑的外汇期货合约距到期日还有6个月，当前美元兑英镑即期汇率为1.5USD/GBP，而美国和英国的无风险利率分别是3%和5%，则该外汇期货合约的远期汇率是（　　）USD/GBP。

A. 1.475　　B. 1.485　　C. 1.495　　D. 1.515

【解析】外汇期货的标的资产为外汇。一般而言，持有收益率是该外汇发行国的无风险连续利率r_F。本国无风险连续利率记为r_D。在直接标价法下，远期汇率F_t和即期汇率S_t的关系表示为：

$$F_t=S_t e^{(r_D-r_F)(T-t)}=1.5\times e^{(3\%-5\%)\times6/12}\approx1.485(\text{USD/GBP})$$

12. 某国债期货的面值为100元，息票率为6%，全价为99元，半年付息一次，计划付息的现值为2.96元。若无风险利率为5%，则6个月后到期的该国债期货理论价值约为（　　）元。（参考公式：$F_t=(S_t-C_t)\times e^{r(T-t)}$；$e\approx2.72$）[2015年7月真题]

A. 98.47　　B. 98.77　　C. 97.44　　D. 101.51

【解析】根据公式，可得：$F_t=(S_t-C_t)e^{r(T-t)}=(99-2.96)\times e^{5\%\times(6/12)}\approx98.47$（元）。

13. 若国债期货市场价格低于其理论价格，不考虑交易成本，宜选择的套利策略是（　　）。[2015年7月真题]

A. 买入国债现货和期货　　B. 买入国债现货，卖出国债期货

C. 卖出国债现货和期货　　D. 卖出国债现货，买入国债期货

【解析】根据无套利定价理论，如果两个资产组合在期末的时候价值一定相等，那么它们在期初的价值也应该相等，即$F_0=S_0e^{rT}$。如果市场价格与理论价格不一致，市场一定存在套利机会，直至公式左右相等为止：假设$F_0>S_0e^{rT}$，则市场参与者愿意借入S_0现金买入一单位标的资产，同时持有1单位标的资产的期货空头，在到期日T时，交割期货头寸，可以盈利$F_0-S_0e^{rT}$。这种盈利促使市场中套利者不断重复这种操作，从而抬高标的资产当前价格并压低远期价格，直到$F_0=S_0e^{rT}$。反之，则卖出现货，买入期货。

14. 根据表2-1，若投资者已卖出10份看涨期权A，现担心价格变动风险，采用标的资产S和同样标的看涨期权B来对冲风险，使得组合Delta和Gamma均为中性，则相关操作为（　　）。[2015年7月真题]

表2-1　资产信息表

期权	执行价格	Delta	Gamma
A	30	0.6	0.06
B	35	0.8	0.03
S=30	…	…	…

A. 买入10份看涨期权B，卖空21份标的资产

11B　12A　13D　14D

B. 买入 10 份看涨期权 B，卖空 10 份标的资产

C. 买入 20 份看涨期权 B，卖空 21 份标的资产

D. 买入 20 份看涨期权 B，卖空 10 份标的资产

【解析】对于上述问题，一般采用两个步骤：①首先构建组合满足 Gamma 中性，由 $-10\times0.06+20\times0.03=0$ 可知，投资者需购买 20 单位 B；②对冲组合的 Delta 风险，组合 Delta $=-0.6\times10+0.8\times20=10$，所以投资者只需卖空 10 单位标的资产即可。

15. 标的资产为不支付红利的股票，当前价格为 30 元，已知 1 年后该股票价格或为 37.5 元，或为 25 元。假设无风险利率为 8%，连续复利，计算对应 1 年期、执行价格为 25 元的看涨期权理论价格为（　　）元。[2015 年 7 月真题]

A. 7.23　　B. 6.54　　C. 6.92　　D. 7.52

【解析】本题中时间段为一个时间间隔，适用单步二叉树模型的计算公式，其中：$uS_0=37.5$；$dS_0=25$；$T=1$（年）。进而有：$u=37.5/30=1.25$，$d=25/30\approx0.83333$；$C_u=\text{Max}(0,\ uS_0-K)=\text{Max}(0,\ 37.5-25)=12.5$，$C_d=\text{Max}(0,\ dS_0-K)=(0,\ 25-25)=0$；$e^{rT}=e^{0.08\times1}\approx1.08329$。计算得：

$$p=\frac{e^{rT}-d}{u-d}\approx\frac{1.08329-0.83333}{1.25-0.83333}\approx0.59990$$

因此，期权的理论价格为：

$$C=e^{-rT}[pC_u+(1-p)C_d]=\frac{0.59990\times12.5+0}{1.08329}\approx6.92(\text{元})$$

16. 假设某螺纹钢期货还有 90 天到期，目前螺纹钢现货价格为每吨 2400 元，无风险连续利率为 8%，储存成本为 2%，便利收益率 3%，则该螺纹钢期货的理论价格是（　　）。

A. 2442.4　　B. 2464.3　　C. 2488.5　　D. 2597.1

【解析】期货合约的理论价格为：$F_t=S_t\times e^{(r+u-Z)(T-t)}=2400\times e^{(8\%+2\%-3\%)\times(3/12)}\approx2442.4$（元/吨）。

17. 若中证 500 指数为 8800 点，指数年股息率为 3%，无风险利率为 6%，根据持有成本模型，则 6 个月后到期的该指数期货合约理论价格为（　　）点。[2015 年 7 月真题]

A. 9240　　B. 8933　　C. 9068　　D. 9328

【解析】根据持有成本模型，可得：$F_t=S_te^{(r-q)(T-t)}=8800\times e^{(6\%-3\%)\times(6/12)}\approx8933$（点）。

18. 假设美元兑澳元的外汇期货到期还有 4 个月，当前美元兑澳元汇率为 0.8USD/AUD，美国无风险利率为 5%，澳大利亚无风险利率为 2%，根据持有成本模型，该外汇期货合约理论价格为（　　）。（参考公式：$F=S\times e^{(r_d-r_f)\times T}$）[2015 年样题]

A. 0.808　　B. 0.782　　C. 0.824　　D. 0.792

【解析】根据公式，可得：

$$\begin{aligned}F&=S\times e^{(r_d-r_f)\times T}\\&=0.8\times e^{(5\%-2\%)\times4/12}\\&\approx0.808(\text{USD/AUD})\end{aligned}$$

15C　16A　17B　18A

19. 6个月后到期的欧式看涨期权价格为5元，标的现货价格为50元，执行价格为50元，无风险利率为5%。根据期权平价公式，其对应的欧式看跌期权价格为(　　)元。(参考公式 $C+Ke^{-r(T-t)}=P+S$；$e\approx2.72$)

A. 3.76　　B. 3.63　　C. 2.99　　D. 4.06

【解析】根据公式，可得：$P=C+Ke^{-r(T-t)}-S=5+50\times e^{-0.05\times0.5}-50=3.76$(元)。

20. 当前股价为15元，一年后股价为20元或10元，无风险利率为6%，计算剩余期限为1年的看跌期权的价格所用的风险中性概率为(　　)。(参考公式：$p=\frac{e^{rT}-d}{u-d}$)[2015年样题]

A. 0.59　　B. 0.65　　C. 0.75　　D. 0.5

【解析】根据已知条件，可得：$u=20/15=4/3$；$d=10/15=2/3$。代入计算公式，可得：

$$p=\frac{e^{rT}-d}{u-d}=\frac{e^{0.06}-\frac{2}{3}}{\frac{4}{3}-\frac{2}{3}}\approx0.59$$

21. 假定无收益的投资资产的即期价格为 S_0，T 是远期合约到期的时间，r 是以连续复利计算的无风险年利率，F_0 是远期合约的即期价格，那么当(　　)时，套利者可以在买入资产同时做空资产的远期合约。[2014年5月真题]

A. $F_0>S_0e^{rT}$　　B. $F_0<S_0e^{rT}$　　C. $F_0\leqslant S_0e^{rT}$　　D. $F_0=S_0e^{rT}$

【解析】依据无套利定价理论，如果两个资产组合在期末的时候价值一定相等，那么它们在期初的价值也应该相等，即 $F_0=S_0e^{rT}$。如果市场价格与理论价格不一致，市场一定存在套利机会。假设 $F_0>S_0e^{rT}$，则市场参与者愿意借入 S_0 现金买入1单位标的资产，同时持有1单位标的资产的远期空头，在到期日 T 时，执行远期合约，可以盈利 $F_0-S_0e^{rT}$。这种盈利促使市场中套利者不断重复这种操作，直到 $F_0=S_0e^{rT}$。

22. 在无套利区间中，当期货的实际价格低于区间下限时，可采取(　　)进行套利。

A. 买入期货同时卖出现货　　B. 买入现货同时卖出期货

C. 买入现货同时买入期货　　D. 卖出现货同时卖出期货

【解析】在无套利区间中，当期货的实际价格高于区间上限时，可以买入现货同时卖出期货进行套利。同理，当期货的实际价格低于区间下限时，可以买入期货同时卖出现货进行套利。

23. 持有成本理论是以(　　)为中心，分析期货市场的机制，论证期货交易对供求关系产生的积极影响，并逐渐运用到对金融期货的定价上来。

A. 融资利息　　B. 仓储费用　　C. 风险溢价　　D. 持有收益

【解析】持有成本理论认为，现货价格和期货价格的差(持有成本)由三部分组成：融资利息、仓储费用和持有收益。该理论以商品持有(仓储)为中心，分析期货市场的机制，论证期货交易对供求关系产生的积极影响，并逐渐运用到对金融期货的定价上来。

19A　20A　21A　22A　23B

24. 在持有成本理论模型假设下，若 F 表示期货价格，S 表示现货价格，W 表示持有成本，R 表示持有收益，那么期货价格可表示为(　　)。

A. $F=S+W-R$　B. $F=S+W+R$　C. $F=S-W-R$　D. $F=S-W+R$

【解析】在持有成本理论模型假设条件下，期货价格形式如下：$F=S+W-R$。其中，F 表示期货价格；S 表示现货价格；W 表示持有成本；R 表示持有收益。持有成本包括购买标的资产所占用资金的利息成本、持有标的资产所花费的储存费用、保险费用等。持有收益，指标的资产给其持有者带来的收益，如股票红利、实物商品的便利收益等。

25. 假设黄金现货价格为500 美元，借款利率为8%，贷款利率为6%，交易费率为5%，卖空黄金的保证金为12%。则 1 年后交割的黄金期货的价格区间为(　　)。

A. [443.8，568.7]　B. [444.8，568.7]

C. [443.8，569.7]　D. [444.8，569.7]

【解析】价格区间上限为：

$$
\begin{aligned}
& S_t(1+Y)e^{r_b(T-t)} \\
&= 500\times(1+5\%)\times e^{0.08} \\
&\approx 568.7(\text{美元})
\end{aligned}
$$

价格区间下限为：

$$
\begin{aligned}
& (1-K)S_t(1-Y)e^{r_1(T-t)} \\
&= (1-12\%)\times 500\times(1-5\%)\times e^{0.06} \\
&\approx 443.8(\text{美元})
\end{aligned}
$$

故价格区间为[443.8，568.7]。

26. 在布莱克－斯科尔斯－默顿期权定价模型中，通常需要估计的变量是(　　)。

A. 期权的到期时间　B. 标的资产的价格波动率

C. 标的资产的到期价格　D. 无风险利率

【解析】在 B－S－M 模型中，不能直接观察到的参数只有标的资产价格的波动率。波动率用于度量标的资产所提供收益的不确定性，常用历史数据和隐含波动率来估计。

27. 通过已知的期权价格倒推出来的波动率称为(　　)。

A. 历史波动率　B. 已实现波动率　C. 隐含波动率　D. 预期波动率

【解析】隐含波动率是通过已知的期权价格倒推出来的波动率，是隐含在期权的市场价格里面的。

28. 期权风险度量指标中衡量期权价格变动与期权标的物理论价格变动之间的关系的指标是(　　)。

A. Delta　B. Gamma　C. Theta　D. Vega

【解析】Delta 是用来衡量标的资产价格变动对期权理论价格的影响程度，可以理解为期权对标的资产价格变动的敏感性。

29. Delta 的取值范围在(　　)之间。

24A　25A　26B　27C　28A　29B

A. 0 到 1　　B. −1 到 1　　C. −1 到 0　　D. −2 到 2

【解析】看涨期权的 Delta ∈ (0，1)，看跌期权的 Delta ∈ (−1，0)。

30. Gamma 是衡量 Delta 相对标的物价格变动的敏感性指标。数学上，Gamma 是期权价格对标的物价格的(　　)导数。

A. 一阶　　B. 二阶　　C. 三阶　　D. 四阶

【解析】Gamma 值衡量 Delta 值对标的资产价格的敏感度，定义为期权 Delta 的变化量与标的资产价格的变化量的比率，是期权价格对标的资产价格的二阶导数，表达式为：

$$\Gamma = \frac{\partial^2 C}{\partial S^2}$$

31. (　　)定义为期权价格的变化与波动率变化的比率。[2023 年 5 月真题]

A. Delta　　B. Gamma　　C. Rho　　D. Vega

【解析】Vega 度量期权价格对波动率的敏感性，该值越大，表明期权价格对波动率的变化越敏感。Vega 定义为期权价格的变化量/标的资产波动率的变化量。

32. 关于期权的希腊字母，下列说法错误的是(　　)。

A. Delta 的取值范围为(−1，1)

B. 深度实值和深度虚值期权的 Gamma 值均较小，只要标的资产价格和执行价格相近时，价格的波动都会导致 Delta 值的剧烈变动，因此平价期权的 Gamma 值最大

C. 在行权价附近，Theta 的绝对值最大

D. Rho 随标的证券价格单调递减

【解析】D 项，Rho 随标的资产价格单调递增。对于看涨期权，标的资产价格越高，利率对期权价值的影响越大。对于看跌期权，标的资产价格越低，利率对期权价值的影响越大。

33. 下列关于 Delta 和 Gamma 的共同点的表述正确的有(　　)。

A. 两者的风险因素都为标的价格变化

B. 看涨期权的 Delta 值和 Gamma 值都为负值

C. 期权到期日临近时，对于看跌平价期权两者的值都趋近无穷大

D. 看跌平价期权的 Delta 值和 Gamma 值都为正值

【解析】BD 两项，看涨期权的 Delta ∈ (0，1)，看跌期权的 Delta ∈ (−1，0)，而看涨期权和看跌期权的 Gamma 值均为正值；C 项，期权到期日临近，平价期权的 Gamma 值趋近无穷大，看跌平价期权(标的价格 = 行权价)Delta 收敛于 −0.5。

34. 某看涨期权的期权价格为 0.08 元，6 个月后到期，其 Theta = −0.2。在其他条件不变的情况下，1 个月后，则期权理论价格将变化(　　)元。

A. 6.3　　B. 0.063　　C. 0.63　　D. 0.006

【解析】根据计算公式，Theta = 期权价格的变化量/到期时间的变化量 = (1 个月后的期权理论价格 − 0.08)/(1/12) = −0.2，所以 1 个月后，该期权理论价格将变化为：0.08 − 0.2/12 ≈ 0.063(元)。

30B　31D　32D　33A　34B

二、多项选择题（以下各小题给出的4个选项中，至少有2项符合题目要求，请将符合题目要求选项的代码填入括号内）

1．下列关于B－S－M模型的理解正确的有（　　）。［2018年5月真题］

A．在风险中性的假设下，投资者的预期收益率μ可以用无风险利率r替代

B．$N(d_2)$表示在风险中性市场中，标的资产价格(S_t)大于执行价格(K)的概率

C．$N(d_1)$不仅是看涨期权对资产价格的导数，也是看跌期权对资产价格的导数

D．波动率σ用于度量资产所提供的收益的不确定性

【解析】关于B－S－M模型的几点提示：①从公式可以看出，在风险中性的前提下，投资者的预期收益率μ可以用无风险利率r替代；②$N(d_2)$表示在风险中性条件下S_T大于K的概率，或者说是欧式看涨期权被执行的概率；③$N(d_1)$是看涨期权价格对标的资产价格的导数，反映了短时间内期权价格变动与其标的资产价格变动的比率，如果要抵消标的资产价格变化给期权价格带来的影响，那么一个单位的看涨期权多头就需要$N(d_1)$单位的标的资产的空头进行对冲；④波动率σ用于度量标的资产收益的不确定性，常用历史数据和隐含波动率来估计。

2．二叉树模型是由（　　）提出的期权定价模型。

A．康奈尔　　　　B．马克·鲁宾斯坦

C．约翰·考克斯　　　　D．斯蒂芬·罗斯

【解析】二叉树模型是由约翰·考克斯、斯蒂芬·罗斯和马克·鲁宾斯坦等人提出的期权定价模型。该模型思路简洁，应用广泛，不但可对欧式期权进行定价，也可对美式期权、奇异期权以及结构化产品进行定价。

3．以下关于希腊字母说法正确的是（　　）。［2015年11月真题］

A．Theta值通常为负

B．Rho随期权到期趋近于无穷大

C．Rho随期权的到期逐渐变为0

D．期权到期日临近，实值期权的Gamma趋近于无穷大

【解析】B项，Rho用来度量期权价格对利率变动的敏感性，Rho随着期权到期，单调收敛到0，也就是说，期权越接近到期，利率变化对期权价值的影响越小；D项，Gamma值衡量Delta值对标的资产价格的敏感度。期权到期日临近，平值期权的Gamma值趋近无穷大，实值和虚值期权的Gamma值先增大后变小，随着接近到期收敛至0。

4．远期或期货定价的理论主要包括（　　）。［2014年11月真题］

A．无套利定价理论　　　　B．二叉树定价理论

C．持有成本理论　　　　D．B－S－M定价理论

【解析】远期和期货的基本定价原理是无套利原则和持有成本理论。期权的定价理论包括二叉树定价理论和B－S－M定价理论。

5．下列关于无套利定价理论的说法正确的有（　　）。［2013年9月真题］

A．无套利市场上，如果两种金融资产互为复制，则当前的价格必相同

1ABD　2BCD　3AC　4AC　5ABCD

B. 无套利市场上，两种金融资产未来某一时点的现金流完全相同，若两项资产的价格存在差异，则存在套利机会

C. 若存在套利机会，投资者可以通过“买低卖高”获取无风险收益

D. 如果市场是有效率的话，市场价格必然由于套利行为做出相应的调整，重新回到均衡的价格状态，套利机会随之消失

【解析】根据无套利原则，如果两种金融资产未来任意时点的现金流完全相同（称为互为复制），则当前的价格必然相同。若两项互为复制的资产的价格存在差异，则出现套利机会，投资者可以通过“买低卖高”的方式获取无风险收益。如果市场是有效的话，资产价格必然会因为套利行为做出相应的调整，重新回到均衡的价格状态，套利机会随之消失。

6. 考虑一个基于不支付利息的股票的远期合约多头，3 个月后到期。假设股价为 40 美元，3 个月无风险利率为年利率 5%，远期价格为（　　）美元时，套利者能够套利。

A. 41　　B. 40.5　　C. 40　　D. 39

【解析】假定该股票的即期价格为 S_0，T 是远期合约到期的时间，r 是以连续复利计算的无风险年利率，F_0 是远期合约的即期价格，那么 F_0 和 S_0 之间的关系是：$F_0 = S_0 e^{rT}$。如果 $F_0 > S_0 e^{rT}$，套利者可以买入资产同时卖空资产的远期合约；如果 $F_0 < S_0 e^{rT}$，套利者可以卖空资产同时买入资产的远期合约。无套利价格为 $40e^{0.05 \times 3/12} = 40.5$（美元）。题中投资者持有远期合约多头，所以远期价格小于无套利价格时，套利者能够套利。

7. 下列关于国债期货及其定价的说法正确的有（　　）。

A. 短期国债期货标的资产通常是零息债券，没有持有收益

B. 短期国债期货定价公式与不支付红利的标的资产定价公式一致

C. 中长期国债期货标的资产通常是附息票的名义债券，符合持有收益情形

D. 中长期国债期货定价公式为：$F_t = S_t e^{r(T-t)}$

【解析】D 项，中长期国债期货标的资产通常是附息票的名义债券，符合持有收益情形，设附息票债券定期支付利息在 t 时点的现值为 C_t，其定价公式为：$F_t = (S_t - C_t) e^{r(T-t)}$。

8. 持有成本理论的基本假设主要有（　　）。

A. 借贷利率相同且维持不变　　B. 无税收和交易成本

C. 无信用风险　　D. 基础资产卖空无限制

【解析】持有成本理论的基本假设如下：①借贷利率（无风险利率）相同且维持不变；②无信用风险，即无远期合约的违约风险及期货合约的保证金结算风险；③无税收和交易成本；④基础资产可以无限分割；⑤基础资产卖空无限制；⑥期货和现货头寸均持有至期货合约到期日。

9. 持有成本假说认为现货价格和期货价格的差由（　　）组成。

A. 融资利息　　B. 仓储费用　　C. 风险溢价　　D. 持有收益

【解析】持有成本理论认为，现货价格和期货价格的差（持有成本）由三部分组成：融资利息、仓储费用和持有收益。该理论以商品持有（仓储）为中心，分析期货市场的机制，论

6CD　7ABC　8ABCD　9ABD

证期货交易对供求关系产生的积极影响，并逐渐运用到对金融期货的定价上来。

10. 对二叉树模型说法正确的是(   )。
A. 模型不但可对欧式期权进行定价，也可对美式期权、奇异期权以及结构化金融产品进行定价
B. 模型思路简洁、应用广泛
C. 步数比较大时，二叉树法更加接近现实的情形
D. 当步数为 n 时，nT 时刻股票价格共有 n 种可能

【解析】D 项，当步数为 n 时，nT 时刻股票价格共有 $n+1$ 种可能，故步数比较大时，二叉树法更加接近现实情形。

11. 下列关于两步二叉树定价模型的说法正确的有(   )。
A. 总时间段分为两个时间间隔
B. 在第一个时间间隔末 T 时刻，股票价格仍以 u 或 d 的比例上涨或下跌
C. 股票有 2 种可能的价格
D. 如果其他条件不变，在 2T 时刻股票有 3 种可能的价格

【解析】C 项，由单步二叉树模型可较容易推演出两步二叉树及多步二叉树模型，在第一个时间间隔末 T 时刻，股票价格仍以 u 或 d 的比例上涨或下跌。如果其他条件不变，则在 $2T$ 时刻，股票有 3 种可能的价格。当步数为 n 时，nT 时刻股票价格共有 $n+1$ 种可能。

12. 可采用 B－S－M 模型定价的欧式期权有(   )。
A. 期货期权　B. 利率期权　C. 权证　D. 货币期权

【解析】存续期内支付红利的股票期货期权、股指期权、其他标的期权可通过对 B－S－M 模型的扩充进行期权定价。常见的其他标的期权包含利率期权、货币期权、期货期权和权证等，这些欧式期权均可采用 B－S－M 模型定价。

13. 下列关于 B－S－M 定价模型基本假设的内容中正确的有(   )。
A. 期权有效期内，无风险利率 r 和预期收益率 μ 是常数，投资者可以以无风险利率无限制借入或贷出资金
B. 标的资产的价格波动率为常数
C. 无套利市场
D. 标的资产可以被自由买卖，无交易成本，允许卖空

【解析】B－S－M 定价模型有以下 6 个基本假设：①标的资产价格服从几何布朗运动；②标的资产可以被自由买卖，无交易成本，允许卖空；③期权有效期内，无风险利率 r 和预期收益率 μ 是常数，投资者可以以无风险利率无限制借入或贷出资金；④标的资产价格是连续变动的，即不存在价格的跳跃；⑤标的资产的价格波动率为常数；⑥无套利市场。

14. 资产的价格波动率 σ 经常采用(   )来估计。
A. 历史数据　B. 隐含波动率　C. 无风险收益率　D. 资产收益率

10ABC　11ABD　12ABCD　13ABCD　14AB

【解析】波动率σ用于度量标的资产所提供收益的不确定性，常用历史数据和隐含波动率来估计。

15. 若

$$d_1 = \frac{\ln(S/K) + [r + (\sigma^2/2)]T}{\sigma\sqrt{T}}$$

$$d_2 = \frac{\ln(S/K) + [r - (\sigma^2/2)]T}{\sigma\sqrt{T}}$$

则无红利标的资产欧式期权定价公式是(　　)。

A. $C = S \cdot N(d_1) - K \cdot e^{-rT} \cdot N(d_2)$

B. $C = S \cdot N(d_2) - K \cdot e^{-rT} \cdot N(d_1)$

C. $P = K \cdot e^{-rT} \cdot N(-d_1) - S \cdot N(-d_2)$

D. $P = K \cdot e^{-rT} \cdot N(-d_2) - S \cdot N(-d_1)$

【解析】无红利标的资产欧式看涨期权 C(看跌期权 P)的定价公式为：

$$C = S \cdot N(d_1) - K \cdot e^{-rT} \cdot N(d_2)$$

$$P = K \cdot e^{-rT} \cdot N(-d_2) - S \cdot N(-d_1)$$

其中，S 为标的资产的当前价格；σ 为标的资产的价格波动率；K 为欧式看涨期权的行权价格；T 为欧式看涨期权的到期时间；C 为欧式看涨期权的价格；$N(d)$ 为标准正态分布函数，满足 $N(-d) = 1 - N(d)$。

16. 期权风险度量指标包括(　　)指标。

A. Delta　　B. Gamma　　C. Theta　　D. Vega

【解析】由期权的定价原则和B-S-M模型可以看出，影响期权价格的因素主要有标的资产的价格、标的资产价格波动率、市场利率和期权到期时间等。我们经常用Delta、Gamma、Vega、Theta、Rho这五个常用的希腊字母来描述这些因素对于期权价格的影响。

17. 下列关于Gamma的说法错误的有(　　)。[2024年5月真题]

A. Gamma值较小时，意味着Delta对资产价格变动不敏感

B. 深度实值和深度虚值期权的Gamma值均较大

C. 平价期权的Gamma最小

D. 波动率增加将使行权价附近的Gamma减小

【解析】BC两项，Gamma值较小时，意味着Delta对资产价格变动不敏感，投资者不必频繁调整头寸对冲资产价格变动风险；反之，投资者就需要频繁调整。深度实值和深度虚值的期权Gamma值均较小，只有当标的资产价格和行权价格相近时，平价期权的Gamma最大，标的资产价格的波动都会导致Delta值的剧烈变动。

18. 下列关于Vega说法正确的有(　　)。[2023年5月真题]

A. Vega用来度量期权价格对波动率的敏感性

B. 波动率与期权价格成正比

15AD　16ABCD　17BC　18ABC

C. 期权到期日临近，标的资产波动率对期权价格影响变小

D. 该值越小，表明期权价格对波动率的变化越敏感

【解析】D 项，Vega 度量期权价格对波动率的敏感性，该值越大，表明期权价格对波动率的变化越敏感。

19. 权益资产的远期价格定价公式将权益资产分为(　　)。

A. 不支付红利的标的资产　　B. 已知支付现金红利的标的资产

C. 已知支付连续红利率的标的资产　　D. 不支付便利性收益的标的资产

【解析】权益资产的远期价格定价公式将权益资产分为：①不支付红利的标的资产；②已知支付现金红利的标的资产；③已知支付连续红利率的标的资产。

20. 某投资者持有 10 个 Delta = 0.6 的看涨期权和 8 个 Delta = -0.5 的看跌期权，若要实现 Delta 中性以规避价格变动风险，应进行的操作为(　　)。[2023 年 5 月真题]

A. 卖出 4 个 Delta = -0.5 的看跌期权

B. 买入 4 个 Delta = -0.5 的看跌期权

C. 卖空两份标的资产

D. 卖出 4 个 Delta = -0.5 的看涨期权

【解析】投资者为规避资产组合的价格变动风险，经常采用期权 Delta 对冲策略。如果该策略能完全规避组合的价格波动风险，我们称该策略为 Delta 中性策略。本题中，组合的 Delta = 10 × 0.6 + 8 × (-0.5) = 2，因此，标的资产下跌将导致组合价值下跌。其解决方案包括：①再购入 4 个单位 Delta = -0.5 标的相同的看跌期权；②卖空 2 个单位标的资产。两种方案都使组合最终实现 Delta 中性，从而规避标的资产价格波动风险。

三、判断题(判断以下各小题的对错，正确的用 A 表示，错误的用 B 表示)

1. B-S-M 定价模型只能定价美式期权。(　　)[2024 年 5 月真题]

【解析】B-S-M 模型对欧式期权定价有较好的支持，但美式期权可以随时执行，影响模型对时间和价格的参数设置，因此对美式期权定价存在困难。

2. 期权二叉树定价模型只适用于美式期权。(　　)[2020 年 9 月真题]

【解析】期权二叉树定价模型思路简洁，应用广泛，不但可以对欧式期权进行定价，也可以对美式期权、奇异期权以及结构化金融产品进行定价。

3. 若国债期货市场价格低于其理论价格，不考虑交易成本，宜选择的套利策略是卖出国债现货，买入国债期货。(　　)[2018 年 5 月真题]

【解析】若国债期货市场价格低于其理论价格，说明国债期货价格被低估，因此可以买入国债期货，卖出国债现货进行套利。

4. 使用 Gamma 值较大的期权对冲 Delta 风险时，不需要经常调整对冲比例。(　　)[2017 年 5 月真题]

【解析】Gamma 值较小时，意味着 Delta 对资产价格变动不敏感，投资者不必频繁调整头寸对冲资产价格变动风险；反之，投资者要频繁调整。

19ABC　20BC　┃　1B　2B　3A　4B

5. 在期权风险度量指标中，参数 Theta 用来衡量期权的价值对利率的敏感性。(　　)[2023 年 5 月真题]

【解析】Theta 用来度量期权价格对到期日变动的敏感度，Rho 用来度量期权价格对利率变动的敏感性。

6. 在期权的二叉树定价模型中，影响风险中性概率的因素不包括无风险利率。(　　)[2015 年 11 月真题]

【解析】在期权的二叉树定价模型中，风险中性概率 p 的计算公式为：

$$p=\frac{e^{rT}-d}{u-d}$$

其中，r 为无风险利率，T 表示到期日，u 和 d 分别代表标的资产价格上涨和下跌的幅度。

7. 在 B－S－M 定价模型中，假定资产价格是连续波动的且波动率为常数。(　　)[2023 年 5 月真题]

【解析】B－S－M 定价模型有以下 6 个基本假设：①标的资产价格服从几何布朗运动；②标的资产可以被自由买卖，无交易成本，允许卖空；③期权有效期内，无风险利率 r 和标的资产的预期收益率 μ 是常数，投资者可以以无风险利率无限制借入或贷出资金；④标的资产价格是连续变动的，即不存在价格的跳跃；⑤标的资产的价格波动率为常数；⑥无套利市场。

8. 持有成本理论的基本假设包括无风险利率相同且维持不变，基础资产不允许卖空等条件。(　　)[2015 年 11 月真题]

【解析】持有成本理论以商品持有(仓储)为中心，分析期货市场的机制，论证期货交易对供求关系产生的积极影响，并逐渐运用到对金融期货的定价上来。该模型的基本假设如下：①借贷利率(无风险利率)相同且维持不变；②无信用风险，即无远期合约的违约风险及期货合约的保证金结算风险；③无税收和交易成本；④基础资产可以无限分割；⑤基础资产卖空无限制；⑥期货和现货头寸均持有至期货合约到期日。

9. 黄金、白银这类投资资产商品期货往往存在便利性收益。(　　)

【解析】黄金、白银这类投资资产商品期货往往存在便利性收益，黄金生产商的对冲策略会造成其需要向一部分投资银行借入黄金。类似于像中央银行这样的黄金拥有者在借出黄金时会收取所谓黄金租借率形式的利息。因此，黄金和白银会给其拥有者提供收入。

10. Theta 指标是衡量 Delta 相对标的物价格变动的敏感性指标。(　　)[2013 年 5 月真题]

【解析】Gamma 值衡量 Delta 值对标的资产的敏感度。Gamma 值较小时，意味着 Delta 对资产价格变动不敏感，投资者不必频繁调整头寸对冲资产价格变动风险。Theta 用来度量期权价格对到期日变动的敏感度。

11. 对于看跌期权，标的价格越高，利率对期权价值的影响越大。(　　)

【解析】对于看涨期权，标的资产价格越高，利率对期权价值的影响越大。对于看跌期

5B　6B　7A　8B　9A　10B　11B

权，标的资产价格越低，利率对期权价值的影响越大。

12. 隐含波动率是预测市场下跌的恐慌性指标。(　　)

【解析】隐含波动率是通过已知的期权价格计算出来的，市场上期权的价格是众多交易者交易均衡的结果，因此它代表了市场上主要参与者的一致认知。如果计算出的隐含波动率上升，则意味着市场大多数参与者认为市场会出现大的波动；反之则意味着市场大多数参与者认为市场波动会减小。在欧美成熟市场中，绝大多数情况下，下跌的速度是快于上涨的速度的，因此隐含波动率就成为预测市场下跌的恐慌性指标。

13. 在期权存续期内，红利支付导致标的资产价格下降，但对看涨期权的价值没有影响。(　　)

【解析】若在期权存续期内，标的资产支付红利已知(或红利率已知)，红利支付导致标的资产价格下降，看涨期权的价值也随之下降。

14. 对于看涨期权，随着到期日的临近，当标的资产价格 < 行权价时，Delta 收敛于 0。(　　)

【解析】对于看涨期权，随着到期日的临近，实值期权(标的资产价格 > 行权价格)Delta 收敛于 1；平值期权(标的资产价格 = 行权价格)Delta 收敛于 0.5；虚值期权(标的价格 < 行权价格)Delta 收敛于 0。

15. 对于看跌期权，随着到期日的临近，当标的资产价格 = 行权价时，Delta 收敛于 -1。(　　)

【解析】对于看跌期权，随着到期日的临近，实值期权(标的资产价格 < 行权价格)Delta 收敛于 -1；平值期权(标的资产价格 = 行权价格)Delta 收敛于 -0.5；虚值期权(标的资产价格 > 行权价格)Delta 收敛于 0。

16. 持有成本模型的结论都是在不完全市场的假设下得出的。(　　)

【解析】持有成本模型的以上结论都是在完全市场的假设下得出的，现实中，完全市场的一些假设无法得到满足，持有成本模型将会从定价公式变为定价区间。

17. 深度实值、平价期权和深度虚值的期权 Gamma 值均较小。(　　)

【解析】深度实值和深度虚值的期权 Gamma 值均较小，只有当标的资产价格和执行价相近时，平价期权的 Gamma 最大，标的资产价格的波动都会导致 Delta 值的剧烈变动。

18. 看涨期权的 Gamma 值是正值，看跌期权的 Gamma 值是负值。(　　)

【解析】Gamma 值衡量 Delta 值对标的资产的敏感度，根据 Gamma 的性质有：看涨期权和看跌期权的 Gamma 值均为正值。

19. Theta 值通常为负值，即到期期限减少，期权的价值相应增加。(　　)

【解析】期权的 Theta 值通常是负的，表明期权的价值会随着到期日的临近而降低。

20. 随着期权接近到期，平值期权的价值受到的影响越来越大，而非平值期权的价值受到的影响越来越小。(　　)

12A　13B　14A　15B　16B　17B　18B　19B　20A

【解析】平值期权(标的价格等于行权价)的Theta是单调递减至负无穷大。非平值期权的Theta将先变小后变大，随着接近到期收敛至0。因此，随着期权接近到期，平值期权受到的影响越来越大，而非平值期权受到的影响越来越小。

21. 在极限条件下，多期的二叉树期权定价模型收敛成B-S-M模型。(　　)

【解析】B-S-M期权定价模型与二叉树定价之间一个重要的区别是：这里所建立的头寸只是在一个非常短的时间内是无风险的。Cox、Ross和Rubinstein(1979)证明，在极限条件下，多期的二叉树期权定价模型收敛成B-S-M模型。

22. 短期国债期货标的资产通常是零息债券，没有持有收益，持有成本也只包括购买国债所需资金的利息成本。(　　)

【解析】短期国债期货标的资产通常是零息债券，没有持有收益，持有成本也只包括购买国债所需资金的利息成本，因此其期货定价公式与不支付红利的标的资产定价公式一致。

四、综合题(以下各小题所给出的4个选项中，至少有1项符合题目要求，请将正确选项的代码填入括号内)

1. 当前股票价格为20元，无风险年利率为10%(连续复利计息)，签订一份期限为9个月的不支付红利的股票远期合约(不计交易成本)。据此回答以下两题。[2022年7月真题]

(1)若远期价格为(　　)元(精确到小数点后一位)，则理论上一定存在套利机会。

A. 20.5　　B. 21.5　　C. 22.5　　D. 23.5

【解析】不支付红利的标的资产的远期合约价格为：$F_0 = S_0 e^{rT} = 20 \times e^{10\% \times 9/12} = 21.6$(元)。如果市场价格与理论价格不一致，市场一定存在套利机会。假设$F_0 > S_0 e^{rT}$，则市场参与者愿意借入S_0现金买入1单位标的资产，同时持有1单位标的资产的期货空头。在到期日T时，交割期货头寸，可以盈利$F_0 - S_0 e^{rT}$。这种盈利促使市场中套利者不断重复这种操作，直到$F_0 = S_0 e^{rT}$套利机会消失为止；反之亦然。因此，题中四种情况在理论上都存在套利机会。

(2)若远期价格为(　　)元，则可以通过“卖空股票，同时以无风险利率借出资金，并持有远期合约多头”的策略来套利。

A. 20.5　　B. 21.5　　C. 22.5　　D. 23.5

【解析】由第(1)题结果可知，当远期价格小于21.6元时，套利者可通过卖空资产同时买入资产的远期合约策略来套利。

2. 当前股票价格为40元，无风险利率为4%。若3个月后，该股票价格可能上涨20%，或者下跌16.7%。据此回答以下两题。[2018年5月真题]

(1)该股票的期限为3个月，执行价格为40元的欧式看涨期权的理论价格为(　　)元。

A. 4.0　　B. 4.2　　C. 3.8　　D. 4.4

【解析】看涨期权的定价公式为：$C = e^{-rT}[pC_u + (1-p)C_d]$，其中，$p$被称为“风险中性

21A　22A　┃　1(1)ABCD　(2)AB　2(1)C

概率”，计算方法如下：

$$p=\frac{e^{rT}-d}{u-d}$$

$uS_0=40\times(1+20\%)$，$dS_0=40\times(1-16.7\%)$，$T=3/12$，进而，可得：$u=1.2$，$d=0.833$，则

$$p=\frac{e^{rT}-d}{u-d}=\frac{e^{4\%\times\frac{3}{12}}-0.833}{1.2-0.833}=0.482$$

$C_u=\text{Max}(0,\ S_{T,u}-K)=8$，$C_d=\text{Max}(0,\ S_{T,d}-K)=0$，则 $C=e^{-rT}[pC_u+(1-p)C_d]=e^{-rT}\times pC_u=e^{-4\%\times3/12}\times0.482\times8\approx3.8$(元)。

(2)该期权的 Delta 值为(　　)。

A. 0.68　　B. 0.62　　C. 0.74　　D. 0.54

【解析】Delta 是用来衡量标的资产价格变动对期权理论价格的影响程度，可以理解为期权对标的资产价格变动的敏感性。看涨期权

$$\Delta=\frac{\partial C}{\partial S}=\frac{C_u-C_d}{S_u-S_d}=\frac{8-0}{48-33.32}=0.54$$

3. 某国债远期合约 270 天后到期，其标的债券为中期国债，当前净报价为 98.36 元，息票率为 6%，每半年付息一次。上次付息时间为 60 天前，下次付息为 122 天以后，再下次付息为 305 天以后。无风险连续利率为 8%，据此回答下列两题(精确到小数点后两位)。

(1)该国债的理论价格为(　　)元。

A. 98.35　　B. 99.35　　C. 100.01　　D. 100.35

【解析】根据公式该国债的理论价格为：$S_t=98.36+[60/(60+122)]\times3\approx99.35$(元)。

(2)该国债的远期价格为(　　)元。

A. 102.31　　B. 102.41　　C. 102.50　　D. 102.51

【解析】该国债在 270 天内付息的现值为：$C_t=3\times e^{-8\%\times(122/365)}\approx2.92$(元)，则该国债的远期理论价格为：$F_t=(S_t-C_t)\times e^{r(T-t)}=(99.35-2.92)\times e^{8\%\times(270/365)}\approx102.31$(元)。

4. 若沪深 300 指数为 2500 点，无风险年利率为 4%，指数股息率为 1%，据此回答以下两题。

(1)1 个月后到期的沪深 300 股指期货理论价格是(　　)点。

A. 2506.25　　B. 2508.33　　C. 2510.42　　D. 2528.33

【解析】在支付连续红利率的情况下，远期价格定价公式为：$F_t=S_te^{(r-q)(T-t)}$，将题中数据代入公式，则期货的理论价格为：$F_t=S_te^{(r-q)(T-t)}=2500\times e^{(0.04-0.01)\times1/12}\approx2506.25$(点)。

(2)若采用 3 个月后到期的沪深 300 股指期货合约进行期现套利，期现套利的成本为 20 个指数点，则该合约的无套利区间(　　)。

A. [2498.82，2538.82]　　B. [2455，2545]

C. [2486.25，2526.25]　　D. [2505，2545]

---

(2)D　3(1)B　(2)A　4(1)A　(2)A

【解析】现实交易中，存在交易成本，持有成本模型会从定价公式变为定价区间，这个区间又称为无套利区间，本题中，3 个月后到期的期货理论价格：$F_t = S_t e^{(r-q)(T-t)} = 2500 \times e^{(0.04-0.01)\times(3/12)} \approx 2518.82$(点)，当期货价格位于[2518.82 − 20，2518.82 + 20]这一区间，即[2498.82，2538.82]时，无法进行期现套利。

5. 假设 IBM 股票(不支付红利)的市场价格为 50 美元 1 股，无风险利率为 12%，股票的年波动率为 10%。已知 $N(1.14) = 0.8729$，$N(1.15) = 0.8749$，$N(1.24) = 0.8925$，$N(1.25) = 0.8944$，据此回答下列两题。

(1)若执行价格为 50 美元，则期限为 1 年的欧式看涨期权的理论价格为(　　)美元 1 股。

A. 5.92　　B. 5.95　　C. 5096　　D. 5097

【解析】已知：$S = 50$ 美元/股；$K = 50$ 美元/股；$T = 1$ 年；$r = 0.12$；$\sigma = 0.1$。

则：

$$d_1 = \frac{\ln(50/50) + [0.12 + (0.01/2)] \times 1}{0.1 \times \sqrt{1}} = 1.25$$

$$d_2 = \frac{\ln(50/50) + [0.12 - (0.01/2)] \times 1}{0.1 \times \sqrt{1}} = 1.15$$

故有：$N(d_1) = 0.8944$，$N(d_2) = 0.8749$。

则欧式看涨期权的理论价格为：$C = 50 \times 0.8944 - 50 \times 0.8749 e^{-0.12\times 1} \approx 5.92$(美元/股)。

(2)若执行价格为 50 美元，则期限为 1 年的欧式看跌期权的理论价格为(　　)美元 1 股。

A. 0.26　　B. 0.27　　C. 0.28　　D. 0.29

【解析】将(1)得出的数据代入欧式看跌期权定价公式，得欧式看跌期权理论价格为：$P = 50 \times (1 - 0.8749) e^{-0.12\times 1} - 50 \times (1 - 0.8944) \approx 0.27$(美元/股)。

6. 如表 2－2 所示，投资者考虑到资本市场的不稳定因素，预计未来一周市场的波动性加强，但方向很难确定。于是采用跨式期权组合投资策略，即买入具有相同行权价格和相同行权期的看涨期权和看跌期权各 1 个单位，若下周市场波动率变为 40%，不考虑时间变化的影响，该投资策略带来的价值变动是(　　)。

表 2－2　资产信息表

资产类型	执行价	到期日	Vega 值	市场利率(年)	资产波动率
S = 50				4%	20%
C_1	50	6 个月	14.43		
C_2	50	6 个月	14.43		

A. 5.92　　B. 5.95　　C. 5.77　　D. 5.97

【解析】由 $\Delta C = Vega \times \Delta\sigma$ 可知，组合的 Vega 值 = 2 × 14.43 = 28.86，则波动率变动给该投资策略带来的价值变动为：$\Delta = Vega \times (40\% - 20\%) \approx 5.77$。

7. 某投资者以资产 S 作标的构造牛市看涨价差期权的投资策略(即买入 1 单位 C_1，卖出 1 单位 C_2)，具体信息如表 2－3 所示。若其他信息不变，同一天内，市场利率一致向上波

5(1)A　(2)B　6C　7A

5. 经统计检验，沪深300股指期货价格与沪深300指数之间具有协整关系，这表明二者之间(　　)。[2020年9月真题]

A. 存在长期稳定的非线性均衡关系　　B. 存在长期稳定的线性均衡关系

C. 存在短期稳定的线性均衡关系　　D. 存在短期稳定的非线性均衡关系

【解析】协整是指多个非平稳性时间序列的某种线性组合是平稳的。某些时间序列是非平稳时间序列，但它们之间往往存在长期的均衡关系。

6. 若变量 x 与变量 y 的相关系数为(　　)，则表示二者不存在线性关系。[2019年11月真题]

A. -1　　B. 0　　C. 1　　D. ∞

【解析】相关系数 r 的取值范围为：$-1 \leqslant r \leqslant 1$。当 $|r|$ 越接近于1时，表示两者之间的相关关系越强；当 $|r|$ 越接近于0时，表示两者之间的相关关系越弱。当 $r>0$ 时，表示两者之间存在正向相关关系；当 $r<0$ 时，表示两者之间存在负向相关关系；当 $r=0$ 时，并不表示两者之间没有关系，而是两者之间不存在线性关系。

7. DF检验在实际应用中存在的一个问题，即时间序列在(　　)阶滞后相关时DF检验才有效。

A. 1　　B. 2　　C. 3　　D. 4

【解析】DF检验在实际应用中存在一个问题：只适用于存在1阶滞后相关的时间序列。由于时间序列可能存在高阶滞后相关，直接使用DF检验法会出现偏误。

8. 沪钢期货价格与大商所大豆期货价格的样本相关系数为0.03，这表明沪钢期货价格与大豆期货价格之间具有(　　)。[2018年11月真题]

A. 负相关性　　B. 很强的正相关性

C. 较强的正相关性　　D. 很弱的相关性

【解析】相关系数 r 的取值范围为：$-1 \leqslant r \leqslant 1$。当 $|r|$ 越接近于1时，表示两者之间的相关关系越强；当 $|r|$ 越接近于0时，表示两者之间的相关关系越弱。当 $r>0$ 时，表示两者之间存在正向相关关系；当 $r<0$ 时，表示两者之间存在负向相关关系；当 $r=0$ 时，表示两者之间不存在线性关系。

9. 下列指标中，(　　)不易受到极端值的影响，但在数据量较小的情况下会失去代表性。[2023年5月真题]

A. 偏度　　B. 众数　　C. 峰度　　D. 方差

【解析】众数是指在一组数据中出现频次最多的数值。众数不易受到极端值的影响，但在数据量较小的情况下会失去代表性。

10. 期货公司分析师对上海期货交易所锌主力合约价格与伦敦金属交易所(LME)锌3个月现货价格进行回归分析，发现回归平方和为23815322，总离差平方和为24606443。由此计算该回归的拟合优度 R^2 为(　　)。[2018年5月真题]

A. 0.967849　　B. 0.867849　　C. 0.767849　　D. 0.667849

【解析】拟合优度，又称样本"可决系数"，用于度量回归直线对样本观测值的拟合程度，

5B　6B　7A　8D　9B　10A

常用 R^2 表示。$R^2 = ESS/TSS$，其中 ESS 为回归平方和，TSS 为总离差平方和。因此，$R^2 = 23815322/24606443 = 0.967849$。

11．下列关于偏度的说法，错误的是（　　）。

A．偏度是度量数据分布形状的指标

B．偏度的绝对值越大，数据分布的偏斜越明显

C．当偏度小于零时，数据呈右偏分布

D．偏度通常用来度量一组数据分布的偏斜方向和偏斜程度

【解析】C 项，当偏度等于 0 时，数据呈对称分布；当偏度大于零时，数据呈右偏分布；当偏度小于零时，数据呈左偏分布。

12．利用样本统计量的某个取值直接作为总体参数估计值的方法称为（　　）。

A．区间估计　　B．大数估计　　C．线估计　　D．点估计

【解析】利用样本统计量的某个取值直接作为总体参数估计值的方法称为点估计。区间估计是在点估计的基础上，构造置信区间对参数进行估计，由点估计值加减抽样误差得到区间估计。

13．下列关于一元线性回归模型的参数估计，描述正确的是（　　）。［2019 年 5 月真题］

A．若以 y 表示实际观测值，$\hat{y}$ 表示回归估计值，则普通最小二乘法估计参数的准则是使 $\sum(y_i - \hat{y}_i)^2$ 为零

B．普通最小二乘法的原理是使回归估计值与实际观测值的偏差尽可能小

C．若以 y 表示实际观测值，$\hat{y}$ 表示回归估计值，则普通最小二乘法估计参数的准则是使 $\sum(y_i - \hat{y}_i)$ 最小

D．普通最小二乘法是唯一的估计参数的方法

【解析】关于一元线性回归模型的参数估计方法常采用的是普通最小二乘法。最小二乘准则（原理）是使残差平方和最小，即使 $\sum(y_i - \hat{y}_i)^2$ 达到最小。

14．含有 100 个观测值的样本估计模型为：$y_i = \beta_0 + \beta_1 x_i + \mu_i$，在 0.01 的显著性水平下对 β_1 的显著性作 t 检验，则 β_1 显著性不等于零的条件是其统计量 t 的绝对值大于（　　）。［2017 年 5 月真题］

A．$t_{0.01}(100)$　　B．$t_{0.005}(100)$　　C．$t_{0.01}(98)$　　D．$t_{0.005}(98)$

【解析】给定显著水平 α，查自由度为 $n-2$ 的 t 分布表，得临界值 $t_{\alpha/2}(n-2)$。根据决策准则，如果 $|t| > t_{\alpha/2}(n-2)$，则拒绝 H_0：$\beta = 0$ 的原假设，接受备择假设 H_1：$\beta \neq 0$，表明回归模型中自变量 x 对因变量 y 产生显著的影响。自由度为 $100-2=98$，显著性水平为 0.01，所以 β_1 显著性不等于零的条件是 $|t| > t_{0.005}(98)$。

15．在 DF 检验中，将回归模型 $y_t = \alpha + \beta_t + \gamma y_{t-1} + \mu_t$ 两边同时减去 y_{t-1}，可得 $\Delta y_t = \alpha + \beta_t + \lambda y_{t-1} + \mu_t$，则估计量 λ 的 t 统计量服从（　　）分布。

A．t　　B．F　　C．卡方　　D．DF

【解析】在 DF 检验中，方程 $y_t = \alpha + \beta_t + \lambda y_{t-1} + \mu_t$ 的 t 统计量与一般线性回归中参数的

11C　12D　13B　14D　15D

t 统计量不同，它不再服从标准的 t 分布，而是服从 DF 分布。

16. 已知某研究员建立一元回归模型的估计结果如下：$\hat{y}=2590.495-14.454x$，其中，$n=60$，$R^2=0.78$，y 表示某商品消费量，x 表示该商品价格，根据该估计结果，得到的正确结论是(　　)。[2015 年 11 月真题]

A. 可决系数为 0.22，说明该模型整体上对样本数据拟合的效果比较理想

B. x 的变化解释了 y 变化的 78%

C. 可决系数为 0.78，说明该模型整体上对样本数据拟合的效果并不理想

D. x 解释了 y 价格的 78%

【解析】拟合优度，又称样本"可决系数"，用于度量回归直线对样本观测值的拟合程度，常用 R^2 表示。R^2 的取值范围为：$0\leqslant R^2\leqslant 1$，$R^2$ 越接近 1，拟合效果越好；R^2 越接近 0，拟合效果越差。根据题中数据可知，可决系数为 0.78，说明所建立的一元线性回归模型整体上对样本数据拟合效果较好，解释变量"商品价格"解释了被解释变量"商品消费量"变动的 78%。

17. 根据线性回归模型的基本假定，随机误差项应是随机变量，且满足(　　)。[2015 年 7 月真题]

A. 自相关性　　B. 异方差性

C. 与被解释变量不相关　　D. 与解释变量不相关

【解析】一元线性回归模型 $y_i=\alpha+\beta x_i+\mu_i$ 中，随机项 μ_i 应满足如下基本假定：①每个 μ_i ($i=1, 2, 3, \cdots, n$) 均为独立同分布，是服从正态分布的随机变量，且 $E(\mu_i)=0$，$Var(\mu_i)=\sigma_\mu^2=$ 常数；②每个随机项 μ_i 均互不相关，即 $Cov(\mu_i, \mu_j)=0(i\neq j)$；③随机项 μ_i 与自变量的任一观察值 x_i 不相关，即 $Cov(\mu_i, x_i)=0(i=1, 2, 3, \cdots, n)$。

18. 在线性回归模型中，可决系数 R^2 的取值范围是(　　)。[2015 年 7 月真题]

A. $R^2\leqslant -1$　　B. $0\leqslant R^2\leqslant 1$　　C. $R^2\geqslant 1$　　D. $-1\leqslant R^2\leqslant 1$

【解析】拟合优度，又称样本"可决系数"，用于度量回归直线对样本观测值的拟合程度，常用 R^2 表示。R^2 的取值范围为：$0\leqslant R^2\leqslant 1$，$R^2$ 越接近 1，拟合效果越好；R^2 越接近 0，拟合效果越差。

19. 产量 x(台)与单位产品成本 y(元/台)之间的回归方程为 $\hat{y}=365-1.5x$，这说明(　　)。[2015 年样题]

A. 产量每增加一台，单位产品成本平均减少 356 元

B. 产量每增加一台，单位产品成本平均增加 1.5 元

C. 产量每增加一台，单位产品成本平均增加 356 元

D. 产量每增加一台，单位产品成本平均减少 1.5 元

【解析】回归系数的含义是解释变量变化一单位对被解释变量的影响。由题干中给出的回归方程可知，当产量 x(台)增加 1 时，单位产品成本 y(元/台)平均减少 1.5 元。

20. 对回归方程进行的各种统计检验中，应用 t 统计量检验的是(　　)。[2014 年 11 月真题]

A. 线性约束检验　　B. 若干个回归系数同时为零检验

16B　17D　18B　19D　20C

C. 回归系数的显著性检验　　　　　D. 回归方程的总体线性显著性检验

【解析】ABD 三项均应该用 F 统计量进行检验。F 检验，又称为回归方程的显著性检验或整体性检验，反映的是多元线性回归模型中被解释变量与所有解释变量之间线性关系在总体上是否显著。

21. 在一元线性方程 $\hat{y}_i = \hat{\alpha} + \hat{\beta}x_i$ 的回归估计中，根据最小二乘准则，$\hat{\alpha}$ 和 $\hat{\beta}$ 应选择使得(　　)最小。[2014 年 5 月真题]

A. TSS　　B. ESS　　C. 残差　　D. RSS

【解析】拟合优度 $R^2 = ESS/TSS = 1 - RSS/TSS$，其中 TSS 为总离差平方和，ESS 为回归平方和，RSS 为残差平方和。最小二乘准则认为，$\hat{\alpha}$ 和 $\hat{\beta}$ 的选择应使得残差平方和(RSS)最小。

22. 已知某产品产量与生产成本有直线关系。在这条直线上，当产量为 1000 件时，其生产成本为 50000 元，其中不随产量变化的成本为 12000 元，则成本总额对产量的回归方程是(　　)。

A. $y = 12000 + 38x$　　　　B. $y = 12000 + 50000x$

C. $y = 50000 + 12000x$　　　　D. $y = 38000 + 12x$

【解析】根据题干，设成本总额对产量的回归方程为 $y = 12000 + bx$。将题干数据代入方程，$50000 = 12000 + bx$，计算出 $b = 38$。因此回归方程为：$y = 12000 + 38x$。

23. $\bar{x} = (x_1x_2\cdots x_n)^{1/n}$是(　　)的计算公式。[2011 年 5 月真题]

A. 调和平均数　　B. 算数平均数　　C. 几何平均数　　D. 指数平均数

【解析】设 x_1、x_2、…、x_n 是来自总体的一组样本数据，则该样本数据的几何平均数为：

$$\bar{x} = \sqrt[n]{x_1x_2\cdots x_n}$$

24. 期望(　　)、标准差(　　)的正态分布被称为标准正态分布。

A. $\mu = 1$；$\sigma = 1$　　B. $\mu = 0$；$\sigma = 1$　　C. $\mu = 1$；$\sigma = 0$　　D. $\mu = 0$；$\sigma = 0$

【解析】期望 $\mu = 0$、标准差 $\sigma = 1$ 的正态分布被称为标准正态分布。对于任何一个正态分布 $X \sim N(\mu, \sigma^2)$，都可以通过线性变换转化为标准正态分布 $Z \sim N(0, 1)$。

25. 在假定总体分布已知的前提下，从总体中按照随机原则抽取样本，并利用样本统计量估计总体的参数，此过程称为(　　)。

A. 统计分析　　B. 抽样分布　　C. 假设检验　　D. 参数估计

【解析】参数估计作为推断统计的重要内容之一，是在假定总体分布已知的前提下，从总体中按照随机原则抽取样本，并利用样本统计量估计总体的参数。

26. 回归分析作为有效方法应用在经济或者金融数据分析中，具体遵循以下步骤，其中顺序正确的选项是(　　)。

①参数估计；②模型应用；③模型设定；④模型检验；⑤变量选择；⑥分析陈述

A. ①②③④　　B. ③②④⑥　　C. ③①④②　　D. ⑤⑥④①

【解析】回归分析一般遵循以下步骤：①模型的基本假定、②参数估计、③模型的检验、

21D　22A　23C　24B　25D　26C

④模型的应用。

27. 已知变量 x 和 y 的协方差为 -40，x 的方差为 320，y 的方差为 20，其相关系数为(　　)。

A. 0.5　　B. −0.5　　C. 0.01　　D. −0.01

【解析】根据公式，可得随机变量 x 和 y 的相关系数：

$$r = \frac{\sum_{i=1}^{n}(x_i - \bar{x})(y_i - \bar{y})}{\sqrt{\sum_{i=1}^{n}(x_i - \bar{x})^2 \sum_{i=1}^{n}(y_i - \bar{y})^2}} = \frac{-40}{\sqrt{320 \times 20}} = -0.5$$

28. 某种产品产量为 1000 件时，生产成本为 3 万元，其中固定成本 6000 元，建立总生产成本对产量的一元线性回归方程应是(　　)。

A. $y_c = 6000 + 24x$　　B. $y_c = 6 + 0.24x$

C. $y_c = 24000 - 6x$　　D. $y_c = 24 + 6000x$

【解析】设总生产成本对产量的一元线性回归方程为 $y = a + bx$。由题干可知，$x = 1000$ 时，$y_c = 30000$ 元；$x = 0$ 时，$y_c = 6000$ 元。将数据代入方程，解得 $a = 6000$；$b = 24$。所以，总生产成本对产量的一元线性回归方程为：$y_c = 6000 + 24x$。

29. 一元线性回归模型的总体回归直线可表示为(　　)。

A. $E(y_i) = \alpha + \beta x_i$　　B. $\hat{y}_i = \hat{\alpha} + \hat{\beta} x_i$

C. $\hat{y}_i = \hat{\alpha} + \hat{\beta} x_i + e_i$　　D. $\hat{y}_i = \alpha + \beta x_i + \mu_i$

【解析】一元回归方程 $Y_i = \alpha + \beta X_i + \mu_i$ 满足如下假定时：①每个 $\mu_i (i = 1, 2, 3, \cdots, n)$ 均为独立同分布，且服从正态分布的随机变量；②每个随机项 μ_i 均互不相关；③随机项 μ_i 与自变量任一观测值 x_i 不相关，对两边取期望，则有 $E(y_i) = \alpha + \beta x_i$。这表明点 $(x_i, E(y_i))$ 在 $E(y_i) = \alpha + \beta x_i$ 对应的直线上，这条直线叫作总体回归直线(或理论回归直线)。

30. 在一元回归中，回归平方和是指(　　)。

A. $\sum_{i=1}^{n}(y_i - \bar{y})^2$　　B. $\sum_{i=1}^{n}(y_i - \hat{y}_i)^2$

C. $\sum_{i=1}^{n}(\hat{y}_i - \bar{y})^2$　　D. $\sum_{i=1}^{n}(y_i - \bar{y})^2/(k-1)$

【解析】A 项为总离差平方和，记为 TSS；B 项为残差平方和，记为 RSS；C 项为回归平方和，记为 ESS。三者之间的关系为：$TSS = RSS + ESS$。

31. 样本可决系数 R^2 的计算公式是(　　)。[2023 年 5 月真题]

A. $R^2 = ESS/RSS$　　B. $R^2 = ESS/(ESS + RSS)$

C. $R^2 = 1 - (RSS/ESS)$　　D. $R^2 = RSS/TSS$

【解析】拟合优度，又称样本“可决系数”，用于度量回归直线与样本观察测值的拟合程度，常用 R^2 表示。其计算公式为：

27B　28A　29A　30C　31B

$$R^2 = \frac{ESS}{TSS} = \frac{\sum(\hat{y}_i - \bar{y})^2}{\sum(y_i - \bar{y})^2} = 1 - \frac{RSS}{TSS}$$

32. 对模型 $y_i = \beta_0 + \beta_1 x_{1i} + \beta_2 x_{2i} + \mu_i$ 的最小二乘回归结果显示，R^2 为 0.92，总离差平方和为 500，则残差平方和 RSS 为(　　)。

A. 10　　B. 40　　C. 80　　D. 20

【解析】根据题意，总离差平方和 $TSS = 500$，根据公式 $R^2 = 1 - RSS/TSS = 0.92$，解得：$RSS = 40$。

33. 根据某地区 2005 ~ 2015 年农作物种植面积(x)与农作物产值(y)，可以建立一元线性回归模型，估计结果得到可决系数 $R^2 = 0.9$，回归平方和 $ESS = 90$，则回归模型的残差平方和 RSS 为(　　)。

A. 10　　B. 100　　C. 90　　D. 81

【解析】根据公式，$R^2 = ESS/TSS$ 和 $TSS = ESS + RSS$ 得，$TSS = ESS/R^2 = 90/0.9 = 100$，$RSS = TSS - ESS = 100 - 90 = 10$。

34. 显著性检验方法中的 t 检验方法，其原假设和备择假设分别是(　　)。

A. H_0：$\beta \neq 0$；H_1：$\beta = 0$　　B. H_0：$\beta = 0$；H_1：$\beta \neq 0$

C. H_0：$\beta = 1$；H_1：$\beta \neq 1$　　D. H_0：$\beta \neq 1$；H_1：$\beta = 1$

【解析】t 检验又称为回归系数检验，有如下几个步骤：①提出假设与备择假设。设原假设 H_0：$\beta = 0$，备择假设 H_1：$\beta \neq 0$。②构造 t 统计量，即服从自由度为 $n-2$ 的 t 分布。③给定显著水平 α，查表得到临界值 $t_{\alpha/2}(n-2)$。④做出决策。如果 $|t| > t_{\alpha/2}(n-2)$，则拒绝 H_0：$\beta = 0$ 的原假设，认为回归模型中自变量 x 对因变量 y 有显著的影响；否则不拒绝原假设，认为回归模型中自变量 x 对因变量 y 影响不显著。

35. t 检验时，若给定显著性水平 α，双侧检验的临界值为 $t_{\alpha/2}(n-2)$，则当 $|t| > t_{\alpha/2}(n-2)$ 时，(　　)。

A. 接受原假设，认为 β 显著不为 0　　B. 拒绝原假设，认为 β 显著不为 0

C. 接受原假设，认为 β 显著为 0　　D. 拒绝原假设，认为 β 显著为 0

【解析】根据决策准则，如果 $|t| > t_{\alpha/2}(n-2)$，则拒绝 H_0：$\beta = 0$ 的原假设，认为回归模型中自变量 x 对因变量 y 有显著的影响；否则不拒绝原假设，认为回归模型中自变量 x 对因变量 y 影响不显著。

36. 关于一元线性回归被解释变量 y 的个别值的区间预测，下列说法错误的是(　　)。

A. x_f 距离 x 的均值越近，预测精度越高

B. 样本容量 n 越大，预测精度越高，预测越准确

C. $\sum(x_i - \bar{x})^2$ 越大，反映了抽样范围越宽，预测精度越低

D. 对于相同的置信度下，y 的个别值的预测区间宽一些，说明比 y 平均值区间预测的误差更大一些

【解析】y 平均值的区间预测和个别值的区间预测具有如下特征：①在相同置信度下，y

32B　33A　34B　35B　36C

个别值的预测区间较宽，说明 y 平均值的区间预测的误差更大；②样本容量 n 越大，预测精度越高，预测越准确；③x_f 距离 x 的均值越近，预测精度越高；④ $\sum(x_i-\bar{x})^2$ 越大，反映了抽样范围越宽，预测精度越高。

37. 假设对于某回归方程，计算机输出的部分结果如表 3－1 所示。

表 3－1　回归方程输出结果

	系数	标准误差(S. E.)	t－统计量值	P－值
常数	2213.051	3291.366	0.672381	0.5075
x 变量	0944410	0.066877	14.12166	0.0000

根据上表，下列说法错误的是(　　)。

A. 对应的 t 统计量为 14.12166　　B. $\hat{\beta}_0=2213.051$

C. $\hat{\beta}_1=0.944410$　　D. 接受原假设 H_0：$\beta_1=0$

【**解析**】由上表可以看出，$\hat{\beta}_0=2213.051$，$\hat{\beta}_1=0.944410$，β_1的标准误差为 0.066877，对应的 t 统计量为 14.12166。系数 P 值 =0.0000，非常小，在这种情况下，当原假设为真时所得到的样本观察结果或更极端结果出现的概率很小，所以拒绝原假设 H_0：$\beta_1=0$。

38. 在 $n=45$ 的一组样本估计的线性回归模型中，包含有 4 个解释变量，若计算的 R^2 为 0.8232，则调整的 R^2 为(　　)。

A. 0.80112　　B. 0.80552　　C. 0.80602　　D. 0.82322

【**解析**】调整后的 R^2 称为修正的可决系数，记为 $\bar{R}^2$，它的表达式为：

$$\bar{R}^2=1-\frac{RSS/(n-k-1)}{TSS/(n-1)}=1-(\frac{n-1}{n-k-1})(1-R^2)$$

$$=1-\frac{45-1}{45-4-1}\times(1-0.8232)=0.80552$$

其中，n 为样本容量，k 为解释变量的个数。

39. 模型中，根据拟合优度 R^2 与 F 统计量的关系可知，当 $R^2=0$ 时，有(　　)。

A. $F=-1$　　B. $F=0$　　C. $F=1$　　D. $F=\infty$

【**解析**】拟合优度 R^2 为回归平方和(ESS)占总离差平方和(TSS)的比例，其计算公式为：R^2-ESS/TSS。

F 统计量的计算公式为：

$$F=\frac{ESS/k}{RSS/(n-k-1)}\sim F(k,\ n-k-1)$$

当 $R^2=0$ 时，$ESS=0$，所以有 $F=0$。

40. 为了检验多元线性回归模型中被解释变量与所有解释变量之间线性关系在总体上是否显著，应该采用(　　)。

A. t 检验　　B. OLS

C. 逐个计算相关系数　　D. F 检验

37D　38B　39B　40D

【解析】多元线性回归模型的 F 检验又称为回归方程的显著性检验或整体性检验，反映的是多元线性回归模型中被解释变量与所有解释变量之间线性关系在总体上是否显著。

41. 多元线性回归模型中，t 检验服从自由度为(　　)的 t 分布。

A. $n-1$　　B. $n-k$　　C. $n-k-1$　　D. $n-k+1$

【解析】在多元线性回归模型中，t 统计量为：

$$t=\frac{\hat{\beta}}{Se(\hat{\beta})}\sim t(n-k-1)$$

服从自由度为 $n-k-1$ 的 t 分布。

42. DF 检验回归模型为 $y_t=\alpha+\beta_t+\gamma y_{t-1}+\mu_t$，则原假设为(　　)。

A. H_0：$\gamma=1$　　B. H_0：$\gamma=0$　　C. H_0：$\alpha=0$　　D. H_0：$\alpha=1$

【解析】DF 检验的原假设为：H_0：$\gamma=1$，若拒绝原假设，所检验序列不存在单位根，是平稳性时间序列；若不拒绝原假设，则所检验序列存在单位根，为非平稳时间序列。

43. ADF 检验回归模型为

$$\Delta y_t = \lambda y_{t-1} + \sum_{i=1}^{p}\varphi_i y_{t-i} + \mu_t$$

则原假设为(　　)。

A. H_0：$\varphi_i=0$　　B. H_0：$\varphi_i=1$　　C. H_0：$\lambda=0$　　D. H_0：$\lambda=1$

【解析】ADF 检验的原假设为 H_0：$\lambda=0$。当拒绝原假设时，表明时间序列不存在单位根，为平稳性时间序列；不拒绝原假设则表明序列存在单位根，为非平稳性时间序列。

44. 可逆的 AR(p)过程的自相关函数(ACF)与可逆的 MA(q)的偏自相关函数(PACF)均呈现(　　)。[2025 年 5 月真题]

A. 截尾　　B. 拖尾　　C. 厚尾　　D. 薄尾

【解析】AR(p)过程的自相关函数以及 MA(q)过程的偏自相关函数有如下特征：平稳的 AR(p)过程可以转化为一个 MA(∞)过程，则 AR(p)过程的自相关函数是拖尾；一个可逆的 MA(q)过程可转化为一个 AR(∞)过程，因此其偏自相关函数是拖尾的。所以，可逆的 AR(p)过程的 ACF 与可逆的 MA(q)的 PACF 均呈现拖尾特征。

45. 得到 ARMA 模型的估计参数后，应对估计结果进行诊断与检验，其中参数估计的显著性检验通过______完成，而模型的优劣以及残差序列的判断是用______完成。(　　)

A. F 检验；Q 检验　　B. t 检验；F 检验

C. F 检验；t 检验　　D. t 检验；Q 检验

【解析】得到 ARMA 模型的参数后，应对参数的估计结果进行诊断与检验，检验内容主要包括：①利用 t 检验来检验模型参数的估计值是否具有统计显著性；②利用博克斯一皮尔斯(Box - Pierce)提出的 Q 统计量检验残差序列的随机性。

46. 对于 ARMA(p，q)模型，需要利用博克斯 - 皮尔斯(Box - Pierce)提出的统计量来检验模型的优劣。若拟合模型的误差项为白噪声过程，则该统计量渐进服从(　　)分布。

41C　42A　43C　44B　45D　46A

（K 表示自相关系数的个数或最大滞后期）

A. $\chi^2(K-p-q)$　B. $t(K-p)$　C. $t(K-q)$　D. $F(K-p, q)$

【解析】在 ARMA 模型的检验中，参数估计的显著性检验通过 t 统计量完成，而模型的优劣以及残差序列的判断是用博克斯－皮尔斯提出的 Q 统计量完成。若拟合模型的误差项为白噪声过程，则统计量

$$Q = T(T+2)\sum_{k=1}^{K}\frac{r_k^2}{T-k} \sim \chi^2(K-p-q)$$

渐近服从 $\chi^2(K-p-q)$ 分布。其中，T 表示样本容量，r_k 表示用残差序列计算的自相关系数值，K 表示自相关系数的个数或最大滞后期。

47. 协整检验通常采用(　　)。

A. DW 检验　B. E－G 两步法　C. LM 检验　D. 格兰杰因果检验

【解析】协整是指多个非平稳性时间序列的某种线性组合是平稳的。协整检验通常采用的是 E－G 两步法。

48. 在估计总体参数真值时，如果希望参数估计的可靠程度和精确程度同时得到提高，唯一的办法是(　　)。

A. 增大样本容量　B. 缩小样本容量

C. 增大置信区间　D. 缩小置信区间

【解析】在估计总体参数真值时，总是希望参数估计的可靠程度和精确程度越高越好。如果想要二者同时得到提高，唯一的办法就是增大样本容量。

二、多项选择题(以下各小题给出的 4 个选项中，至少有 2 项符合题目要求，请将符合题目要求选项的代码填入括号内)

1. 多元线性回归模型的基本假定有(　　)。[2020 年 11 月真题]

A. 零均值假定　B. 随机扰动项与解释变量互不相关

C. 异方差假定　D. 无多重共线性假定

【解析】多元线性回归模型满足如下基本假定：①零均值假定；②同方差与无自相关假定；③无多重共线性假定，即解释变量之间不存在线性关系；④随机扰动项与解释变量互不相关；⑤正态性假定，随机扰动项服从正态分布。

2. 以下哪些不是描述数据离散程度的指标(　　)？[2023 年 5 月真题]

A. 极差　B. 中位数　C. 平均数　D. 标准差

【解析】数据的离散程度描述了一组数据中各数值远离数据中心值的程度。常见的离散程度度量指标主要有极差、方差、标准差和离散系数。

3. 检验时间序列的平稳性的方法是(　　)。[2017 年 5 月真题]

A. t 检验　B. DF 检验　C. F 检验　D. ADF 检验

【解析】检验时间序列的平稳性方法通常采用单位根检验，常用的单位根检验方法有 DF 检验和 ADF 检验。

47B　48A　▌　1ABD　2BC　3BD

4. 下列关于数据的位次指标，说法正确的是(　　)。

A. 四分位数和四分位差是数据的位次指标

B. 计算四分位数时，首先要确定数据中数值的位次，然后根据位次得出相应数值

C. 四分位差反映了一组数据中间50%数值的离散情况

D. 四分位差的数值越小表明该部分数据分布越不集中，离散程度越深

【解析】D 项，四分位差反映了一组数据中间50%数值的离散情况，数值越大表明该部分数据分布越不集中，离散程度越深。

5. 由正态总体得到的(　　)，常被称为三大抽样分布。

A. χ^2　　B. t 分布　　C. F 分布　　D. Z 分布

【解析】由正态总体得到 χ^2 分布、t 分布、F 分布，常被称为三大抽样分布。三大抽样分布以标准正态分布为基石，在实际中有广泛的运用。

6. 一般 DF 检验通常包括几种线性回归模型，分别是(　　)。[2015 年 11 月真题]

A. 有漂移项，无趋势项的模型为：$y_t = \alpha + \gamma y_{t-1} + \mu_t$

B. 无漂移项，有趋势项的模型为：$y_t = \alpha + \beta_t + \mu_t$

C. 有漂移项，有趋势项的模型为：$y_t = \alpha + \beta_t + \gamma y_{t-1} + \mu_t$

D. 无漂移项，无趋势项的模型为：$y_t = \gamma y_{t-1} + \mu_t$

【解析】为说明 DF 检验，首先要考虑下列三种线性回归模型：①无漂移项，无趋势项：$y_t = \gamma y_{t-1} + \mu_t$；②有漂移项，无趋势项：$y_t = \alpha + \gamma y_{t-1} + \mu_t$；③有漂移项，有趋势项：$y_t = \alpha + \beta_t + \gamma y_{t-1} + \mu_t$。其中，$t = 1, 2, \cdots, T$，$\mu_t \sim i.i.d.N(0, \sigma^2)$。在上述三种情况中，如果 $\gamma = 1$，即存在单位根，所检验的序列为非平稳序列。

7. 在大连豆粕期货价格(被解释变量)与芝加哥豆粕期货价格(解释变量)的回归模型中，可决系数 $R^2 = 0.962$，F 统计量为 256.39，给定显著性水平($\alpha = 0.05$)对应的临界值 $F_\alpha = 3.56$。这表明该回归方程(　　)。[2011 年 5 月真题]

A. 拟合效果很好　　B. 预测效果很好　　C. 线性关系显著　　D. 标准误差很小

【解析】R^2 的取值范围为：$0 \leqslant R^2 \leqslant 1$，$R^2$ 越接近 1，拟合效果越好；R^2 越接近 0，拟合效果越差。题中，$R^2 = 0.962$，可以看出该回归方程拟合效果很好。根据 F 检验的决策准则，如果 $F > F_\alpha(k, n-k-1)$，则拒绝原假设 H_0：$\beta_1 = \beta_2 = \cdots = \beta_k = 0$，认为回归方程的整体线性关系显著。题中，$F = 256.39 > 3.56$，线性关系显著。

8. 回归分析是期货投资分析中重要的统计分析方法，而线性回归模型是回归分析的基础。线性回归模型中关于随机项 μ_i 的基本假设是(　　)。[2025 年 5 月真题]

A. 随机项 μ_i 与自变量的任一观察值 x_i 不相关

B. $E(\mu_i) = 0$，$V(\mu_i) = \sigma_\mu^2 =$ 常数

C. 每个 μ_i 均为独立同分布，服从正态分布的随机变量

D. 各个随机误差项之间不相关

【解析】一元线性回归模型为：$y_i = \alpha + \beta x_i + \mu_i$，($i = 1, 2, 3, \cdots, n$)，其中 y_i 为被解释变量；x_i 为解释变量；μ_i 是一个随机变量，称为随机项。随机项 μ_i 满足如下基本假定：

4ABC　5ABC　6ACD　7AC　8ABCD

①每个μ_i均为独立同分布，是服从正态分布的随机变量，且$E(\mu_i)=0$，$V(\mu_i)=\sigma_\mu^2=$常数；②每个随机项μ_i均互不相关，即：$\mathrm{Cov}(\mu_i, \mu_j)=0(i\neq j)$；③随机项$\mu_i$与自变量的任一观察值$x_i$不相关，即：$\mathrm{Cov}(\mu_i, x_i)=0(i=1, 2, \cdots, n)$。

9. 下列关于F分布的表述，有误的是(　　)。

A. F分布和t分布之间有一个确定的等量关系

B. F分布是一种对称分布

C. F分布由英国统计学家费希尔于1924年提出

D. F分布是统计学中最常见也是应用最广泛的一种连续型分布

【解析】B项，F分布是一种非对称分布；D项，正态分布是统计学中最常见也是应用最广泛的一种连续型分布。

10. 以下哪些模型是在基本GARCH模型的基础上进行拓展获得的？(　　)。

A. TGARCH模型　　B. EGARCH模型

C. MGARCH模型　　D. NGARCH模型

【解析】GARCH模型能够有效拟合具有长期记忆性的波动率序列，但基本的GARCH模型也存在局限，因此在基本GARCH模型的基础上又有如下拓展：①TGARCH模型；②EGARCH模型；③MGARCH模型。

11. 下列关于假设检验中所犯错误的表述，说法正确的有(　　)。

A. 假设检验中犯错误的类型有四种

B. 当样本容量一定时，假设检验中犯的各类错误不会同时减小

C. 原假设本来是不正确的，却没有被拒绝，这种错误被称为取伪错误

D. 原假设本来是正确的，却被拒绝了，这种错误被称为弃真错误

【解析】A项，假设检验中犯错误的类型有两种：一种是原假设本来是正确的，却被拒绝了，这种错误被称为弃真错误，即第一类错误，也称α错误；另一种是原假设本来是不正确的，却没有被拒绝，这种错误被称为取伪错误，即第二类错误，也称β错误。

12. 白噪声过程需满足的条件有(　　)。

A. 均值为0　　B. 方差为不变的常数

C. 序列不存在自相关性　　D. 随机变量是连续型

【解析】若一个随机过程的均值为0，方差为不变的常数，且序列不存在自相关性，这样的随机过程称为白噪声过程。

13. 变量和变量之间通常存在(　　)关系。

A. 因果　　B. 确定性的函数　　C. 相关　　D. 线性

【解析】研究经济和金融问题时往往需要探寻变量之间的相互关系，变量和变量之间通常存在三种关系：确定性的函数关系、相关关系以及没有关系。

14. 分析两个变量之间的相关关系，通常通过(　　)来度量变量之间线性关系的相关程度。

A. 分析拟合优度　　B. 观察变量之间的散点图

9BD　10ABC　11BCD　12ABC　13BC　14BD

C．计算残差　　　　　　　　　　　　　D．求解相关系数的大小

【解析】相关关系表示一个变量的取值不能由另外一个变量唯一确定，即当变量 x 取某一个值时，变量 y 对应的不是一个确定的值，而是对应着某一种分布。线性相关关系是最常见也是最简单的相关关系，通常通过观察变量之间的散点图和计算线性相关系数来衡量变量之间的线性相关程度。

15. 下列关于相关系数 r 的说法正确的是(　　)。

A. $|r|$ 越接近于1，相关关系越强　　　　B. $r=0$ 表示两者之间没有关系

C. r 的取值范围为 $-1\leqslant r\leqslant 1$　　　　D. $|r|$ 越接近于0，相关关系越弱

【解析】B项，当 $r=0$ 时，并不表示两者之间没有关系，而是两者之间不存在线性关系。

16. 利用回归方程，当预测期内自变量已知时，对因变量进行的估计和预测通常分为(　　)。

A. 点预测　　　　B. 区间预测　　　　C. 相对预测　　　　D. 绝对预测

【解析】当预测期内的自变量已知时，对因变量的预测为无条件预测；如果在预测期内的自变量未知，对因变量的预测就是有条件预测。一般来说，无条件预测分为点预测与区间预测。

17. 时间序列分析中常用的检验有(　　)。

A. 协整检验　　　　B. 单位根检验　　　　C. F检验　　　　D. 格兰杰因果检验

【解析】时间序列分析中常用的检验包括：①单位根检验；②自回归移动平均(ARMA)；③格兰杰因果检验；④协整检验和误差修正。

18. 平稳性随机过程需满足的条件有(　　)。

A. 任何两期之间的协方差值不依赖于时间

B. 均值和方差不随时间的改变而改变

C. 任何两期之间的协方差值不依赖于两期的距离或滞后的长度

D. 随机变量是连续的

【解析】随机变量按照时间先后顺序排列得到的集合称为随机过程。设 Y 为随机变量，若 Y 为连续型的随机变量，记为 Y_i；若为离散型的随机变量，记为 $Y(t)$。若一个随机过程的均值和方差不随时间的改变而改变，且在任何两期之间的协方差值仅依赖于两期的距离或滞后的长度而不依赖两期的时点，这样的随机过程称为平稳随机过程。

19. 下列关于偏自相关函数 φ_{kk} 说法正确的是(　　)。

A. 当 $k>1$ 时，$\varphi_{kk}=\dfrac{\mathrm{Cov}(y_t,\ y_{t+k})}{\sqrt{\mathrm{Var}(y_t)\mathrm{Var}(y_{t+k})}}$

B. 当 $k>1$ 时，$\varphi_{kk}=\dfrac{\rho_k-\sum\limits_{j=1}^{k-1}\varphi_{k-1,j}\rho_{k-j}}{1-\sum\limits_{j=1}^{k-1}\varphi_{k-1,j}\rho_{k-j}}$

C. 当 $k=1$ 时，$\varphi_{kk}=\rho_1$

15ACD　16AB　17ABD　18AB　19BC

D. 偏自相关函数是指 y_t 和 y_{t+k} 的相关系数

【解析】偏自相关函数为在其他变量给定的条件下 y_t 和 y_{t+k} 的条件相关系数，即偏自相关函数为条件相关系数，记为 φ_{kk}，其计算公式如下：

①当 $k=1$ 时，$\varphi_{kk}=\rho_1$；

②当 $k>1$ 时，

$$\varphi_{kk}=\frac{\rho_k-\sum_{j=1}^{k-1}\varphi_{k-1,j}\rho_{k-j}}{1-\sum_{j=1}^{k-1}\varphi_{k-1,j}\rho_{k-j}}$$

20. 可以通过(　　)将一个非平稳时间序列转化为平稳时间序列。

A. 差分平稳过程　　B. 趋势平稳过程

C. WLS　　D. 对模型进行对数变换

【解析】通常有两种方法将一个非平稳时间序列转化为平稳时间序列：①差分平稳过程，若一个时间序列为 1 阶单整，即原序列非平稳，通过 1 阶差分即可变为平稳序列；②趋势平稳过程，有些时间序列在其趋势线上是平稳的，因此，将该时间序列对时间进行回归，回归后的残差项将是平稳的。

21. 根据误差修正模型，下列说法正确的是(　　)。

A. 实际经济数据是由均衡过程生成的，因此可代表经济理论的长期均衡过程

B. 建模时需要用数据的动态非均衡过程来逼近经济理论的长期均衡过程

C. 变量之间的长期均衡关系是在短期波动过程中的不断调整下得以实现的

D. 传统的经济模型通常表述的是变量之间的一种长期均衡关系

【解析】A 项，传统的经济模型通常表述的是变量之间的一种长期均衡关系，而实际经济数据却是由非均衡过程生成的。因此，建模时需要用数据的动态非均衡过程来逼近经济理论的长期均衡过程，于是产生了误差修正模型。

22. 识别 ARMA 模型的核心工具是(　　)。[2024 年 5 月真题]

A. 互相关函数　　B. 自相关函数

C. 功率谱密度函数　　D. 偏自相关函数

【解析】识别 ARMA 模型的两个核心工具是自相关函数(ACF)与偏自相关函数(PACF)，以及它们各自的相关图。

23. 金融资产收益率时间序列一般具有(　　)和波动率聚集的特点。

A. 尖峰　　B. 平峰　　C. 厚尾　　D. 薄尾

【解析】在金融市场中，波动率通常用资产收益率的条件方差来衡量，条件方差越大，意味着风险越高。金融资产收益率时间序列具有尖峰厚尾和波动率聚集的特点。

三、判断题(判断以下各小题的对错，正确的用 A 表示，错误的用 B 表示)

1. 极差能体现数据的整体离散程度。(　　)[2024 年 5 月真题]

【解析】极差是一组数据的最大值与最小值之差，该指标只使用了一组数据中的两个极端

20AB　21BCD　22BD　23AC　▎　1B

值，未充分利用中间部分数据的信息，因而无法全面反映数据的离散程度。

2. 中位数、众数和平均数都具有唯一性。(　　)［2024 年 5 月真题］

【解析】一组数据的中位数和平均数是唯一的，但众数不是。一组数据可以只有一个众数，也可以有多个众数，也可以没有众数。

3. 由于时间序列方差齐性方法无法满足资产持有者对于波动率关注的需要，因此需要引入条件异方差模型，也就是 ARCH 类模型。(　　)

【解析】由于时间序列方差齐性方法无法满足资产持有者对于波动率关注的需要，因此需要引入条件异方差模型，也就是 ARCH 类模型。ARCH 模型的基本思想是利用历史波动信息作为条件来刻画波动率。

4. 在多元线性回归分析中，增加解释变量的个数会使回归方程的修正 R 值的平方变大。(　　)［2020 年 9 月真题］

【解析】当利用 R^2 度量多元线性回归模型的拟合优度时，R^2 的值随着解释变量的增多而增大，即便引入一个无关紧要的解释变量，也会使得 R^2 变大。为克服该缺陷，需采用调整后的 R^2 来度量多元线性模型对数据的拟合效果，调整后的 R^2 称为修正的可决系数。随着解释变量的增多，修正 R 值的平方可能变小，甚至为负值。

5. 在多元回归模型中，模型的拟合优度 R^2 越接近于 1，说明模型对于样本观测值的拟合程度越好。(　　)［2018 年 11 月真题］

【解析】R^2 的取值范围为：$0 \leqslant R^2 \leqslant 1$，$R^2$ 越接近 1，拟合效果越好；R^2 越接近 0，拟合效果越差。

6. 误差修正模型基本思想是，若变量间存在协整关系，则表明这些变量间存在着短期均衡关系，而这种短期均衡关系是在长期波动过程中的不断调整下得以实现的。(　　)［2018 年 5 月真题］

【解析】误差修正模型基本思想是，若变量间存在协整关系，则表明这些变量之间存在着长期均衡关系，但这种长期均衡关系是在短期波动过程中的不断调整下得以实现的。

7. 在多元回归模型中，方程的拟合优度 R^2 越接近 0，模型的预测能力会越好。(　　)［2017 年 5 月真题］

【解析】R^2 的取值范围为：$0 \leqslant R^2 \leqslant 1$，$R^2$ 越接近 1，拟合效果越好；R^2 越接近 0，拟合效果越差。

8. 样本相关系数 r 的取值范围为：$0 \leqslant r \leqslant 1$。(　　)

【解析】根据样本数据计算出的相关系数称为样本相关系数，简称相关系数，记为 r。r 的取值范围为 $-1 \leqslant r \leqslant 1$。当 $|r|$ 越接近于 1 时，表示二者间的线性相关关系越强；当 $|r|$ 越接近于 0 时，表示二者之间的相关关系越弱。

9. 若一个随机过程的均值和方差不随时间改变，且在任何两期之间的协方差仅依赖于时间，则该随机过程称为平稳性随机过程。(　　)［2015 年 7 月真题］

2B　3A　4B　5A　6B　7B　8B　9B

【解析】若一个随机过程的均值和方差不随时间的改变而改变，且在任何两期之间的协方差值仅依赖两期的距离或滞后的长度而不依赖于两期的时点，这样的随机过程称为平稳随机过程。

10. 平稳随机过程中，均值、方差、任何两期之间的协方差值都不依赖于两期的时点。(　　)

【解析】若一个随机过程的均值和方差不随时间的改变而改变，且在任何两期之间的协方差值仅依赖两期的距离或滞后长度而不依赖于两期的时点，这样的随机过程称为平稳随机过程；反之，称为非平稳随机过程。

11. 自回归移动平均模型由因变量对它的滞后值以及随机误差项的现值和滞后值回归得到。(　　)

【解析】自回归移动平均模型由因变量对它的滞后值以及随机误差项的现值和滞后值回归得到。具体而言，自回归移动平均模型可细分为移动平均模型、自回归模型以及自回归移动平均。

12. 在建立多元回归模型时，增加与实际问题有关的解释变量，模型的 R^2 增大。(　　)[2012 年 5 月真题]

【解析】当利用 R^2 来度量多元线性回归模型的拟合优度时，R^2 的值会随着解释变量的增多而增大，即便引入一个无关紧要的解释变量，也会使得 R^2 变大。

13. 当数据呈现出明显的偏态分布时，中位数具有较强的代表性。(　　)

【解析】中位数是处于一组数据中心位置的数值，它作为一个位置代表值，不易受极端数值影响，当数据呈现出明显的偏态分布时具有较强的代表性。

14. 当自由度大于 10 时，t 分布的概率密度函数的图形接近标准正态分布。(　　)

【解析】自由度越小，t 分布概率密度函数的图形相对于标准正态分布更平坦；自由度越大，t 分布曲线越接近标准正态分布曲线。当自由度大于 30 时，t 分布的概率密度函数的图形接近标准正态分布。

15. 总体相关系数可简称相关系数，记为 r。(　　)

【解析】相关系数包括总体相关系数和样本相关系数。若相关系数是根据总体全部数据计算出来的，称为总体相关系数，记为 ρ；根据样本数据计算出来的，称为样本相关系数，简称相关系数，记为 r。

16. 相关关系表示变量之间存在一一对应的确定关系。(　　)

【解析】确定的函数关系表示变量之间存在一一对应的确定关系，相关关系表示一个变量的取值不能由另外一个变量唯一确定，即当变量 x 取某一个值时，变量 y 对应的不是一个确定的值，而是对应着某一种分布。

17. 一元线性回归模型 $y_i = \alpha + \beta x_i + \mu_i$ 中，μ_i 为残差项，是不能由 x_i 和 y_i 之间的线性关系所解释的变异部分。(　　)

10A　11A　12A　13A　14B　15B　16B　17B

【解析】μ_i为随机扰动项。观测值 y_i与它的拟合值(回归值)$\hat{y}_i$之差 e_i称为回归残差。残差 e_i可以看作是 μ_i的估计值。

18. 时间序列分为平稳性时间序列和非平稳性时间序列。(　　)

【解析】若时间序列的统计特征不会随着时间的变化而变化，即反映统计特征的均值、方差和协方差等均不随时间的改变而改变，则该时间序列为平稳时间序列；反之，为非平稳时间序列。

19. 随机过程是指变量变化过程是毫无规律的。(　　)

【解析】随机变量按照时间先后顺序排列得到的集合称为随机过程。

20. 线性回归分析中，误差项 ε_t均值为 0，方差为常数，且不存在自相关，则它是一个白噪声过程。(　　)

【解析】若一个随机过程的均值为 0，方差为不变的常数，而且序列不存在相关性，这样的随机过程称为白噪声过程。例如，在线性回归分析中的误差项 ε_t服从均值为 0，方差为不变常数，即为一个白噪声过程。

21. 平稳时间序列也称一阶单整序列。(　　)

【解析】如果非平稳序列$\{y_t\}$，通过 d 次差分成为一个平稳序列，而这个序列的 $d-1$ 次差分序列是不平稳的，那么称序列$\{y_t\}$为 d 阶单整序列，记为 $y_t \sim I(d)$。如果序列$\{y_t\}$本身是平稳的，则称为零阶单整序列，记为 $y_t \sim I(0)$。

22. DF 检验可用于存在高阶滞后相关的时间序列。(　　)[2023 年 5 月真题]

【解析】DF 检验在实际应用中存在一个问题：只适用于存在 1 阶滞后相关的时间序列。由于时间序列可能存在高阶滞后相关，直接使用 DF 检验法会出现偏误。在这种情况下，人们将原 DF 检验方法扩展为增广的 DF 检验，简称为 ADF 检验。ADF 检验可以用来检验含有高阶序列相关的序列是否平稳。

23. 协整指的是多个非平稳性时间序列的某种线性组合是平稳的。(　　)

【解析】协整是指多个非平稳性时间序列的某种线性组合是平稳的。某些时间序列是非平稳时间序列，但他们之间却往往存在长期的均衡关系。

24. 点估计值减去抽样误差构成区间估计的下限，点估计值加上抽样误差构成区间估计的上限。(　　)

【解析】区间估计是在点估计的基础上，构造置信区间对参数进行估计，由点估计值加减抽样误差得到区间估计，即，点估计值减去抽样误差构成区间估计的下限，点估计值加上抽样误差构成区间估计的上限。

25. 任何一组相互协整的时间序列变量都存在误差修正机制。(　　)

【解析】若变量之间存在协整关系，则表明这些变量之间存在长期均衡关系，但这种长期均衡关系是在短期波动过程的不断调整下得以实现的。也就是说，尽管两个变量可能存在长期均衡关系，但短期内可能表现出非均衡关系，因此需要对变量建立误差修正模

18A　19B　20A　21B　22B　23A　24A　25A

型，通过对短期非均衡关系进行不断修正以使变量之间的关系回归到长期均衡上去。

26. 协整检验中，若残差序列是平稳的，则表明两组时间序列之间存在协整关系。(   )

【解析】协整检验通常采用的是 E－G 两步法，其基本原理为：设 x_t，y_t满足 $x_t \sim I(1)$，$y_t \sim I(1)$，有协整模型：$y_t = \alpha_0 + \alpha_1 x_t + u_t$，通过普通最小二乘法估计，得到 α_0和 α_1的估计量 $\hat{\alpha}_0$和 $\hat{\alpha}_1$，及残差序列$\{\hat{u}_t\}$：$\hat{u}_t = y_t - \hat{\alpha}_0 - \hat{\alpha}_1 x_t$。若残差序列$\{\hat{u}_t\}$是平稳的，则表明该两组时间序列$\{x_t\}$和$\{y_t\}$之间存在协整关系。

27. TGARCH 模型是在 GARCH 模型的基础之上增加一个虚拟变量 I。(   )

【解析】TGARCH 模型是在 GARCH 模型的基础之上增加一个虚拟变量 I：当前期收益率为负，当期的 I 值取 1；当前期收益率非负，当期的 I 值取 0。

28. ARMA 过程的平稳性取决于它的移动平均部分。(   )

【解析】ARMA 过程的平稳性取决于它的自回归部分。当满足条件，特征方程 $1 - \varphi_1 Z - \varphi_2 Z^2 - \cdots - \varphi_P Z^P = 0$ 的根全部落在单位圆之外，则该 ARMA(p, q)过程是平稳的。

四、综合题(以下各小题所给出的 4 个选项中，至少有 1 项符合题目要求，请将正确选项的代码填入括号内)

1. 在估计出多元线性回归模型后，思考多元线性回归模型的一系列检验，据此回答以下两题。[2018 年 5 月真题]

(1)这些检验包括回归模型的(   )。

A. 线性关系显著性检验　　B. 回归系数显著性检验

C. 拟合优度检验　　D. 自相关和异方差检验

【解析】多元线性回归模型的检验有：①拟合优度检验，它表示总离差平方和中可由线性回归解释的部分所占的比例；②F 检验，又称为回归方程的显著性检验或回归模型的整体性检验；③t 检验，t 检验又称为回归系数检验。

(2)通常用 F 检验对回归方程的(   )。

A. 线性关系显著性　　B. 回归系数显著性

C. 拟合优度　　D. 自相关和异方差

【解析】多元线性回归模型的 F 检验，又称为回归方程的显著性检验或整体性检验，反映的是多元线性回归模型中被解释变量与所有解释变量之间线性关系在总体上是否显著。

2. 某研究员对生产价格指数(PPI)数据和消费价格指数(CPI)数据进行了定量分析，并以 PPI 为被解释变量，CPI 为解释变量，进行回归分析。据此回答以下四题。[2017 年 5 月真题]

(1)PPI 和 CPI 的相关系数为 0.975，则 PPI 和 CPI 之间存在着(   )。

A. 负相关关系　　B. 非线性相关关系

C. 正相关关系　　D. 没有相关关系

【解析】PPI 和 CPI 的相关系数为 0.975，大于零，接近于 1，所以二者之间存在着正相关关系。

26A　27A　28B　┃　1(1)ABC　(2)A　2(1)C

(2)对拟合的直线回归方程进行显著性检验的必要性在于(　　)。

A. 样本数据对总体没有很好的代表性

B. 检验回归方程中所表达的变量之间的线性相关关系是否显著

C. 样本量不够大

D. 需验证该回归方程所揭示的规律性是否显著

【解析】为了检验回归方程中所表达的被解释变量与所有解释变量之间的线性相关关系是否显著，则需要对拟合的直线回归方程进行显著性检验。

(3)若用最小二乘法估计的回归方程为 PPI = 0.002 + 0.85CPI，通过了模型的各项显著性检验，表明(　　)。

A. CPI 每上涨 1 个单位，PPI 将会提高 0.85 个单位

B. CPI 每上涨 1 个单位，PPI 平均将会提高 0.85 个单位

C. CIP 与 PPI 之间存在着负相关关系

D. CPI 与 PPI 之间存在着显著的线性相关关系

【解析】根据回归方程可知，CPI 每上涨 1 个单位，PPI 平均将会提高 0.85 个单位，二者之间存在着显著的线性相关关系。

(4)利用上述回归方程进行预测，如果 CPI 为 2%，则 PPI 为(　　)。

A. 1.5%　　B. 1.9%　　C. 2.35%　　D. 0.85%

【解析】根据回归方程，代入数据，可得：PPI = 0.002 + 0.85CPI = 0.002 + 0.85 × 2% = 1.9%。

3. 以棕榈油期货价格 P 为被解释变量，豆油期货价格 Y 为解释变量进行一元线性回归分析。结果如图 3 - 1 所示：

Variable	Coefficient	Std. Error	t - Statistic	Prob.
C	-2182.268	194.2978	-11.23157	0.0000
Y	1.221476	0.033309	36.67081	0.0000
R - squared	0.818597	Mean dependent var		4931.967
Adjusted R - squared	0.817988	S. D. dependent var		434.5170
S. E. of regression	185.3774	Akaike info criterion		13.28931
Sum squared resid	10240707	Schwarz criterion		13.31400
Log likelihood	-1991.396	Hannan - Quinn criterion		13.29919
F - statistic	1344.749	Durbin - Watson stat		0.057129
Prob(F - statistic)	0.000000			

图 3 - 1　一元线性回归分析结果

据此回答以下四题。[2016 年 11 月真题]

(1)在显著性水平 $\alpha = 0.05$ 条件下，豆油期价与棕榈油期价的线性关系(　　)。

A. 无法判断　　B. 较差　　C. 不显著　　D. 显著

【解析】根据豆油期价与棕榈油期价一元线性回归的结果，P 值为 0.0000 < 0.05，在 5%

(2)B　(3)BD　(4)B　3(1)D

的显著性水平下拒绝了解释变量 Y 的系数为 0 的原假设，说明豆油期价与棕榈油期价的线性关系显著。

(2)按拟合的回归方程，豆油期价每上涨 10 元/吨，棕榈油期价(　　)元/吨。

A. 平均下跌约 12.21　　B. 平均上涨约 12.21

C. 下跌约 12.21　　D. 上涨约 12.21

【解析】根据豆油期价与棕榈油期价一元线性回归的结果，豆油期价与棕榈油期价的线性关系可以表示为：$\hat{P} = -2182.268 + 1.221476Y$，表示豆油期价每上涨 10 元/吨，棕榈油期价平均上涨 12.21476 元/吨。

(3)两者的线性回归拟合度(　　)。

A. 无法判断　　B. 较差　　C. 一般　　D. 较好

【解析】豆油期价与棕榈油期价的线性回归拟合优度为 0.818597，说明所建立的一元线性回归模型整体上对样本数据拟合效果较好。

(4)得到的分析结论是(　　)。

A. 棕榈油和豆油的价格线性负相关　　B. 棕榈油和豆油的价格非线性相关

C. 棕榈油和豆油的价格不相关　　D. 棕榈油和豆油的价格线性正相关

【解析】豆油期价与棕榈油期价的线性关系可以表示为：$\hat{P} = -2182.268 + 1.221476Y$，豆油期价的系数为正，表明棕榈油和豆油的价格线性正相关。

4. 某分析师认为美元走势对原油价格可能存在一定影响，他获取了最近的 516 个交易日的美元指数(X 变量)和布伦特原油期货标牌价(Y 变量)数据并进行一元回归分析，结果如下：

回归统计	
Multiple R	0.958
R Square	0.917
Adjusted R Square	0.917
标准误差	2.014
观测值	516

方差分析

	df	SS	MS	F	Significance F
回归分析	1	23078，024	23078.024	5690.527	0.000
误差	514	2084，522	4.056		
总计	515	25162，55524			

	Coefficients	标准误差	T Stat	P－value
Intercept	114.33	0.338	228.747	0.0000
X Variable	－0.281	0.004	－75.436	0.0000

(2)B　(3)D　(4)D

据此回答以下三题。[2015 年 11 月真题]

(1)得到的回归方程为(　　)。

A. $\hat{Y}=114.33-0.281X$　　B. $\hat{Y}=0.281-114.33X$

C. $\hat{Y}=114.33+0.281X$　　D. $\hat{Y}=0.281+114.33X$

【解析】根据上述输出结果，可知截距为 114.33，X 的系数为 -0.281，因此回归方程为：$\hat{Y}=114.33-0.281X$。

(2)根据模型的检验结果，表明(　　)。

A. 回归系数的显著性高　　B. 回归方程的拟合程度高

C. 回归模型线性关系显著　　D. 回归结果不太满意

【解析】A 项，变量 X 的回归系数检验的 P 值为 0，表明回归系数显著，美元指数对布伦特原油期货标牌价具有显著的影响；B 项，可决系数 R^2 和调整的 R^2 等于 0.917，说明所建立的一元线性回归模型整体上对样本数据拟合效果较好；C 项，对整个模型的 F 检验的 P 值为 0，说明回归模型线性关系显著。

(3)根据回归方程，若美元指数为 100，则布伦特原油平均值约为(　　)。

A. 136.13　　B. 114.33　　C. 142.43　　D. 86.23

【解析】已知回归方程为：$\hat{Y}=114.33-0.281X$，$X=100$，则布伦特原油期货标牌价 $Y=86.23$。

5. 图 3-2 给出了 2017 年 1 月～2017 年 12 月原油价格月度涨跌概率及月度均值收益率，根据该图，下列说法不正确的有(　　)。

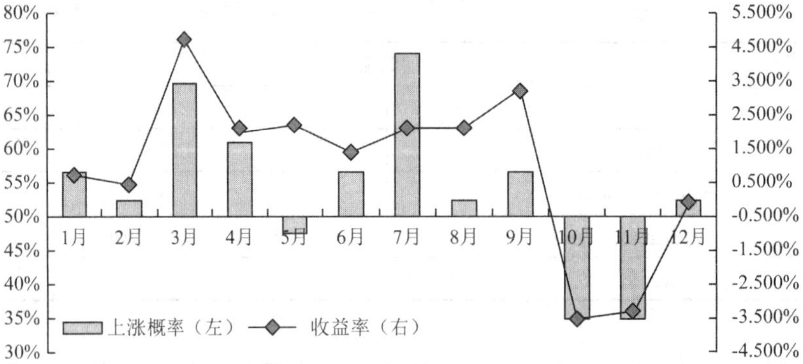

图 3-2　原油价格月度涨跌概率及月度均值收益率

A. 一年中原油价格上涨概率超过 50% 的有 9 个月

B. 一年中的上半年国际油价上涨概率大

C. 上涨概率最高的是 3 月份

D. 一年中 10 月和 11 月下跌概率最大

【解析】C 项，由图 3-2 可知，一年中原油价格上涨概率超过 50% 的有 9 个月，上涨概率最高的是 7 月份，其次是 3 月份。

4(1)A　(2)ABC　(3)D　5C

6. 为确定大豆的价格(y)与大豆的产量(x_1)及玉米的价格(x_2)之间的关系，某大豆厂商随机调查了 20 个月的月度平均数据，根据有关数据进行回归分析，得到表 3－2 的数据结果。

表 3－2　大豆回归模型输出结果

方程的截距 $\hat{\beta}_0=42.38$	截距的标准差 $S(\hat{\beta}_0)=6.59$	回归平方和 $ESS=29882$
回归系数 $\hat{\beta}_1=9.16$	回归系数的标准差 $S(\hat{\beta}_1)=4.78$	残差平方和 $RSS=5205$
回归系数 $\hat{\beta}_2=0.46$	回归系数的标准差 $S(\hat{\beta}_2)=0.14$	

据此回答以下四题。

(1)大豆的价格与大豆的产量及玉米的价格之间的线性回归方程为(　　)。

A. $y=42.38+9.16x_1+0.46x_2$　　B. $y=9.16+42.38x_1+0.46x_2$

C. $y=0.46+9.16x_1+42.38x_2$　　D. $y=42.38+0.46x_1+9.16x_2$

【解析】根据已知条件和表 3－2 中的数据可以得出，大豆的价格 y 对大豆的产量 x_1 和玉米的价格 x_2 的线性回归方程为：$\hat{y}=\hat{\beta}_0+\hat{\beta}_1x_1+\hat{\beta}_2x_2=42.38+9.16x_1+0.46x_2$。

(2)回归方程的拟合优度的判定系数 R^2 为(　　)。

A. 0.1742　　B. 0.1483　　C. 0.8258　　D. 0.8517

【解析】判定系数 R^2 为：$R^2=ESS/TSS=ESS/(RSS+ESS)=29882/(29882+5205)=0.8517$。

(3)对回归方程的显著性检验 F 检验统计量的值为(　　)。

A. 48.80　　B. 51.20　　C. 51.67　　D. 48.33

【解析】F 检验统计量的值为：

$$F=\frac{ESS/k}{RSS/(n-k-1)}=\frac{29882/2}{5205/(20-2-1)}=48.80$$

(4)回归系数检验统计量的值分别为(　　)。

A. 65.4286；0.09623　　B. 0.09623；65.4286

C. 3.2857；1.9163　　D. 1.9163；3.2857

【解析】回归系数检验统计量的值分别为：

$$t_1=\frac{\hat{\beta}_1}{S(\hat{\beta}_1)}=\frac{9.16}{4.78}=1.9163$$

$$t_2=\frac{\hat{\beta}_2}{S(\hat{\beta}_2)}=\frac{0.46}{0.14}=3.2857$$

7. 为预测我国居民家庭对电力的需求量，建立了我国居民家庭电力消耗量(y，单位：千瓦小时)与可支配收入(x_1，单位：百元)、居住面积(x_2，单位：平方米)的多元线性回归方程，如下所示：

$$\hat{y}=124.3068+0.5464x_1+0.2562x_2$$

据此回答以下四题。

6(1)A　(2)D　(3)A　(4)D

(1)回归系数$\beta_2=0.2562$的经济意义为(　　)。

A. 我国居民家庭居住面积每增加1平方米，居民家庭电力消耗量平均增加0.2562千瓦小时

B. 在其他条件不变的情况下，我国居民家庭居住面积每增加1平方米，居民家庭电力消耗量平均增加0.2562千瓦小时

C. 在其他条件不变的情况下，我国居民家庭居住面积每减少1平方米，居民家庭电力消耗量平均增加0.2562千瓦小时

D. 我国居民家庭居住面积每增加1平方米，居民家庭电力消耗量平均减少0.2562千瓦小时

【解析】回归系数β表示在其他条件保持不变的情况下，该自变量每变动一个单位，因变量平均变动β个单位。

(2)根据上述回归方程式计算的多重可决系数为0.9235，其正确的含义是(　　)。

A. 在y的总变差中，有92.35%可以由解释变量x_1和x_2解释

B. 在y的总变差中，有92.35%可以由解释变量x_1解释

C. 在y的总变差中，有92.35%可以由解释变量x_2解释

D. 在y的变化中，有92.35%是由解释变量x_1和x_2决定的

【解析】多元线性回归模型的拟合优度检验常采用多重可决系数，记为R^2。它表示总离差平方和中线性回归解释的部分所占的比例，即：

$$R^2=\frac{ESS}{TSS}=\frac{\sum(\hat{y}_i-\bar{y})^2}{\sum(y_i-\bar{y})^2}=1-\frac{\sum(y_i-\hat{y}_i)^2}{\sum(y_i-\bar{y})^2}=1-\frac{RSS}{TSS}$$

(3)根据样本观测值和估计值计算回归系数β_2的t统计量，其值为$t=8.925$，根据显著性水平($\alpha=0.05$)与自由度，由t分布表查得t分布的右侧临界值为2.431，因此，可以得出的结论有(　　)。

A. 接受原假设，拒绝备择假设

B. 拒绝原假设，接受备择假设

C. 在95%的置信水平下，$\hat{\beta}_2$是由$\beta_2=0$这样的总体产生的

D. 在95%的置信水平下，居住面积对居民家庭电力消耗量的影响是显著的

【解析】根据样本观测值和估计值计算回归系数β_2的t统计量为8.925，大于右侧临界值2.431，因而检验显著，拒绝原假设，接受备择假设。因此，β_2显著不等于0，即在95%的置信水平下，x_2对y的影响是显著的。

(4)检验回归方程是否显著，正确的假设是(　　)。

A. H_0：$\beta_1=\beta_2=0$；H_1：$\beta_1\neq\beta_2\neq0$

B. H_0：$\beta_1=\beta_2\neq0$；H_1：$\beta_1\neq\beta_2=0$

C. H_0：$\beta_1\neq\beta_2\neq0$；H_1：$\beta_1=\beta_2\neq0$

D. H_0：$\beta_1=\beta_2=0$；H_1：β_1、β_2至少有一个不为零

【解析】检验回归方程是否显著就是要检验回归方程中的所有系数是否同时为0，也即原假设H_0：$\beta_1=\beta_2=0$；备择假设H_1：β_1、β_2至少有一个不为零。

7(1)B　(2)A　(3)BD　(4)D

第四章　商品期货及衍生品分析与应用

一、**单项选择题**(以下各小题所给出的 4 个选项中，只有 1 项最符合题目要求，请将正确选项的代码填入括号内)

1. 假设伦敦铝价 2000 美元/吨，升水 50 美元/吨，汇率 6.5，进口关税 3%，增值税 13%，请计算国内价格为(　　)元/吨。[2025 年 5 月真题]

A. 15508.97　　B. 15496.97　　C. 15386.97　　D. 15285.97

【**解析**】根据基准价格为 2000 美元/吨，升水：50 美元/吨，到岸价 = 基准价格 + 升水 = 2000 + 50 = 2050 美元/吨；含税价格 = 2050 × (1 + 13%) × (1 + 3%) × 6.5 ≈ 15508.97(元/吨)。

2. 以下哪项不是工业硅的下游产品？(　　)[2024 年 5 月真题]

A. 有机硅　　B. 二氧化硅　　C. 硅合金　　D. 多晶硅

【**解析**】工业硅行业产业链上游为原材料及辅料，主要包括硅石、洗精煤、碳素电极、电力等；中游为工业硅，下游为工业硅产品，主要包括有机硅、硅铝合金、多晶硅、单晶硅、碳化硅等。

3. 保险公司通过购买期权进行风险管理时，将(　　)转移给期货公司。[2024 年 5 月真题]

A. 信用风险　　B. 流动性风险　　C. 市场风险　　D. 操作风险

【**解析**】农业经营者或企业为规避市场价格风险向保险公司购买期货价格保险产品，保险公司通过向期货经营机构购买场外期权将风险转移。

4. 某投资者购买了执行价格为 2850 元/吨、期权价格为 64 元/吨的豆粕看涨期权，并卖出相同标的资产、相同期限、执行价格为 2950 元/吨、期权价格为 19.5 元/吨的豆粕看涨期权。如果期权到期时，豆粕期货的价格上升到 3000 元/吨，并执行期权组合，则到期收益为(　　)。[2022 年 7 月真题]

A. 亏损 56.5 元　　B. 盈利 55.5 元　　C. 盈利 54.5 元　　D. 亏损 53.5 元

【**解析**】当期权到期时，豆粕期货的价格为 3000 元/吨，投资者执行看涨期权，收益为：3000 − 2850 − 64 = 86(元)；同时，对手方执行看涨期权，该投资者收益为：(2950 − 3000) + 19.5 = −30.5(元)；则总收益为：86 − 30.5 = 55.5(元)。

5. 关于建立虚拟库存，以下描述不正确的是(　　)。[2022 年 7 月真题]

A. 期货市场流动性强，虚拟库存的建立和取消非常方便

B. 期货交割的商品质量有保障

C. 无须担心仓库的安全问题

D. 企业可以随时提货

【**解析**】D 项，在利用虚拟库存代替实物库存时，现货层面的采购存在一些非价格方面的

1A　2B　3C　4B　5D

不确定因素，包括未来采购时局部地区货源不足、品质不达标或者交通不顺畅等。这些因素将在一定程度上影响企业的生产周期，可能导致延迟开工和后续的订单交付。

6. 在买方叫价基差交易中，确定(　　)的权利归属商品买方。[2018 年 11 月真题]

A. 点价　　B. 基差大小

C. 期货合约交割月份　　D. 现货商品交割品质

【解析】按照点价权利的归属划分，基差定价可分为买方叫价交易(又称买方点价)和卖方叫价交易(又称卖方点价)两种模式。如果将确定最终期货价格为计价基础的权利，即点价权利归属买方，则称为买方叫价交易；若点价权利归属于卖方，则称为卖方叫价交易。

7. 天然橡胶供给存在明显的周期性，这种周期性主要来源于橡胶树的开割及停割导致供给量的变化。割胶的旺季为(　　)。[2018 年 11 月真题]

A. 每年的 6 月、7 月　　B. 每年的 1 月、2 月、3 月

C. 每年的 8 月、9 月、10 月　　D. 每年的 3 月、4 月

【解析】每年 3 月、4 月份新胶开始交割，天然橡胶的供给开始增加，这时候价格会从年初的高点回落。而 5 月出现的交割低谷又会使橡胶价格小幅回升。6 月、7 月份是割胶的旺季，此时橡胶供大于求，价格出现下跌。从 8 月份开始到 10 月份，各产胶国陆续出现台风或热带风暴，持续的雨天、干旱都会降低天然橡胶产量，使胶价上涨。11 月份发生自然灾害的可能性逐渐降低，橡胶生产正常，胶价又会出现一定幅度的回落。到了 12 月份，特别是来年的 1 月、2 月和 3 月，天然橡胶逐渐停止交割，下游厂家需要补充库存以满足停割期间的生产需要，导致天然橡胶价格出现上涨行情。

8. 某些主力会员席位的持仓变化经常是影响期货价格变化的重要因素之一，表 4 - 1 是某交易日郑州商品交易所 PTA 前五名多空持仓和成交变化情况。

表 4 - 1　持仓汇总表

品种：PTA　　交易日期：4 月 14 日

名次	会员简称	多头持仓	增减	会员简称	空头持仓	增减
1	A 期货公司	55754	14428	F 期货公司	49614	-3544
2	B 期货公司	28792	1586	G 期货公司	44567	7003
3	C 期货公司	24946	3402	H 期货公司	22814	-7557
4	D 期货公司	24934	-738	I 期货公司	21616	911
5	E 期货公司	21329	4809	J 期货公司	20243	1566

在不考虑其他影响因素的前提下，只根据前五位主力席位多空持仓量的变化，初判 PTA 期货价格未来短时间最有可能的走势是(　　)。[2015 年 11 月真题]

A. 下跌　　B. 上涨　　C. 震荡　　D. 不确定

【解析】国内交易所持仓分析的方法有以下两种：①比较多空主要持仓量的大小；②关注会员持仓表现。由表中数据可知，PTA 期货合约多方持仓数量为 = 55754 + 28792 + 24946 + 24934 + 21329 = 155755，空方持仓数量为 = 49614 + 44567 + 22814 + 21616 + 20243 = 158854，多空双方持仓数量相当。从增减看，多方减持较少，多为增仓，且多方增仓的

6A　7A　8B

数量远远超过空方增仓的数量。空方有较多减持，进一步表明投资者对 PTA 期货合约后市看好，因此预期 PTA 期货价格未来短时间很可能上涨。

9. 天然橡胶供给存在明显的周期性，从 8 月份开始到 10 月份，各产胶国陆续出现台风或热带风暴、持续的雨天、干旱，这都会(　　)。[2013 年 5 月真题]

A. 降低天然橡胶产量而使胶价上涨　　B. 降低天然橡胶产量而使胶价下降

C. 提高天然橡胶产量而使胶价上涨　　D. 提高天然橡胶产量而使胶价下降

【解析】天然橡胶供给存在明显的周期性，主要原因是橡胶树的开割及停割周期。从 8 月份开始到 10 月份，各产胶国陆续出现台风或热带风暴、持续的雨天、干旱都会降低天然橡胶产量，使胶价上涨。

10. 美国商品交易委员会(CFTC)持仓报告的最核心内容是(　　)。[2011 年 5 月真题]

A. 商业持仓　　B. 非商业持仓　　C. 非报告持仓　　D. 长格式持仓

【解析】CFTC 持仓报告可分为商业持仓、非商业持仓两大类，还有一类非报告头寸。商业持仓指生产商、贸易商、加工商和用户这一类规模超过规定水平的持仓合计，非商业持仓包括互换交易商、资产管理机构及其他投资者三类。非商业持仓是 CFTC 持仓报告中最核心的内容，被市场视作影响行情的重要因素之一。

11. 在基差交易中，对点价行为的正确理解是(　　)。[2015 年 11 月真题]

A. 点价是一种套期保值行为

B. 可以在期货交易收盘后对当天出现的某个价位进行点价

C. 点价是一种投机行为

D. 期货合约流动性不好时可以不点价

【解析】A 项，点价的实质是一种投机行为。B 项，点价模式有多种，既可以是一次性点价，类似于“一口价”模式，也可以是分批点价；既可以在盘中即时点价，也可以以当天期货合约结算价、以合约当月月度结算平均价或者收盘平均价等其他约定价格作为所点价格。D 项，点价有期限限制，不能无限期拖延，否则卖方有权按最后时刻的期货价格作为现货交易的计价基准(称为强行点价)。

12. 对商业头寸而言，更应关注的是(　　)。

A. 价格　　B. 持有空头　　C. 持有多头　　D. 净头寸的变化

【解析】对商业持仓而言，更应关注净头寸的变化而不是多头空寸的变化，原因是商业机构受限于自身产业链角色，往往不会更多空持仓方向，只会根据价格对头寸数量进行调整。

13. 国际大宗商品定价的主流模式是(　　)方式。

A. 基差定价　　B. 公开竞价

C. 电脑自动撮合成交　　D. 公开喊价

【解析】采用“期货价格 + 升贴水”的基差定价模式是国际大宗商品定价的主流模式。国际铜贸易、豆类等谷物贸易往往都通过“期货价格 + 升贴水”的交易模式进行操作。B 项为期货定价方式；CD 两项为公开竞价的两种形式。

9A　10B　11C　12D　13A

14. 绘制出价格运行走势图，按照月份或者季节，分别寻找其价格运行背后的季节性逻辑背景，为展望市场运行和把握交易机会提供直观方法的是(　　)。

A. 季节性分析法　　B. 分类排序法

C. 经验法　　D. 平衡表法

【解析】季节性分析法比较适合于季节性供需变化比较规律的大宗商品，例如原油和农产品等。供需关系决定了在供应淡季或者消费旺季时价格高企，而在供应旺季或者消费淡季时价格低落。这就是大宗商品的季节性波动规律。开展季节性分析最直接的手段就是绘制出价格运行走势图，按照月份或者季节，分别寻找其价格背后的季节性及背景，为展望市场运行和把握交易机会提供直观的方法。

15. 下列关于各定性分析法的说法正确的是(　　)。

A. 交易所持仓是商品期货分析的核心

B. 平衡表法简单明了，平衡表中未涉及的数据或将对实际供需平衡产生的影响很小

C. 成本利润分析法具有科学性、参考价值较高的优点，因此只需运用成本利润分析法就可以做出准确的判断

D. 在实际应用中，不能过分依赖季节性分析法，将季节分析法作为孤立的“分析万金油”而忽略其他基本面因素

【解析】A 项，库存是当期供需格局的体现，库存分析是商品期货分析的核心。B 项，在平衡表法中应综合考虑平衡表中如社会库存、走私量数据等未涉及的信息，这些未涉及数据或将对实际供需平衡产生巨大影响。C 项，在现实中，期货价格易受当下时间节点的供求关系、资金炒作等因素影响而脱离成本利润区间。因此，在应用成本分析法时，还应注意结合其他基本面分析方法，不可过分依赖单一方法。

16. 当一种商品价格下降(上涨)导致另一种商品的需求减少(增加)时，这两种商品被称为(　　)。

A. 关联品　　B. 互补品　　C. 互替品　　D. 互助品

【解析】当一种商品价格下降(上涨)导致另一种商品的需求减少(增加)时，这两种商品互为替代品。当一种商品价格下降(上涨)会导致另一种商品的需求增加(减少)时，这两种物品被称为互补品。

17. (　　)是各个产业部门之间基于一定的技术经济关联，并依据特定的逻辑关系和时空布局关系而客观形成的链条式关联关系形态。

A. 供需链　　B. 产业链　　C. 企业链　　D. 空间链

【解析】产业链是产业经济学中的一个概念，是各个产业部门之间基于一定的技术经济关联，并依据特定的逻辑关系和时空布局关系而客观形成的链条式关联关系形态。

18. 就国内持仓分析来说，按照规定，国内期货交易所的任何合约持仓数量达到一定级别时，交易所会在每日收盘后将当日交易量和持仓量排名前(　　)位的会员持仓和成交予以公布。

A. 10　　B. 15　　C. 20　　D. 30

14A　15D　16C　17B　18C

【解析】就国内持仓分析来说，按照规定，国内期货交易所的任何合约持仓数量达到一定级别时，交易所会在每日收盘后将当日交易量和持仓量排名前20位的会员持仓和成交予以公布。分析该数据时，一是比较多空主要持仓量的大小，二是关注会员持仓表现。

19. 在买方叫价交易中，如果现货价格变化不大，期货价格和升贴水呈(　　)变动。

A. 正相关　　B. 负相关　　C. 不相关　　D. 同比例

【解析】如果现货价格波动不大，基差卖方通常需将升贴水的报价与期货价格涨跌相联系：在买方叫价交易中，当期货价格涨了，升贴水报价就下降一些，期货价格跌了，升贴水报价就提升一点。而在卖方叫价交易中，当期货价格涨了，升贴水报价就提升一点，期货价格跌了，升贴水报价就下降一些。其目的是保持期货价格加上升贴水与不变的现货价格之间相匹配，使基差买方易于接受升贴水报价。

20. 买卖双方在贸易合同中约定某批次现货的结算价格等于某个期货合约的价格加上一定的升贴水，这种贸易方式称为(　　)。

A. 期货交易　　B. 期货交割　　C. 点价交易　　D. 期转现交易

【解析】在某些大宗商品现货贸易过程中，买卖双方常常使用期货市场的价格作为现货贸易定价的参考基准，并在此基础上根据实际情况对价格做出一定的调整。这种贸易方式也被称为点价交易、点价贸易或者基差贸易。

21. (　　)不是“保险＋期货”运作中主要涉及的主体。

A. 期货经营机构　　B. 投保主体　　C. 中介机构　　D. 保险公司

【解析】“保险＋期货”运作中主要涉及三个主体：①投保主体；②保险公司；③期货经营机构。投保主体是保险产品的购买者，是风险管理的需求者。保险公司根据所投保产品的投保时间、历史价格波动情况、区域之间的价差以及国家政策等，参照该产品的期货价格，开发设计相应的保险产品。期货经营机构根据保险公司保险产品的条款以及保险公司的风险管理需求，开发设计相应的场外期权合约。

22. 季节性分析只适用于特定品种的(　　)。

A. 任意阶段　　B. 特定阶段　　C. 前面阶段　　D. 后面阶段

【解析】季节性分析法有容易掌握、简单明了的优点，但该分析法只适用于特定品种的特定阶段，并常常需要结合其他阶段性因素进行客观评估。

23. 期货经营机构向保险公司卖出场外期权后，若场内市场中未上市所需的期权品种或者期权要素无法与场外期权要素匹配时，期货经营机构一般可通过期货合约复制期权的方法，采取(　　)对冲价格风险。

A. 套利策略　　B. Alpha策略　　C. 股票中性策略　　D. Delta中性策略

【解析】期货经营机构卖出场外期权，获得保险公司支付的权利金后，承担了保险公司所面临的价格风险，为规避风险，期货经营机构利用自身的专业优势通过复制期权操作在期货市场中进行风险对冲操作，将自身承担的风险通过期货市场分散并转移。常用的对冲方法为Delta中性策略。

19B　20C　21C　22B　23D

24. 11月初，中国某大豆进口商与美国某贸易商签订大豆进口合同，双方商定采用基差定价交易模式。经买卖双方谈判协商，最终敲定的离岸(FOB)升贴水报价为110美分/蒲式耳，并敲定美湾到中国的巴拿马型船的大洋运费为73.48美元/吨，约合200美分/蒲式耳，中国进口商务必于12月5日前完成点价，中国大豆进口商最终点价确定的CBOT大豆1月期货合约价格平均为850美分/蒲式耳，那么，根据基差定价交易公式，到达中国港口的大豆到岸(CNF)价为(　　)美分/蒲式耳。

A. 960　　B. 1050　　C. 1160　　D. 1162

【解析】大豆到岸价 = 期货价格 + CNF升贴水价格；CNF升贴水 = FOB升贴水 + 运费。因此大豆到岸价 = 850 + 110 + 200 = 1160(美分/蒲式耳)。

25. 7月中旬，某铜进口贸易商与一家需要采购铜材的铜杆厂经过协商，同意以低于9月铜期货合约价格100元/吨的价格，作为双方现货交易的最终成交价，并由铜杆厂点定9月铜期货合约的盘面价格作为现货计价基准。签订基差贸易合同后，铜杆厂为规避风险，考虑买入上海期货交易所执行价为57500元/吨的平值9月铜看涨期权，支付权利金100元/吨。如果9月铜期货合约盘中价格一度跌至55700元/吨，铜杆厂以55700元/吨的期货价格为计价基准进行交易，此时铜杆厂买入的看涨期权也已跌至几乎为0，则铜杆厂实际采购价为(　　)元/吨。

A. 57000　　B. 56000　　C. 55600　　D. 55700

【解析】铜杆厂以当时55700元/吨的期货价格为计价基准，减去100元/吨的升贴水即55600元/吨为双方现货交易的最终成交价格。此时，铜杆厂买入的看涨期权也已跌至几乎为0，平仓后，实际付出的采购价为55600(现货最终成交价) + 100(支付的权利金) = 55700(元/吨)。

26. 大豆出口的价格可以表示为：大豆出口价格 = 交货期内任意一个交易日CBOT大豆近月合约期货价格 + CNF升贴水价格(FOB升贴水 + 运费)，关于这一公式说法不正确的是(　　)。

A. 期货价格由买方在规定时间内和规定的期货合约上自由点价

B. 离岸(FOB)现货升贴水，是由买方在谈判现货贸易合同时报出

C. FOB升贴水可以为正值(升水)，也可以为负值(贴水)

D. 美国大豆贸易中普遍采用基差定价的交易模式

【解析】B项，在实际操作的流程中，通常是卖方根据结算公式，报出期货价格的计算方式和相应的升贴水，买方若认可则达成交易，也可以进一步协商升贴水的大小。

27. 一家铜杆企业月度生产铜杆3000吨，上月结转500吨，如果企业已确定在月底以40000元/吨的价格销售1000吨铜杆，此时铜杆企业的风险敞口为(　　)吨。[2016年11月真题]

A. 3000　　B. 500　　C. 1000　　D. 2500

【解析】不考虑销售订单的情况下，风险敞口为全部的成品库存，销售订单把量、价和时间等均固定之后，能确认价格风险已转移给下游，从而降低风险敞口。所以铜杆企业的风险敞口为：500 + 3000 − 1000 = 2500(吨)。

24C　25D　26B　27D

28. (　　)是期货合约制度设计中的核心内容，是决定期货功能发挥的根基。

A. 交割品的质量标准　　B. 仓储和物流属性

C. 市场容量　　D. 行业集中度

【解析】交割品质量标准是期货合约制度设计中的核心内容，是决定期货功能发挥的根基，通常需要具有价格代表性强、可供交割品范围和总量大、交割风险可控、企业广泛认可、适应现货市场要求、符合产业发展趋势等重要特征。

29. 如企业远期有采购计划，但预期资金紧张，可以采取的措施是(　　)。

A. 通过期货市场进行买入交易，建立虚拟库存

B. 通过期权市场进行买入交易，建立虚拟库存

C. 通过期货市场进行卖出交易，建立虚拟库存

D. 通过期权市场进行卖出交易，建立虚拟库存

【解析】虚拟库存，是指企业根据自身的采购和销售计划、资金及经营规模，在期货市场建立的原材料买入持仓。如企业远期有采购计划，但预期资金紧张，可通过期货市场进行买入交易，建立虚拟库存，以较少的保证金提前订货，同时锁定采购成本，为企业筹措资金赢得时间，缓解企业资金紧张局面。

30. 大宗商品指数基金是以(　　)为跟踪标的的被动型基金。

A. RJ/CRB 商品指数　　B. CPI

C. 大宗商品价格指数　　D. 期货合约

【解析】大宗商品指数基金是以大宗商品价格指数为跟踪标的的被动型基金，是各类投资者投资或配置大宗商品类资产的一种金融工具，为便于交易，通常被设计为开放式指数基金。

31. 下面不属于持仓分析法研究内容的是(　　)。

A. 价格　　B. 库存　　C. 成交量　　D. 持仓量

【解析】持仓量研究一般是研究价格、持仓量和成交量三者之间关系，这种研究方法是传统经典的研究方法，有助于从整体上判断市场中的买卖意向。

32. 如果某期货合约前数名(比如前 20 名)多方持仓数量远大于空方持仓数量，说明该合约(　　)。

A. 多单和空单大多分布在散户手中

B. 多单和空单大多掌握在主力手中

C. 多单掌握在主力手中，空单则大多分布在散户手中

D. 空单掌握在主力手中，多单则大多分布在散户手中

【解析】在比较多空主要持仓量的大小时，一般使用前 20 名持仓的多空合计数之差(即净持仓)来对多空实力进行分析。如果某期货合约前数名(比如前 20 名)多方持仓数量远大于空方持仓数量，说明该合约多单掌握在主力手中，空单则大多分布在散户手中；反之亦然。

33. 下列选项中，(　　)不属于影响升贴水大小的因素。

28A　29A　30C　31B　32C　33D

A. 贸易货物与期货交割品之间的品质差
B. 仓储物流费用
C. 资金占用费
D. 心理预期

【解析】影响升贴水大小的因素可以分为现货层面和期货层面。在现货层面，贸易货物与期货交割品之间的品质差、仓储物流费用以及合理的利润水平等是影响升贴水的主要因素。在期货层面，期货套期保值交易过程中存在的价差、手续费和资金占用费用等都可能成为影响升贴水的主要因素。

二、多项选择题（以下各小题给出的 4 个选项中，至少有 2 项符合题目要求，请将符合题目要求选项的代码填入括号内）

1. 大宗商品价格指数的编制主要用以下什么作为权重？（　　）[2024 年 5 月真题]

A. 全球消费量　　B. 期货上一个合约的交易量
C. 期货上一个合约的持仓量　　D. 全球生产量

【解析】大宗商品价格指数的权重常常由成分商品的全球产量、消费量或货币价值确定，这些指标在较长一段时间内是确定不变的，可以保持指数权重的稳定性。当然，也有部分大宗商品价格指数是基于成分商品在过去一段时间的平均期货持仓量来确定权重。

2. 社会库存包括哪些内容？（　　）[2024 年 5 月真题]

A. 贸易商库存　　B. 加工商库存　　C. 交易所库存　　D. 中间商库存

【解析】库存结构分析主要关注库存结构性矛盾。从产业链角度，库存结构主要为上游生产商库存、中游贸易商库存和下游消费商库存。从市场主体角度，又可分为交易所库存和社会库存。

3. 商业持仓指的是（　　）这一类持仓。[2020 年 11 月真题]

A. 生产商　　B. 贸易商　　C. 加工企业　　D. 用户

【解析】商业持仓指生产商、贸易商、加工商和用户这一类规模超过规定水平的持仓合计，非商业持仓包括互换交易商、资产管理机构和其他投资者三类。

4. 下列四组商品中，互为替代品的有（　　）。

A. 牛肉和猪肉　　B. 玉米和小麦
C. 铁矿石和焦炭　　D. 豆油和棕榈油

【解析】C 项，在黑色产业链中，作为钢材生产原料的铁矿石和焦炭是一对互补品，因其都属于高炉炼铁的炉料。铁矿石是最基础的原料之一，但仅有铁矿石是无法冶炼成生铁的，还需要消耗大量的焦炭。

5. 白糖 1809 合约价格为 5585 元/吨，某投资者预计未来价格会大幅上涨，这时他可能采用的策略有（　　）。[2018 年 5 月真题]

A. 买入 SR809 – P – 5600　　B. 卖出 SR809 – C – 5400
C. 买入 SR809 – C – 5700　　D. 卖出 SR809 – P – 5500

【解析】预计标的资产价格会上涨，可以采用买入看涨期权的策略，也可以采用卖出看跌

1AD　2ABD　3ABCD　4ABD　5CD

期权的策略。

6. 实体企业合理利用大宗商品期货和其他衍生品工具，可以有效管理其在(　　)环节中存在的价格风险。

A. 大宗商品采购　B. 库存　C. 销售　D. 售后

【解析】实体企业合理利用大宗商品期货和其他衍生品工具，可以有效管理其在大宗商品采购、库存和销售等生产经营环节中存在的价格风险。采购环节中存在的价格风险是指大宗商品价格上升导致采购成本的上升；库存和销售环节中存在的价格风险是指大宗商品价格下降导致库存的公允价值降低和销售收入的下降。

7. 在基差定价交易中，影响升贴水定价的因素有(　　)。[2017 年 5 月真题]

A. 现货市场的供求状况　B. 银行利息

C. 储存费用　D. 运费

【解析】影响升贴水定价的主要因素之一是运费。各地与货物交接地点的距离不同导致了升贴水的差异。另外，利息、储存费用、经营成本和利润也都会影响升贴水价格，买卖双方在谈判协商升贴水时需要予以考虑。影响升贴水定价的另一个重要因素是当地现货市场的供求紧张状况。当现货短缺时，现货价格相对期货价格就会出现上涨，表现为基差变强；反之则表现为基差变弱，从而影响升贴水的报价和最终定价结果。

8. 农产品的季节性波动规律包括(　　)。[2016 年 11 月真题]

A. 消费旺季价格相对低位　B. 供应旺季价格相对高位

C. 供应淡季价格相对高位　D. 消费淡季价格相对低位

【解析】季节性分析法比较适合于季节性供需变化比较规律的大宗商品，例如原油和农产品等。供需关系决定了在供应淡季或者消费旺季时价商品格高企，而在供应旺季或者消费淡季时价格低落。这就是大宗商品的季节性波动规律。

9. 大豆供需平衡表中的结转库存(期末库存)等于(　　)。[2015 年 11 月真题]

A. (期初库存 + 进口量 + 产量) - (出口量 + 国内消费)

B. 期初库存 - 出口量

C. 总供应量 - 总使用量

D. (进口量 + 产量) - (出口量 + 内需总量) - 压榨量

【解析】期末库存 = 总供应量 - 总使用量，其中，总供应量 = 期初库存 + 产量 + 进口量，总使用量 = 出口量 + 国内消费。

10. 运用成本利润分析法计算成本利润时应考虑(　　)这一系列因素。

A. 产业链的上下游　B. 副产品价格

C. 替代品价格　D. 时间

【解析】进行成本利润分析，不能把某一商品单独拿出来计算其成本利润，而是要充分考虑到产业链的上下游、副产品价格、替代品价格和时间等一系列因素。

11. 成本利润分析方法应该注意的问题有(　　)。

6ABC　7ABCD　8CD　9AC　10ABCD　11BCD

A. 应用成本利润方法计算出来的价格，是一个静态价格
B. 应用成本利润方法计算出来的价格，是一个动态价格
C. 应用成本利润方法计算出来的价格与现在的时点有所差异
D. 在很多产品的生产过程中，会产生副产品或者可循环利用的产品

【解析】在应用成本利润分析方法时，有以下几个问题需要注意：①应用成本利润方法计算出来的价格，是一个动态价格，同时也会与现在的时点有所差异。②在很多产品的生产过程中，会产生副产品或者可循环利用的产品。③成本利润分析法有着科学性、参考价值较高的优点。但是，在现实中，期货价格易受当下时间节点的供求关系、资金炒作等因素影响而脱离成本利润区间。因此，在应用成本利润分析法时，还应注意结合其他基本面分析方法，不可过分依赖单一方法。

12. (　　)是决定基差贸易中最终现货成交价的两个关键项。
A. 运费　B. 升贴水　C. 期货价格　D. 保险费

【解析】基差定价也称基差贸易，是指现货买卖双方均同意，以期货市场上某月份的该商品期货价格为计价基础，再加上买卖双方事先协商同意的升贴水作为最终现货成交价格的交易方式。从基差定价模式中可以发现，升贴水及期货价格是决定基差定价交易最终现货成交价的两个关键项。当点价结束时，对升贴水报价一方来说：现货最终价格 = 期货平仓价格 + 升贴水。

13. 下列关于季节性分析法的说法正确的包括(　　)。
A. 适用于任何阶段
B. 常常需要结合其他阶段性因素做出客观评估
C. 只适用于农产品的分析
D. 比较适用于原油和农产品的分析

【解析】A 项，季节性分析法只适用于特定品种的特定阶段，并常常需要结合其他阶段性因素进行客观评估。C 项，季节性分析法比较适合于季节性供需变化比较规律的大宗商品，例如原油和农产品等。

14. 在进行期货价格区间判断的时候，可以把期货产品的(　　)作为确定价格运行区间底部或顶部的重要参考指标。
A. 生产成本线　B. 对应企业的盈亏线
C. 收益线　D. 历史成本线性回归线

【解析】成本利润分析法是期货分析的一种重要方法。特别是在进行期货价格区间判断的时候，投资者可以把期货产品的生产成本线或对应企业的盈亏线作为确定价格运行区间底部或顶部的重要参考指标。

15. 期货经营机构根据保险公司保险产品的条款以及保险公司的风险管理需求，开发设计相应的场外期权合约，场外期权合约的设计要素包括(　　)。
A. 标的资产　B. 期权费　C. 执行价格　D. 到期日

【解析】期货经营机构根据保险公司保险产品的条款以及保险公司的风险管理需求，开

12BC　13BD　14AB　15ABCD

发设计相应的场外期权合约，场外期权合约的设计涵盖标的资产、执行价格、到期日、期权费等要素。这些要素的设计和保险产品的条款相对应以确保风险的转嫁。

16. 编制大宗商品价格指数时，需要在哪些方面做出明确的设定(　　)?

A. 商品池及入池标准　　B. 商品池中各商品的权重

C. 商品价格的来源　　D. 价格加总的算法

【解析】编制大宗商品价格指数时，需要在四个方面做出明确的设定：①设定商品池及入池标准；②设定商品池中各商品的权重；③设定商品价格的来源；④设定价格加总的算法。

17. 实体企业恰当地利用金融衍生品进行库存管理，有利于该企业(　　)。

A. 节约资金占用　B. 加快销售速度　C. 获取套利收益　D. 盘活库存资产

【解析】实体企业恰当地利用金融衍生品进行库存管理，有利于节约资金占用、获取套利收益和盘活库存资产。这是在缺乏金融衍生品的情况下难以获得的。

18. 在农产品平衡表分析法中，以下正确选项有(　　)。

A. 产量 = 收获面积(不是播种面积) × 平均单产

B. 对于供求关系的说明，最明朗的方法就是编制供需平衡表

C. 期末库存 = 产量 + 进口 - 消费 - 出口

D. 平衡表分析法非常重视供给与需求中各种成分的变动

【解析】C 项，在平衡表中，期初库存 = 上期期末库存；期末库存 = 总供应量 - 总使用量；库存消费比 = 期末库存/总使用量(包括国内消费和出口)；总供应量 = 期初库存 + 产量 + 进口量。

19. 套期保值策略设计主要包括(　　)。

A. 保值工具　B. 额度　C. 进出场时机　D. 交易方向

【解析】套期保值策略设计主要包括保值工具、额度、进出场时机和交易方向等。在保值工具方面，需要在场内工具和场外工具以及期货、期权和其他衍生品之间做出选择。在保值额度方面，需要确定期货和其他衍生品保值交易的量。在进出场时机方面，期货保值操作期间应与价格风险敞口存在的时间相一致。在交易方向方面，期货保值操作的交易方向应与现货持仓的方向相反。

20. 原材料库存中的风险性实质上是由原材料价格波动的不确定性造成的。这种不确定性所造成的风险主要体现在(　　)。

A. 价格上涨所带来的无库存导致的生产成本上升的风险

B. 价格下跌所带来的库存商品大幅贬值风险

C. 价格下跌所带来的库存资金占用成本风险

D. 价格上涨所带来的存货分类不合理

【解析】原材料库存中的风险性实质上是由原材料价格波动的不确定性造成的。这种不确定性所造成的风险主要体现在三个方面：①价格上涨所带来的无库存导致的生产成本上升的风险；②价格下跌所带来的库存商品大幅贬值风险；③价格不涨不跌所带来的库

16ABCD　17ACD　18ABD　19ABCD　20AB

存资金占用风险。

21. 利用期货市场，企业可实现库存风险的管理，主要体现在(　　)。

A. 规避原材料贬值风险　　B. 规避原材料价格上涨风险

C. 减少资金占用成本　　D. 利用期货市场的仓单质押业务盘活库存

【解析】利用期货市场，企业可以规避实物库存中，因高库存而在价格下跌时带来的可能导致的原材料贬值风险，或因低库存而在价格上涨时所带来的可能导致的原材料采购成本大幅上涨的风险，以及通过在期货市场上建立虚拟库存，减少资金占用成本，甚至还可以利用期货市场的仓单质押业务盘活库存。

22. 如果现货价格出现下跌，导致存货贬值，此时可以采取的措施有(　　)。

A. 在期货市场上卖出相应的空头头寸

B. 积极销售库存

C. 在期货市场交割实物

D. 卖出现货时，在期货市场上买平同等数量的空头头寸

【解析】如果现货价格出现下跌，存货就会贬值。在此情况下，可在期货市场上卖出相应的空头头寸，同时积极销售库存，在卖出现货库存的同时，就在期货市场上买平同等数量的空头头寸，尽量使期货盈(亏)弥补现货库存销售的亏(盈)。如果现货库存实在难以销售，也可以考虑最终在期货市场交割实物来减少库存压力。

23. 在实际经营中，企业往往都经历过原材料价格大跌的情况。即使随后市场价格持续上涨也不敢过多囤积原材料库存，等企业意识到应该大量购买原材料时已经为时已晚。在此情况下，企业可以在期货市场上采取的措施有(　　)。

A. 在期货市场上卖出相应的空头头寸以建立虚拟库存

B. 什么时候现货库存增加了，就在期货市场上卖平同等数量的多头头寸

C. 尽量使期货盈(亏)弥补现货库存增加的亏(盈)

D. 如果现货实在难以购买到，可以最终在期货市场交割实物来增加库存

【解析】企业可以考虑在期货市场上买入相应的多头头寸以建立虚拟库存，防止原材料价格的继续上涨，同时积极采购现货，在现货库存增加的同时，在期货市场上卖出同等数量的多头头寸，尽量使期货盈(亏)弥补现货库存增加的亏(盈)。如果现货实在难以购买到，也可以考虑最终在期货市场交割实物来增加库存。

三、判断题(判断以下各小题的对错，正确的用 A 表示，错误的用 B 表示)

1. 平衡表法虽然简单明了，但商品数据不公开透明，不容易取得。(　　)

【解析】对于供求关系的说明，最明朗的方法就是编制供需平衡表。一些重要的大宗商品都有专业统计研究机构，这些机构既有官方的，也有非官方的。官方机构如美国农业部会定期公布各种农产品的数据报告，非官方机构如国际橡胶研究组织会定期向会员提供全球橡胶的统计研究报告。

2. 国债期货基差交易投资以无风险套利为策略理念，因此投资无风险。(　　)[2020 年 11 月真题]

21ABCD　22ABCD　23BCD　**|**　1B　2B

【解析】国债期货基差交易投资以无风险套利为策略理念，风险较小但是仍具有一定的风险。

3. 利用期货市场，企业可以有效规避原材料库存中的风险，甚至还可以利用期货市场的仓单质押业务盘活库存。(　　)[2020 年 11 月真题]
【解析】利用期货市场，企业可以规避实物库存中，因高库存而在价格下跌时带来的可能导致的原材料贬值风险，或因低库存而在价格上涨时所带来可能导致的原材料采购成本大幅上涨的风险，以及通过在期货市场上建立虚拟库存，减少资金占用成本，甚至还可以利用期货市场的仓单质押业务盘活库存。

4. 下游的终端产品利润不会对上游的原料采购产生影响。(　　)
【解析】下游的终端产品利润会对上游的原料采购产生影响。以豆粕的终端需求为例，如果生猪和禽类的养殖陷入亏损，则下游肉禽产品可能通过降低存栏来减少亏损，这就会减少对豆粕等饲料原料的采购需求，从而令豆粕等饲料原料价格承压。反之，当下游畜禽产品的利润较好时，养殖户又会增加补栏从而带动豆粕等原料的需求，提振其价格。

5. 基差定价是指现货买卖双方均同意，以期货市场上某月份的该商品期货价格为计价基础，再加上买卖双方事先协商同意的升贴水为最终现货成交价格的交易方式。(　　)[2018 年 5 月真题]
【解析】基差定价也称基差贸易，是指现货买卖双方均同意，以期货市场上某月份的该商品期货价格为计价基础，再加上买卖双方事先协商同意的升贴水作为最终现货成交价格的交易方式。升贴水的确定与期货价格的点定构成了基差定价中两个不可或缺的要素。

6. 在基差贸易中，物流费用是升贴水定价的主要影响因素之一。(　　)[2017 年 5 月真题]
【解析】影响升贴水定价的主要因素之一是运费，各地与货物交接地点的距离不同导致了升贴水的差异。

7. 国际大宗商品定价的主流模式是采用“期货价格 + 升贴水”的基差定价方式。(　　)[2015 年 7 月真题]
【解析】采用“期货价格 + 升贴水”的基差定价模式是国际大宗商品定价的主流模式。国际铜贸易、豆类等谷物贸易都通过“期货价格 + 升贴水”的交易模式进行操作。目前，国内饲料行业和有色金属行业中，运用该模式定价的情况相对较多。

8. 进行成本利润分析，就是把某一商品单独拿出来计算其成本利润。(　　)
【解析】进行成本利润分析，不能把某一商品单独拿出来计算其成本利润，而应充分考虑到产业链的上下游、副产品价格、替代品价格和时间等一系列因素。

9. 持仓分析对短期作用明显，也能独立较好地分析出长期走势。(　　)
【解析】持仓分析是从资金角度看待市场动态，虽有利于研判短期市场行为，可为投资者提供一个参考维度，但不能指导中长期走势研判。

10. 在季节性分析法的图表中，包括的季节性指标主要有上涨年数百分比、平均涨跌幅等。

3A　4B　5A　6A　7A　8B　9B　10A

(　　)[2015 年 7 月真题]

【解析】季节性统计图表一般包括上涨年数的百分比、平均涨跌幅等指标，投资者可以依据这些指标识别何时上涨(下跌)概率大以及何时涨(跌)势更强。

11. 通过将资金配置在相关性较低的各类资产中可以提高预期收益。(　　)

【解析】通过分散投资，将资金配置在相关性较低的各类资产中，可以在不提高投资风险的同时提高预期收益，从而稳步地提升夏普比率及类似的业绩指标。

12. 当库存高企的时候，即使价格处于上涨阶段，也应该在期货市场中做卖出套期保值，锁定价格。(　　)[2015 年样题]

【解析】在价格上涨阶段，对库存高企的企业来说正是大赚一把的好时机，此时不宜到期货市场去做卖出套期保值锁定价格。只有判断出价格有下行趋势时，企业才应该进入期货市场对高库存进行卖出套期保值，规避库存风险。对低库存企业来说，情况与上述相反。

13. 大宗商品指数基金是以大宗商品价格指数为跟踪标的的主动型基金。(　　)

【解析】大宗商品指数基金是以大宗商品价格指数为跟踪标的的被动型基金，是各类投资者投资或配置大宗商品类资产的一种金融工具。

14. 升贴水实际上是基差的一种表现形式，只不过它是事先就人为确定好的。(　　)

【解析】升贴水及期货价格是决定基差定价交易中最终现货成交价的两个关键项。当点价结束时，对升贴水报价一方来说，现货最终价格 = 期货平仓价格 + 升贴水；升贴水 = 现货最终价格 - 期货平仓价格 = 平仓基差。因此，升贴水实际上也是基差的一种表现形式，只不过它是事先就人为确定好的。

15. 由于影响商品的现货价格与期货价格的因素相同，使套期保值基差的波动幅度相对较小且稳定在某一固定的波动区间中，所以套期保值总是有效的。(　　)

【解析】在正常的市场条件下，由于影响商品的现货价格与期货价格的因素相同，使套期保值基差的波动幅度相对较小，且稳定在某一固定的波动区间内，产生的盈利或亏损较小。但在某些特殊情况下，市场会出现对套期保值不利的异常情况，导致套期保值基差持续大幅度扩大或缩小，从而使套期保值组合出现越来越大的亏损。

16. 常见的大宗商品融资业务模式有两种，分别是仓单质押融资和贸易融资。(　　)

【解析】常见的大宗商品融资业务模式有两种，分别是仓单质押融资和贸易融资。仓单质押融资是指实体企业将其所拥有的大宗商品存放在第三方仓库中，获得仓库出具的仓单，进而把仓单质押给金融机构并获得一定额度的融资。贸易融资也称为融资型贸易或者贸易型融资，是指企业间以贸易为名进行资金拆借或融资。

17. 在升贴水谈判中，买方最多只能是对升贴水进行讨价还价，尽量争取优惠。(　　)

【解析】由于在升贴水谈判中，基差卖方的让利空间是有限的，加上基差买方处于被动接受的地位，买方最多只能是对升贴水进行讨价还价，尽量争取优惠。

11A　12B　13B　14A　15B　16A　17A

18. 企业在库存管理方面的一个困难是：在原材料价格大起大落时，企业如何管理库存才能降低管理成本，确保生产经营不受大的影响。(　　)

【解析】企业对库存管理面临的实际困难是在原材料价格大起大落时，企业如何管理库存才能有效规避价格风险，确保生产经营不受大的影响，而在价格相对平稳期间，企业又如何能够降低实物库存带来的管理成本。

19. 影响原材料价格变化的因素众多，如果现货价格出现上涨，存货就会贬值。(　　)

【解析】面对瞬息万变的市场，加之原材料价格影响因素众多，如果现货价格出现下跌，存货就会贬值。

20. 在实际操作中，企业可根据市场情况来决定是否将全部库存风险进行对冲。(　　)

【解析】在实际操作中，企业可根据市场情况，选择是将全部库存风险进行对冲，还是只将部分库存风险进行对冲。

21. 利用期货市场，企业可规避实物库存中因高库存而在价格下跌时可能导致的原材料贬值风险。(　　)

【解析】利用期货市场，企业可以规避实物库存中，因高库存而在价格下跌时带来的可能导致的原材料贬值风险，或因低库存而在价格上涨时所带来可能导致的原材料采购成本大幅上涨的风险，以及通过在期货市场上建立虚拟库存，减少资金占用成本，甚至还可以利用期货市场的仓单质押业务盘活库存。

22. 企业可以结合生产需要，合理利用期货，适度缓解企业在生产经营中出现的短期资金压力。(　　)

【解析】合理利用期货市场价格杠杆机制，用较少的资金通过买入套期保值实现虚拟库存，相应减少现货库存，可以大大节省流动资金占用，提高企业资金使用效率。因此，企业可以结合生产需要，合理利用期货，适度缓解企业在生产经营中短期出现的资金压力。

23. 如果能灵活利用期货市场，将实物库存与虚拟库存进行有效调配，则可以适当降低库存成本，扩大企业利润。(　　)

【解析】尽管期货价格与现货价格同向波动，但由于市场影响因素和流动性的差异，在某些时候期货价格与现货价格可能会出现短期波动幅度差异较大、基差偏离正常区间的情况。如果能灵活利用期货市场，将实物库存与虚拟库存进行有效调配，则可以适当降低库存成本，扩大企业利润。

四、综合题(以下各小题所给出的 4 个选项中，至少有 1 项符合题目要求，请将正确选项的代码填入括号内)

1. 在某橡胶品种“保险 + 期货”项目中，胶农向保险公司购买天然橡胶农产品价格险，保险赔付条件为：保险期间标的期货合约收盘价的算术平均值低于目标价格时，保险公司支付差额部分。受政策补贴的支持，胶农仅需要付保费 100 元/吨。保险公司向某期货经营机构购买场外看跌期权产品进行再保险，以对冲天然橡胶价格下跌带来的风险。据此回

18B　19B　20A　21A　22A　23A

答以下问题。[2023 年 5 月真题、2025 年 5 月真题]

(1)到期日，根据场外期权合约的执行价格、结算价等要素的约定，期货经营机构向保险公司支付的金额为(　　)。

A. max(执行价格－结算价，0)×投保数量

B. －max(执行价格－结算价，0)×投保数量

C. －max(结算价－执行价格，0)×投保数量

D. max(结算价－执行价格，0)×投保数量

【解析】保险公司向某期货经营机构购买场外看跌期权产品进行再保险，处于一个看跌期权头寸多头方，到期结算支付金额的计算方式为 max(执行价格－结算价，0)×投保数量。

(2)该项目中，保险产品标的是 RU1901 合约，承保目标价格为 12500 元/吨，投保数量为 5000 吨，保险期为 9 月到 11 月。项目到期时，若 RU1901 收盘价均值为 11503 元/吨，保险产品可以使胶农损失(　　)万元。

A. 增加 448.5　　B. 增加 498.5　　C. 减少 498.5　　D. 减少 448.5

【解析】根据保险条款，胶农可获得保险公司赔付 12500－11503＝997(元/吨)，保费支出为 100 元/吨，所以保险产品使胶农损失减少(997－100)×5000＝448.5(万元)。

(3)若场外期权产品各要素与保险条款一致，完全对冲了保险公司所面临的市场风险，期权单价为 300 元/吨，项目结束时，期货经营机构期货头寸共平仓获利 400 万元，则期货经营机构的收益为(　　)万元。

A. －29.7　　B. 29.7　　C. －51.5　　D. 51.5

【解析】从期货经营机构的角度看，作为看跌期权的卖出方，到期日应向保险公司支付结算金额 997×5000＝498.5(万元)，收入期权费 300×5000＝150(万元)，期货头寸共平仓获利 400 万元，收益合计 150＋400－498.5＝51.5(万元)。

(4)根据案例资料，以下说法正确的是(　　)。

A. 该项目中，场外期权合约应设计为亚式期权，使期权结算方式与保险赔付方式更为贴近

B. 期货经营机构采取 Delta 中性策略，可以对冲其期权头寸所带来的全部风险

C. 该项目中，若橡胶价格出现大幅下跌，保险公司将面临巨大的赔付风险

D. “保险＋期货”项目中，场外期权的设计一般采用成本较高的深度实值期权产品

【解析】B 项，Delta 中性策略规避了标的资产价格波动所带来的风险，并不能完全对冲期权头寸所带来的全部风险。C 项，保险公司通过场外期权实现了风险的转嫁。D 项，保险产品的目标价格和期权执行价格相对应，期权执行价格决定了期权是实值、平值还是虚值期权。一般来说，实值期权权利金高，投入成本较大，深度虚值的期权保护作用较小，功能性不强，相对来说，距离平值期权不远的虚值期权是比较适合风险管理的，不过该要素需要结合企业预期、投保品种的历史价格水平及波动率等因素综合确定。

2. 某玉米合作社担心未来玉米价格下行，决定向保险公司购买期货价格保险产品，为玉米

1(1)A　(2)D　(3)D　(4)A

价格投保。保险产品标的为大连商品交易所玉米 C1901 合约价格，承保目标价格 1800 元/吨，保险期为 60 天，投保数量 10000 吨，保险赔付条件为：当到期日 C1901 合约收盘价低于目标价格时，保险公司向合作社赔付差额部分。保费为 50 元/吨，其中政府补贴 40 元/吨。保险公司为对冲自身所面临的风险，向某期货经营机构购买场外期权产品。据此回答以下五题。[2018 年 5 月真题]

(1)若到期日，C1901 收盘价为 1785 元/吨，则该合作社可以获得保险公司赔付金额为(　　)万元。

A. 17　　B. 16　　C. 15　　D. 14

【解析】该保险产品的承保目标价格为 1800 元/吨，若到期日收盘价为 1785 元/吨，则该合作社可以获得赔付金额(1800 - 1785) × 10000 = 15(万元)。

(2)若保险期初，玉米现货市场价格为 1780 元/吨，保险到期日，C1901 收盘价为 1785 元/吨，现货价格较投保期初下跌了 30 元/吨，则合作社每吨玉米的实际收入为(　　)元/吨。

A. 1715　　B. 1765　　C. 1750　　D. 1755

【解析】合作社每吨玉米的实际收入 = 现货市场收入 + 保险公司赔付差额收入 - 保费 = (1780 - 30) + (1800 - 1785) - (50 - 40) = 1755(元/吨)。

(3)保险公司在承保过程中相当于持有一个(　　)。

A. 看涨期权空头　　B. 看涨期权多头　　C. 看跌期权空头　　D. 看跌期权多头

【解析】"保险 + 期货"，是指农业经营者或企业为规避市场价格风险向保险公司购买期货价格保险产品，保险公司通过向期货经营机构购买场外期权将风险转移，期货经营机构利用期货市场进行风险对冲的业务模式。保险公司承担了玉米价格下行的风险，在市场价格低于目标承保价格时赔付差额部分，相当于持有一个看跌期权空头。

(4)保险公司买入的场外期权产品要素与保险条款相对应，以实现风险的完全对冲，期权单价为 45 元/吨，保险公司的净收益为(　　)万。

A. -3.5　　B. 0　　C. -5　　D. 5

【解析】保险公司收到的保费为 50 元/吨，又买入场外期权产品要素单价为 45 元/吨，净收益为 5 元/吨，投保数量为 10000 吨，因此总的净收益为 5 万元。

(5)期货经营机构采取 Delta 中性的风险管理策略对冲场外期权的风险，C1901 价格为 1800 元/吨时，应(　　)手 C1901 合约。

A. 买入 500　　B. 买入 5000　　C. 卖出 500　　D. 卖出 5000

【解析】当 C1901 价格为 1800 元/吨时，看跌期权为平值期权，看跌期权 Delta 值约为 -0.5，为保持 Delta 值中性，期货经营机构应卖出 C1901 合约：0.5 × 10000/10 = 500(手)，C1901 合约价格如果下跌，卖出数量增加，价格如果上涨，卖出数量减少。

3. 某日，某油厂向某饲料公司报出以大连商品交易所豆粕期货 5 月主力合约价格 + 升水 180 元/吨的来年 2 月份之前期货的豆粕基差销售报价。当日豆粕基差为 +200 元/吨。饲料公司通过对豆粕基差图的分析发现，豆粕基差通常在 0 ~ 150 元/吨的区间。据此回答

2(1)C　(2)D　(3)C　(4)D　(5)C

以下三题。[2017 年 5 月真题]

(1)投资者判断未来一段时间豆粕基差(　　)的可能性较大。

A. 不变　　B. 走强

C. 变化无规律可循　　D. 走弱

【解析】豆粕基差通常在 0 ~ 150 元/吨的区间，当日豆粕基差为 +200 元/吨，较其正常值来说偏高，未来一段时间豆粕基差走弱的可能性较大，这意味着目前期货价格可能被低估或现货价格被高估，因此当前买入现货豆粕的风险较高。

(2)根据对未来一段时间豆粕基差的分析，以下判断正确的是(　　)。

A. 与买入期货相比，当前买入现货豆粕的风险较高

B. 期货价格可能被高估或现货价格被低估

C. 与买入期货相比，当前买入现货豆粕的风险较低

D. 期货价格可能被低估或现货价格被高估

【解析】基于未来一段时间豆粕基差走弱可能性较大的判断，认为当前期货价格可能被低估或现货价格被高估，当前买入现货豆粕的风险较高。

(3)饲料公司的合理策略应该是(　　)。

A. 考虑立即在期货市场上进行豆粕买入套保

B. 接受油厂报价，与油厂进行豆粕基差贸易

C. 考虑立即在现货市场上进行豆粕采购

D. 不宜接受油厂报价，即不与油厂进行豆粕基差贸易

【解析】AC 两项，目前期货价格被低估，所以应该买入豆粕期货，不应该买入豆粕现货；BD 两项，目前豆粕基差偏大，所以不宜与油厂进行豆粕基差贸易。

4. 生产一吨钢坯需要消耗 1.7 吨的铁矿石和 0.5 吨焦炭，铁矿石价格为 450 元/吨，焦炭价格为 1450 元/吨，生铁制成费为 400 元/吨，粗钢制成费为 450 元/吨，螺纹钢轧钢费为 200 元/吨。据此回答以下两题。[2017 年 5 月真题]

(1)螺纹钢的生产成本为(　　)元/吨。

A. 2390　　B. 2440　　C. 2540　　D. 2590

【解析】螺纹钢的生产成本 $=450\times1.7+1450\times0.5+400+450+200=2540$(元/吨)。

(2)如果担心未来螺纹钢价格下跌，螺纹钢现货市场参与者采取的正确策略是(　　)。

A. 螺纹钢生产企业进行卖出套保　　B. 螺纹钢消费企业进行买入套保

C. 螺纹钢的贸易商进行卖出套保　　D. 螺纹钢的贸易商进行买入套保

【解析】面临未来螺纹钢价格下跌风险的企业包括生产企业和贸易商，同时为防止未来螺纹钢价格下跌风险，应在期货市场建立空头头寸，即卖出套保，因此，螺纹钢现货市场参与者采取的正确策略是螺纹钢生产企业进行卖出套保，螺纹钢的贸易商进行卖出套保。

5. 2 月中旬，豆粕现货价格为 2760 元/吨，我国某饲料厂计划在 4 月份购进 1000 吨豆粕，决定利用豆粕期货进行套期保值。(豆粕的交易单位为 10 吨/手)

(1)该厂应(　　)5 月份豆粕期货合约。

3(1)D　(2)AD　(3)AD　4(1)C　(2)AC　5(1)A

A. 买入100手　　B. 卖出100手　　C. 买入200手　　D. 卖出200手

【解析】饲料厂计划在4月份购进1000吨豆粕，为了防止豆粕价格上涨风险，应该买入豆粕期货合约进行套期保值。根据期货品种及合约数量的确定应保证期货与现货头寸的价值变动大体相当的原则，豆粕的交易单位为10吨/手，所以买入数量应为1000/10 = 100(手)。

(2)该厂5月份豆粕期货建仓价格为2790元/吨，4月份该厂以2770元/吨的价格买入豆粕1000吨，同时平仓5月份豆粕期货合约，平仓价格为2785元/吨，该厂(　　)。

A. 未实现完全套期保值，有净亏损15元/吨

B. 未实现完全套期保值，有净亏损30元/吨

C. 实现完全套期保值，有净盈利15元/吨

D. 实现完全套期保值，有净盈利30元/吨

【解析】该厂进行的是买入套期保值。建仓时基差 = 现货价格 - 期货价格 = 2760 - 2790 = -30(元/吨)，平仓时基差为2770 - 2785 = -15(元/吨)，基差走强，期货市场和现货市场盈亏不能完全相抵，存在净损失15元/吨，不能实现完全套期保值。

6. 表4-2是美国农业部公布的美国国内大豆供需平衡表，有关大豆供求基本面的信息在供求平衡表中基本上都有所反映。

表4-2　2017年美国大豆供需平衡表(单位：百万蒲式耳)

报告时间	期初库存	产量	进口	国内消费	出口	期末库存	单产	库存消费比	预估种植	预估收获
2017年1月	3.83	89.51	0.68	49.42	40.69	4.09	43.3	4.55%	76.5	75.9
2017年2月	3.83	89.51	0.82	48.96	41.1	4.09	43.3	4.54%	76.5	75.9
2017年3月	3.83	89.51	0.95	48.96	41.64	3.95	43.3	4.37%	76.5	75.9
2017年4月	3.83	89.51	1.77	48.43	43	3.67	43.3	4.01%	76.5	75.9
2017年5月	3.53	98.93	0.41	49.67	44.23	8.98	45.2	9.56%	81.5	80.5
2017年6月	3.4	98.93	0.41	49.67	44.23	8.84	45.2	9.41%	81.5	80.5
2017年7月	3.82	103.42	0.41	50.78	45.59	11.28	45.2	11.70%	84.8	84.1
2017年8月	3.82	103.85	0.41	50.78	45.59	11.71	45.4	12.15%	84.8	84.1
2017年9月	3.55	106.5	0.41	50.28	46.27	12.93	46.6	13.39%	84.8	84.1
2017年10月	2.5	106.87	0.41	51.26	46.27	12.26	47.1	12.57%	84.2	83.4
2017年11月	2.5	107.73	0.41	51.57	46.81	12.25	47.5	12.45%	84.2	84.2
2017年12月	2.5	107.73	0.41	51.57	47.9	11.16	47.5	11.22%	84.2	83.4

美国大豆从2017年5月开始转跌，然后一路走低，根据表4-2中的数据，分析美国大豆价格开始转跌的原因是(　　)。

A. 市场预期全球大豆供需转向宽松　　B. 市场预期全球大豆供需转向严格

C. 市场预期全球大豆供需逐步稳定　　D. 市场预期全球大豆供需变化无常

【解析】相比上一月份，5月份美国大豆期末库存消费比由4.01%上调至9.56%，说明大

(2)A　6A

豆供大于求。此后几个月美国大豆单产及库存消费比又陆续上调，其中，2017 年 9 月美国大豆库存消费比达到 13.39%，宽松的供需预期导致了美国大豆的价格一路走低。

7. 某钢材贸易商在将钢材销售给某钢结构加工企业时采用了点价交易模式，作为采购方的钢结构加工企业拥有点价权。双方签订的购销合同的基本条款如表 4 –3 所示。

表 4 –3　购销合同的基本条款

项目	购销合同的基本条款
合约甲方	某钢结构加工企业
合约乙方	某钢材贸易商
合同标的	符合 xxxx 规格的螺纹钢
规模	2500 吨
合同生效日	2017 年 5 月 1 日
甲方点价截止日	2017 年 7 月 1 日
升贴水	52/吨
期货基准价格	上海期货交易所螺纹钢期货在 2017 年 5 月和 6 月日均成交量最大的合约的每日结算价
合约结算价	等于期货基准价格与升贴水的和

在合同生效日，螺纹钢期货价格是 3428 元/吨，现货价格是 3392 元/吨。6 月 14 日，该钢结构加工企业通知钢材贸易商进行点价，当天的目标期货合约的结算价是 3010 元/吨。点价后，钢结构加工企业采购这一批钢材的采购成本节省了(　　)。

A. 330 元/吨　　B. 382 元/吨　　C. 278 元/吨　　D. 418 元/吨

【解析】现货结算价格 = 期货价格 + 升贴水。点价后，钢结构加工企业采购这一批钢材的价格就是 3010 + 52 = 3062 元/吨。相比原来的现货价 3392 元/吨，采购成本节省了 330 元/吨。

8. 某钢材贸易商在将钢材销售给某钢结构加工企业时采用了点价交易模式，作为采购方的钢结构加工企业拥有点价权。双方签订的购销合同的基本条款如表 4 –4 所示。

表 4 –4　新购销合同条款

项目	新购销合同条款
合约甲方	某钢结构加工企业
合约乙方	某钢材贸易商
合同标的	符合 xxxx 规格的螺纹钢
规模	2500 吨
合同生效日	2017 年 5 月 1 日
甲方点价截止日	2017 年 7 月 1 日
升贴水	68/吨
期货基准价格	上海期货交易所螺纹钢期货在 2017 年 5 月和 6 月日均成交量最大的合约的每日结算价
合约结算价	等于期货基准价格与升贴水的和
乙方义务	当点价截止日的期货合约结算价低于甲方点价日的期货合约结算价时，乙方向甲方提供现金补偿，额度为“(点价日的期货合约结算价 – 点价截止日的期货合约结算价)”(元/吨)

点价当天的目标期货合约的结算价是 3010 元/吨，到了 7 月 1 日点价截止日，螺纹钢期

7A　8B

货价格下跌到了 2970 元/吨。这种情况下，甲方最终的采购成本是(　　)。

A. 3078 元/吨　　B. 3038 元/吨　　C. 3118 元/吨　　D. 2970 元/吨

【解析】点价当天的目标期货合约的结算价是 3010(元/吨)，这时甲方将钢材的最高买价锁定在 3010 + 68 = 3078(元/吨)。假设到了 7 月 1 日点价截止日，螺纹钢期货价格下跌到了 2970(元/吨)。这种情况下，甲方将获得来自乙方的现金补偿，额度为 3010 - 2970 = 40(元/吨)。整个过程下来，甲方最终的采购成本是 3078 - 40 = 3038(元/吨)。

9. 某 PTA 生产企业有大量 PTA 库存，在现货市场上销售清淡，有价无市，该企业为规避 PTA 价格下跌风险，于是决定做卖期保值交易。8 月下旬，企业在郑州商品交易所 PTA 的 11 月期货合约上总共卖出了 4000 手(2 万吨)，卖出均价在 8300 元/吨左右。之后即发生了金融危机，PTA 产业链上下游产品跟随着其他大宗商品一路狂跌。企业库存跌价损失约 7800 万元。企业原计划在交割期临近时进行期货平仓了结头寸，但苦于现货市场无人问津，销售困难，最终企业无奈以 4394 元/吨在期货市场进行交割来降低库存压力。通过期货市场卖出保值交易，该企业成功释放了库存风险，结果(　　)。

A. 盈利 12 万元　　B. 损失 7800 万元　　C. 盈利 7812 万元　　D. 损失 12 万元

【解析】该企业套期保值操作结果如表 4 - 5 所示。

表 4 - 5　PTA 库存卖出保值结果

	现货市场	期货市场
8 月下旬	销售清淡，有价无市	以 8300 元/吨均价卖出 4000 手
11 月中旬	无人问津	以 4394 元/吨交割价交货 4000 手
盈亏情况	库存跌价损失约 7800 万元	盈利(8300 - 4394) × 4000 × 5 = 7812(万元)
	盈亏冲抵：7812 - 7800 = 12(万元)	

10. 某农膜生产企业与某期货风险管理公司签订期现合作套保协议，双方组成套期保值小组，共同设计并实施 LLDPE 买入套期保值方案。现货市场的风险控制及货物采购由农膜企业负责，期货市场的对冲交易资金及风险控制由期货风险管理公司负责。最终将现货与期货两个市场的盈亏合计后，双方利益共享，风险共担。2 月初，LLDPE 现货价格为 9800 元/吨，处于历史低位。期货风险管理公司根据现货企业未来三个月内需要购买的 2000 吨 LLDPE 的保值要求，在期货市场上以 9500 元/吨的价格买入三个月后到期的 2000 吨 LLDPE 期货合约。三个月后，LLDPE 期货价格上涨至 10500 元/吨，现货价格上涨至 10500 元/吨，则农膜企业和期货风险管理公司各盈利(　　)元。

A. 300000　　B. 400000　　C. 700000　　D. 1000000

【解析】农膜企业现货市场采购成本提高：10500 - 9800 = 700(元/吨)；

期货公司期货市场盈利：10500 - 9500 = 1000(元/吨)；

因此双方总盈利为(1000 - 700) × 2000 = 600000(元)；

根据利益共享原则农膜企业和期货风险管理公司各盈利 600000/2 = 300000(元)。

11. 某大型粮油储备企业，有大约 10 万吨玉米准备出库。为防止出库销售过程中，价格出现大幅下跌，该企业打算按销售总量的 50% 在期货市场上进行套保，套保期限为 4 个

9A　10A　11B

月(起始时间为5月份)，保证金为套保资金规模的10%。公司预计自己进行套保的玉米期货的均价2050元/吨。保证金利息成本按5%的银行存贷款利率计算，交易手续费为3元/手，公司计划通过期货市场对冲完成套期保值，则总费用摊薄到每吨玉米成本增加为(　　)元/吨。(玉米的交易单位为10吨/手)

A. 3.07　　B. 4.02　　C. 5.02　　D. 6.02

【解析】具体分析过程如下：

保证金：2050元/吨×50000吨×10% =1025(万元)；

保证金利息成本：1025×4/12×5%≈17.08(万元)；

交易手续费：5000手×3元/手×2=3(万元)；

总费用预计：3+17.08=20.08(万元)；

摊薄到每吨玉米成本增加：20.08万元/5万吨≈4.02(元/吨)。

12. 2月末，某金属铜市场现货价格为40000元/吨，期货价格为43000元/吨。以进口金属铜为主营业务的甲企业以开立人民币信用证的方式从境外合作方进口1000吨铜，并向国内某开证行申请进口押汇，押汇期限为半年，融资本金为40000元/吨×1000吨=4000万元，年利率为5.6%。由于国内行业景气度下降，境内市场需求规模持续萎缩，甲企业判断铜价会由于下游需求的减少而下跌，遂通过期货市场卖出等量金属铜期货合约的方式对冲半年后价格可能下跌造成的损失，以保证按期、足额偿还银行押汇本息。半年后，铜现货价格果然下跌至35000元/吨，期货价格下跌至36000元/吨。则甲企业通过套期保值模式下的大宗商品货押融资最终盈利(　　)万元。

A. 200　　B. 112　　C. 88　　D. 288

【解析】具体分析过程如下：

套期保值结果：[(35000-40000)+(43000-36000)]×1000=200(万元)；

银行融资成本：4000×5.6%/360×180=112(万元)；

最终盈利：200-112=88(万元)。

13. 以黑龙江大豆种植成本为例，大豆种植每公顷投入总成本8000元，每公顷产量1.8吨，按照4600元/吨销售。据此回答下列两题。

(1)仅从成本角度考虑可以认为(　　)元/吨可能对国产大豆现货及期货价格是一个较强的成本支撑。

A. 2556　　B. 4444　　C. 4600　　D. 8000

【解析】大豆的种植成本为8000÷1.8≈4444.4(元/吨)，即当大豆价格低于4444.4元/吨时，农民将面临亏损。因此，仅从成本角度考虑，可以认为4444.4元/吨可能对国产大豆现货及期货价格是一个较强的成本支撑。

(2)黑龙江大豆的理论收益为(　　)元/吨。

A. 145.6　　B. 155.6　　C. 160.6　　D. 165.6

【解析】题中，大豆的种植成本为4444.4元/吨，理论收益=售价-成本=4600-4444.4=155.6(元/吨)。

12C　13(1)B　(2)B

14. 2015 年 1 月 16 日 3 月大豆 CBOT 期货价格为 991 美分/蒲式耳，到岸升贴水为 147.48 美分/蒲式耳，当日汇率为 6.1881，港杂费为 180 元/吨，其中美分/蒲式耳到美元/吨的折算率为 0.36475。据此回答下列三题。

(1)3 月大豆到岸价格为(　　)美元/吨。

A. 410　　B. 415　　C. 418　　D. 420

【解析】根据估算公式，到岸价格(美元/吨) = [CBOT(芝加哥期货交易所)期货价格(美分/蒲式耳) + 到岸升贴水(美分/蒲式耳)] × 0.36475(美分/蒲式耳转换成美元/吨的折算率)，则 3 月大豆到岸价格为(991 + 147.48) × 0.36475 ≈ 415.26(美元/吨)。

(2)假设增值税率为 13%，进口关税为 3%，3 月大豆到岸完税价为(　　)元/吨。

A. 3140.48　　B. 3140.84　　C. 3170.48　　D. 3170.84

【解析】根据估算公式，到岸完税价(元/吨) = 到岸价(美元/吨) × 1.13(增值税 13%) × 1.03(进口关税 3%) × 美元兑人民币汇率 + 港杂费，则 3 月大豆到岸完税价为 415.26 × 1.13 × 1.03 × 6.1881 + 180 ≈ 3170.84(元/吨)。

(3)考虑到运输时间，大豆实际到港可能在 5 月前后，2017 年 1 月 16 日大连豆粕 5 月期货价格为 3060 元/吨，豆油 5 月期货价格为 5612 元/吨。按照 0.785 的出粕率，0.185 的出油率，120 元/吨的压榨费用来估算，则 5 月盘面大豆期货套期保值利润为(　　)元/吨。

A. 129.48　　B. 139.48　　C. 149.48　　D. 159.48

【解析】2017 年 1 月 16 日，3 月大豆估算的到岸完税价为 3170.84 元/吨，根据估算公式，大豆期货盘面套期保值利润 = 豆粕期价 × 出粕率 + 豆油期价 × 出油率 − 进口大豆成本 − 压榨费用，则 5 月盘面大豆期货套期保值利润为 3060 × 0.785 + 5612 × 0.185 − 3170.84 − 120 = 149.48(元/吨)。

14(1)B　(2)D　(3)C

第五章　股指期货及衍生品分析与应用

一、单项选择题(以下各小题所给出的4个选项中，只有1项最符合题目要求，请将正确选项的代码填入括号内)

1. 基金经理通过卖出沪深300股指期货、买入国债期货实现资产配置调整，其决策依据的是对未来(　　)的预期。[2022年7月真题]

A. 经济增长率上升、通胀率上升　　B. 经济增长率上升、通胀率下降
C. 经济增长率下降、通胀率上升　　D. 经济增长率下降、通胀率下降

【解析】股指期货是典型的顺周期投资品种。基于经济周期进行股指期货的投资，在衰退期应考虑使用股指期货进行套期保值以规避系统性风险。基金经理通过期货市场卖出股指期货、买入国债期货，体现了经济基本面最近不好，将进入萧条状态，股指期货和国债期货流动性好、代表性强，通过二级市场分别对股指期货和国债期货进行操作，达到迅速调整资产组合的目的，降低了对于现货市场流动性的需求。

2. 在指数化投资中，关于合成增强型指数基金的典型上佳策略是(　　)。[2023年5月真题]

A. 卖出固定收益债券，所得资金买入股指期货合约
B. 买入股指期货合约，同时剩余资金买入固定收益债券
C. 卖出股指期货合约，所得资金买入固定收益债券
D. 买入固定收益债券，同时剩余资金买入股指期货合约

【解析】期货加固定收益债券增值策略是资金配置型的，也称为期货加现金增值策略。这种策略是利用股指期货来模拟指数。股指期货保证金占用的资金为一小部分，余下的现金全部投入固定收益产品，以寻求较高的回报。这种策略被认为是增强型指数化投资中典型的上佳策略，这样的组合首先保证了其能够很好地追踪指数，当能够寻找到价格低估的固定收益品种时，还可以获取超额收益。

3. 备兑看涨期权策略是指(　　)。[2015年11月真题]

A. 持有标的股票，卖出看跌期权　　B. 持有标的股票，卖出看涨期权
C. 持有标的股票，买入看跌期权　　D. 持有标的股票，买入看涨期权

【解析】备兑看涨期权策略又称抛补式看涨期权，是指持有股票或者股票组合的同时卖出对应的看涨期权。投资者使用备兑看涨期权策略主要目的是通过获得期权费而增加投资的收益，并获得比原有组合更高的夏普比率。

4. 投资者认为未来某股票价格下跌，但并不持有该股票，那么以下恰当的交易策略为(　　)。[2015年7月真题]

A. 买入看涨期权　　B. 卖出看涨期权　　C. 卖出看跌期权　　D. 备兑开仓

【解析】投资者认为未来某股票价格下跌，但并不持有该股票，应买入看跌期权或卖出看涨期权。

1D　2B　3B　4B

5. 权益类衍生品不包括(　　)。

A. 股指期货　　B. 股票期货　　C. 股票期货期权　　D. 债券远期

【解析】股指期货及期权属于权益类衍生品，国债期货及利率期权均属于利率类衍生品。

6. (　　)主要是通过投资于既定市场里代表性较强、流动性较高的股票指数成分股，来获取与目标指数走势一致的收益率。

A. 程序化交易　　B. 主动管理投资　　C. 指数化投资　　D. 被动型投资

【解析】指数化投资主要是通过投资于既定市场里代表性较强、流动性较高的股票指数成分股，来获取与目标指数走势一致的收益率。指数化投资是一种被动型投资策略，即建立一个跟踪基准指数业绩的投资组合，获取与基准指数相一致的收益率和走势。

7. 下列哪项不是指数化投资的特点？(　　)

A. 降低非系统性风险　　B. 进出市场频率和换手率低

C. 持有期限较短　　D. 节约大量交易成本和管理运营费用

【解析】指数化投资是一种被动型的投资策略，其最终目的是使优化投资组合与市场基准指数的跟踪误差最小，而非最大化收益。因此，指数化投资可以降低非系统性风险，而且持有期限较长，进出市场频率和换手率低，从而节约大量交易成本和管理运营费用。

8. 国内股市恢复性上涨，某投资者考虑增持 100 万元股票组合，同时减持 100 万元国债组合。为实现上述目的，该投资者可以(　　)。

A. 卖出 100 万元国债期货，同时卖出 100 万元同月到期的股指期货

B. 买入 100 万元国债期货，同时卖出 100 万元同月到期的股指期货

C. 买入 100 万元国债期货，同时买入 100 万元同月到期的股指期货

D. 卖出 100 万元国债期货，同时买进 100 万元同月到期的股指期货

【解析】投资者为实现增持 100 万元股票组合，同时减持 100 万元国债组合的目的，可以卖出 100 万元国债期货的同时买进 100 万元同月到期的股指期货，到期时，国债实物交割平仓，而股指期货平仓的同时，买入相应的指数成分股，实现资产调配的目的。

9. 期货加现金增值策略中期货头寸和现金头寸的比例一般是(　　)。

A. 1:3　　B. 1:5　　C. 1:6　　D. 1:9

【解析】期货加现金增值策略中，期货头寸和现金头寸的比例一般是 1:9，也可以在这一比例上下调整。有的指数型基金只是部分资金采用这种策略，而其他部分依然采用传统的指数化投资方法。

10. 期货现货互转套利策略执行的关键是(　　)。

A. 随时持有多头头寸　　B. 头寸转换方向正确

C. 套取期货低估价格的报酬　　D. 准确界定期货价格被低估的水平

【解析】期货现货互转套利策略是利用期货相对于现货出现一定程度的价差时，期货现货进行相互转换。这种策略本身是被动的，只有低估现象出现时，才进行头寸转换。该策略执行的关键是准确界定期货价格被低估的水平。

5D　6C　7C　8D　9D　10D

11. 下列市场中，在(　　)更有可能赚取超额收益。

A. 成熟的大盘股市场　　B. 成熟的债券市场

C. 创业板市场　　D. 投资者众多的股票市场

【解析】随着市场效率的提高，在成熟的大盘股市场或债券市场上，想赚取超额收益是困难的，只有找到更有可能获取超额收益的新兴市场(如创业板市场)，才有可能获得超越市场收益的阿尔法。

12. 投资者将投资组合的市场收益和超额收益分离出来的策略为(　　)策略。

A. 阿尔法　　B. 指数化投资

C. 现金资产证券化　　D. 资产配置

【解析】通过股指期货、期权等衍生品，投资者可以将投资组合的市场收益和超额收益分离开来，在获取超额收益的同时规避系统风险，这就是使用衍生工具的阿尔法策略。

13. 组合保险在市场发生不利变化时保证组合价值不会低于设定的最低收益，同时在市场发生有利变化时，组合的价值(　　)。

A. 随之上升　　B. 保持在最低收益

C. 保持不变　　D. 不确定

【解析】保护性看跌期权策略实质是期权的套保策略，即在持有股票或股票组合的同时，买入资产为标的的看跌期权，从而在一定期限内保障资产的价值不会低于某一限定值，而市场价格上升时，组合价值则随之上升。

14. (　　)是在持有某种资产的同时，购进以该资产为标的的看跌期权。

A. 备兑看涨期权策略　　B. 保护性看跌期权策略

C. 保护性看涨期权策略　　D. 抛补式看涨期权策略

【解析】保护性看跌期权策略实质是期权的套保策略，即在持有股票或股票组合的同时，买入资产为标的的看跌期权，从而在一定期限内保障资产的价值不会低于某一限定值，而市场价格上升时，组合价值则随之上升。

15. 当股指期货价格高于对应的现货指数时，基差为(　　)，期货呈现(　　)。

A. 负；升水　　B. 负；贴水　　C. 正；升水　　D. 正；贴水

【解析】当股指期货价格高于对应的现货指数时，基差为正，期货呈现“升水”；当股指期货价格低于对应的现货指数时，基差为负，期货呈现“贴水”。

16. 从中长期来看，股票价格指数受宏观经济环境影响较大，与经济周期密切相关，属于典型的(　　)品种。

A. 顺周期　　B. 逆周期　　C. 无周期　　D. 反周期

【解析】股指期货对应的标的为股票价格指数，是典型的顺周期投资品种。从中长期来看，股票价格指数受宏观经济环境影响较大，与经济周期密切相关。

17. 关于备兑看涨期权策略，下列说法错误的是(　　)。

A. 备兑看涨期权策略又称抛补式看涨期权

11C　12A　13A　14B　15C　16A　17C

B. 备兑看涨期权策略是指持有股票或者股票组合的同时卖出对应的看涨期权
C. 备兑看涨期权出售会影响获得该时期该股票的所有红利分配
D. 投资者使用备兑看涨期权策略，主要目的是通过获得期权费而增加投资收益

【解析】C 项，备兑看涨期权策略又称抛补式看涨期权，是指持有股票或者股票组合的同时卖出对应的看涨期权。投资者使用备兑看涨期权策略主要目的是通过获得期权费而增加投资的收益，并获得比原有组合更高的夏普比率。相对只持有股票而言，期权费收入可以抵消因股票价格下降而产生的可能的损失，这相当于为投资经理们提供了一个获得高于市场基准收益率的机会。另外，期权出售不影响获得该时期该股票的所有红利分配。

18. 某投资经理有 1 亿元的股票组合(与市场指数组合不完全相同)，由于经济基本面最近不好，将进入萧条状态，经理希望调整资产组合，将股票组合换成 1 亿元的债券。他可通过期货市场卖出股指期货、买入国债期货的方式完成。在这一过程中，该投资经理规避了下列哪种风险？(　　)

A. 现货市场流动性风险　　B. 基差风险
C. 非系统性风险　　D. 保证金不足的风险

【解析】该投资经理分别利用了股指期货和国债期货流动性好、代表性强的特征，通过二级市场分别对股指期货和国债期货进行操作，达到迅速调整资产组合的目的，降低了对于现货市场流动性的需求。该笔交易的风险主要为基差风险，当持有的股票组合与指数不一致时，仍然要面临股票组合的非系统性风险。此外，由于期货使用保证金交易，也要考虑保证金不足的风险，需要卖出部分股票组合弥补保证金。

二、多项选择题(以下各小题给出的 4 个选项中，至少有 2 项符合题目要求，请将符合题目要求选项的代码填入括号内)

1. 投资组合的总体收益可以分为(　　)。[2020 年 11 月真题]

A. 市场系统性风险相匹配的市场收益
B. 投资组合管理者个人操作水平和技巧有关的高额收益
C. 超越市场收益部分的超额收益
D. 市场非系统性风险相匹配的市场收益

【解析】投资组合的总体收益可以分为两个部分：①与市场系统性风险相匹配的市场收益；②与投资组合管理者个人操作水平和技巧有关的高额收益，即超越市场收益部分的超额收益。

2. 权益类衍生品可以作为(　　)的工具。

A. 规避汇率风险　　B. 套期保值
C. 套利　　D. 机构投资者管理资产组合

【解析】权益类衍生品不仅可以作为权益资产的套期保值，还可以用于构造套利组合，为机构投资者提供差异化的资产配置工具。通过使用权益类衍生品工具可以优化资产组合。

3. 通过使用权益类衍生品工具，可以从结构上优化资产组合，包括(　　)。

A. 改变资产配置　　B. 投资组合的再平衡

18A　|　1ABC　2BCD　3ABC

C. 现金管理　　　　　　　　　　　D. 久期管理

【解析】通过使用权益类衍生品工具，可以为机构投资者提供差异化的资产配置工具，优化资产组合，如投资组合的再平衡、增加资产组合的流动性，降低交易成本；还可以通过与其他类别的资产构建多样性的投资策略，满足不同投资者的投资需求。

4. 权益类衍生品的重要特性使得它在(　　)等方面得到广泛应用。

A. 传统阿尔法(Alpha)策略　　　　B. 现金资产证券化策略

C. 指数化投资策略　　　　　　　　D. 备兑看涨期权策略

【解析】股指期货及期权属于权益类衍生品，股指期货及衍生品在以下方面得到广泛应用：①股票阿尔法对冲类产品；②指数化投资策略；③现金资产证券化策略；④股指期权策略指数，包括备兑看涨期权策略、保护性看跌期权策略和双限期权策略。

5. 就投资策略而言，总体上可分为(　　)两大类。

A. 主动管理型投资策略　　　　　　B. 指数化投资策略

C. 被动型投资策略　　　　　　　　D. 成长型投资策略

【解析】就投资策略而言，总体上可分为两大类：①主动管理型投资策略，是基于对市场总体情况、行业轮动和个股表现的分析，试图通过时点选择和个别成分股的选择，低买高卖，不断调整资产组合中的资产种类及其持有比例，获取超越市场平均水平的收益率；②被动型投资策略，是投资者在投资期内按照某种标准买进并固定持有一组证券，而不是在频繁交易中获取超额利润。

6. 期货现货互转套利策略的基本操作模式包括(　　)。

A. 用股票组合复制标的指数

B. 当标的指数和股指期货出现逆价差达到一定水准时，将股票现货头寸全部出清

C. 以10%左右的出清后的资金转换为期货，其他约90%的资金可以收取固定收益

D. 待期货的相对价格低估出现负价差时再全部转回股票现货

【解析】期货现货互转套利策略的基本操作模式是：用股票组合复制标的指数，当标的指数和股指期货出现逆价差达到一定水准时，将股票现货头寸全部出清，以10%左右的资金转换为期货，其他约90%的资金可以收取固定收益，待期货的相对价格高估，出现正价差时再全部转回股票现货。期货各月份出现可套利的价差时，也可以通过跨期套利来赚取利润。

7. 阿尔法策略的实现原理包括(　　)。

A. 寻找一个具有高额、稳定、积极收益的投资组合

B. 用股票组合复制标的指数

C. 卖出相对应的股指期货合约

D. 买入相对应的股指期货合约

【解析】股票阿尔法策略也称为股票中性策略，其实现原理并不复杂：①寻找一个具有高额、稳定、积极收益的投资组合；②通过卖出相对应的股指期货合约对冲该投资组合的市场风险(系统性风险)，使组合的β值在投资全程中一直保持为零，从而获得与市场相

4ABCD　5AC　6ABC　7AC

关性较低的积极风险收益阿尔法收益。

8．备兑看涨期权策略的盈利情况为(　　)。[2023 年 5 月真题]

A．出售看涨期权在股价较低时盈利

B．持有股票在股价较低时亏损

C．综合收益在股价较高时盈利，且收益随股价上升而上升

D．综合收益在股价较低时亏损

【解析】C 项，备兑看涨期权策略适用于认为股票价格保持平稳、波动幅度较小的投资者；或者是相对于追求最大收益，投资者更在意某一最低收益目标能否达到的情况。备兑看涨期权策略的收益如图 5－1 所示。

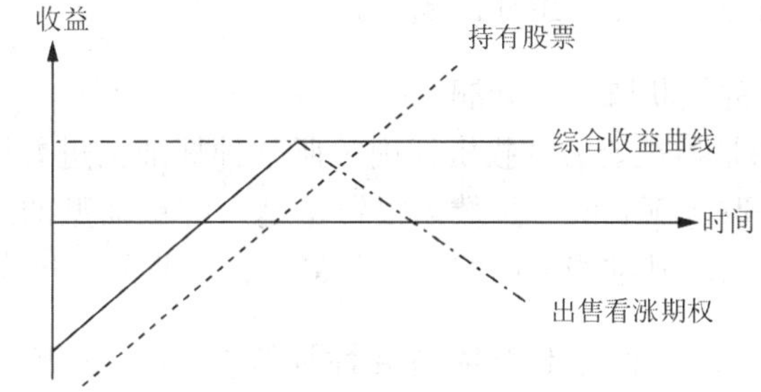

图 5－1　备兑看涨期权策略收益图

由图 5－1 可知，综合收益在股价较高时盈利，收益固定。

9．指数化投资策略的实际运用包括(　　)。

A．期货加固定收益债券增值策略　　B．期货现货互转套利策略

C．备兑看涨期权策略　　D．保护性看跌期权策略

【解析】通过指数基金及股指期货等投资工具，可以组合出许多纷繁复杂的指数化投资策略。其中，最常用的指数化投资策略有：①期货加固定收益债券增值策略；②期货现货互转套利策略。

三、判断题(判断以下各小题的对错，正确的用 A 表示，错误的用 B 表示)

1．股指期货的基差计算和商品期货一样。(　　)[2024 年 5 月真题]

【解析】股指期货的基差通常也称为“升贴水”，其与商品期货基差计算刚好相反，是股指期货减去现货指数的差额。当股指期货价格高于对应的现货指数时，基差为正，期货呈现“升水”；当股指期货价格低于对应的现货指数时，基差为负，期货呈现“贴水”。

2．期货现货互转套利策略仍然可以随时持有多头头寸，但是持有的只能是股票现货。(　　)

【解析】期货现货互转套利策略是利用期货相对于现货出现一定程度的价差时，期现进行相互转换。这种策略的目的是使总收益除了原来复制指数的收益之外，还可以套取期货被低估的收益。这种策略仍随时持有多头头寸，只是持有的可能是期货，也可能是股票现货。

3．期货现货互转套利策略要精确测算每次交易的所有成本与收益，这个成本的计算受股票现货仓位的大小、交易时机等因素影响。(　　)

【解析】期货现货互转套利策略在操作上的限制是股票现货头寸的买卖。大量卖出股票组

8ABD　9AB　┃　1B　2B　3A

合对股票现货市场有冲击，会产生冲击成本。这个成本的计算受股票现货仓位的大小、交易时机等因素影响。

4. 期货加固定收益债券的增值策略首先保证了能够很好追踪指数，当能够寻找到正确估价的固定收益品种时还可以获取超额收益。（　　）

【解析】期货加固定收益债券的组合首先保证了能够很好追踪指数，当能够寻找到价格低估的固定收益品种时，还可以获取超额收益。

5. 大量卖出股票组合对股票现货市场有冲击，会产生冲击成本。（　　）

【解析】期货现货互转套利策略在操作上的限制是股票现货头寸的买卖，大量卖出股票组合对股票现货市场有冲击，会产生冲击成本。

6. 指数化投资的最终目的是获取超额利润。（　　）

【解析】被动投资策略是指投资者在投资期内按照某种标准买进并固定持有一组证券，而不是在频繁交易中获取超额利润。指数化投资正是一种被动型的投资策略，其最终目的是使优化投资组合与市场基准指数的跟踪误差最小，而非最大化收益。

7. 投资组合的总体收益全部来自于市场系统性风险相匹配的市场收益（即来自 β 的收益）。（　　）

【解析】投资组合的总体收益可以分为两部分：①与市场系统性风险相匹配的市场收益（即来自 β 的收益）；②与投资组合管理者个人操作水平和技巧有关的超额收益，即超越市场收益部分的高额收益（也称为获取的 Alpha 收益）。

8. 新兴市场更有可能获取超额收益，系统风险比成熟市场小，吸引了大量的投资者。（　　）

【解析】随着市场效率的提高，在成熟的大盘股市场或债券市场上，想赚取超额收益是很困难的，找到更有可能获取超额收益的新兴市场（如创业板市场）才有可能获得超越市场收益的 Alpha 收益。但是，这些市场的系统风险却又比成熟市场大，是投资者所不愿意面对的。

9. 采用阿尔法策略的投资者一般在几个传统的、与获取 β 相同的资产类型中追求超额收益。（　　）

【解析】采用阿尔法策略，投资者不再被限制在几个传统的、与获取 β 相同的资产类型中追求超额收益。该策略为投资者和基金经理提供了广阔的投资领域，大大增加了获取阿尔法收益的机会。

10. 阿尔法策略的缺陷在于它的管理成本较高。（　　）

【解析】节约管理费用是阿尔法策略的优点之一。在传统的积极投资管理的收益中，积极收益和市场收益是混合在一起的，其中的市场收益部分也收取了较高的积极管理费用。阿尔法和贝塔的分离使得基金能以低廉的费用获取市场收益，从总体上降低了投资者的管理成本。

11. “现金资产证券化”对于封闭式基金的管理比对开放式基金的管理更有效。（　　）

4B　5A　6B　7B　8B　9B　10B　11B

【解析】现金资产证券化对于开放式基金的管理尤其有效。开放式基金随时要面对投资者的申购和赎回，造成了大量资金流动的不确定性和风险。面对这种状况，如果基金经理善于使用股指期货等金融衍生品，就可以利用现金资产证券化机制迅速地在现金与证券之间进行低成本转换。

12. 备兑看涨期权策略是一种收入增强型策略。（　　）
【解析】投资者使用备兑看涨期权策略的主要目的是通过获得期权费而增加投资的收益，因此它是一种收入增强型策略。

13. 在备兑看涨期权策略中，出售期权时，该时期该股票的所有红利分配也应该属于期权的买方。（　　）
【解析】相对只持有股票而言，期权费收入可以抵消因股票价格下降而产生的可能的损失，这相当于为投资经理们提供了一个获得高于市场基准收益率的机会。另外，期权出售不影响获得该时期该股票的所有红利分配。

14. 保护性看跌期权策略保障组合的价值固定在某一价格。（　　）
【解析】保护性看跌期权策略实质期权的套保策略，即在持有股票或股票组合时，买入以该资产为标的的看跌期权，从而在一定期限内保障资产的价值不会低于某一限定值，而市场价格上升时，组合价值则随之上升。

15. 对于指数估值的分析分为两个维度：一是指数当前估值与历史估值的比较；二是股票指数估值与其他资产类别估值的对比分析。（　　）
【解析】对于指数估值的分析分为两个维度：一是指数当前估值与历史估值的比较，是对于指数绝对估值的判断，处于历史估值分位较低水平时适合买入股指期货，而处于较高水平时则适合卖出股指期货进行套期保值；二是股票指数估值与其他资产类别估值的对比分析，属于相对估值的比较，特别是与债券市场的估值对比分析。

16. 在期货套保手数的各种确定方法中，利用β值进行套期保值确定的结果优于使用向量自回归模型。（　　）
【解析】虽然对于套保手数的确定方法有很多种，但实际并没有哪种方法一定在结果上优于其他方法，主要原因还是我们在处理组合和指数关系时选择的均是历史数据，使用历史数据对未来进行预测自然会存在一定偏差，因此最终哪种结果更好并不确定。

17. 指数化投资主要是通过投资于既定市场里代表性较强、流动性不高的股票指数成分股，来获取与目标指数走势一致的收益率。（　　）
【解析】指数化投资主要是通过投资于既定市场里代表性较强、流动性较高的股票指数成分股，来获取与目标指数走势一致的收益率。

18. 期货加现金增值策略中，股指期货保证金占用的资金较多。（　　）
【解析】期货加固定收益债券增值策略是资金配置型的，也称为期货加现金增值策略。这种策略是利用股指期货来模拟指数。股指期货保证金占用的资金为一小部分，余下的现金全部投入固定收益产品，以寻求较高的回报。

12A　13B　14B　15A　16B　17B　18B

19. 保护性看跌期权策略适用于投资者对未来资产价格预期悲观，通过买入看跌期权方式实现风险规避。(　　)

【解析】保护性看跌期权策略适用于投资者对未来资产价格预期悲观，通过买入看跌期权方式实现风险规避。与使用股指期货相比，使用保护性看跌期权策略依然为组合保留了向上增长的“空间”，即市场出现大幅上涨时，所持有的股票资产依然可以获得收益，体现了期权的“保险”特性。这种“保险”的成本即是买入看跌期权所付的权利金。

20. 双限期权策略由于买卖期权的收益和成本对冲，因此执行成本很低，甚至可以达到零成本。(　　)

【解析】双限期权策略将原本标的资产无限的风险与收益转变为有限的风险与收益，本身实际上是使用看跌期权进行套期保值的一种外延策略，由于买入看跌期权进行套保成本较高，因此卖出看涨期权来降低对冲成本。双限期权策略由于买卖期权的收益和成本对冲，因此执行成本很低，甚至可以达到零成本。

四、综合题(以下各小题所给出的4个选项中，至少有1项符合题目要求，请将正确选项的代码填入括号内)

1. 5月份，某投资经理判断未来股票市场将进入震荡整理行情，但对前期表现较弱势的消费类股票看好。5月20日该投资经理建仓买入消费类和零售类股票2亿元，β值为0.98，同时在沪深300指数期货6月份合约上建立空头头寸，卖出价位为4632.8点，β值为1。据此回答以下两题。[2017年5月真题]

(1)该投资经理应该建仓(　　)手股指期货才能实现完全对冲系统性风险。

A. 178　　B. 153　　C. 141　　D. 120

【解析】建仓股指期货需要对冲股票现货的风险，因此建仓数量 $N = 200000000 \times 0.98/(4632.8 \times 300) \approx 141$(手)。

(2)6月10日，假如股票组合上涨了8.3%，该投资经理认为涨势将告一段落，于是将股票全部平仓的同时，买入平仓股指期货合约，成交价位为4608.2点，则本轮操作获利(　　)万元。

A. 1660　　B. 2178.32　　C. 1764.06　　D. 1555.94

【解析】本轮操作共获利 $200000000 \times 0.083 + (4632.8 - 4608.2) \times 141 \times 300 = 17640580$(元)，即1764.06万元。

2. 依据下述材料，回答以下四题。

材料一：在美国，机构投资者的投资中将近30%的份额被指数化了，英国的指数化程度在20%左右，近年来，指数基金也在中国获得快速增长。

材料二：假设某保险公司拥有一指数型基金，规模为20亿元，跟踪的标的指数为沪深300，其投资组合权重分布与标的指数相同、拟运用指数期货构建指数型基金，将18亿资金投资于政府债券，期末获得6个月无风险收益为2340万，同时2亿元买入跟踪该指数的沪深300股指期货头寸，保证金率为10%。[2015年11月真题]

(1)指数化投资是(　　)。

A. 一种主动管理型的投资策略

19A　20A　｜　1(1)C　(2)C　2(1)BC

B. 一种被动管理型的投资策略

C. 在投资期内按照某种标准买进并固定持有一组证券，而不是在频繁交易中获取超额利润

D. 基于对市场总体情况、行业轮动和个股表现的分析，试图通过时点选择和个别成分股的选择，在基本拟合指数走势的同时，获取超越市场的平均收益

【解析】被动型投资策略是指投资者在投资期内按照某种标准买进并固定持有一组证券产品，而不是在频繁交易中获取超额利润。指数化投资正是一种被动型的投资策略，即建立一个跟踪基准指数业绩的投资组合，获取与基准指数相一致的收益率和走势，其最终目的是使优化投资组合与市场基准指数的跟踪误差最小，而非最大化收益。

(2)指数化投资的主要目的是(　　)。

A. 优化投资组合，使之尽量达到最大化收益

B. 争取跑赢大盘

C. 优化投资组合，使之与标的指数的跟踪误差最小

D. 复制某标的指数走势

【解析】指数化投资正是一种被动型的投资策略，即建立一个跟踪基准指数业绩的投资组合，获取与基准指数相一致的收益率和走势，其最终目的是使优化投资组合与市场基准指数的跟踪误差最小，而非最大化收益。

(3)根据指数化投资策略原理，建立合成指数基金的方法有(　　)。

A. 国债期货合约 + 股票组合 + 股指期货合约

B. 国债期货合约 + 股指期货合约

C. 现金储备 + 股指期货合约

D. 现金储备 + 股票组合 + 股指期货合约

【解析】合成指数基金，是利用买卖股指期货和固定收益债券来构造一个和目标市场指数相同或高于市场指数表现的组合，从而极大地降低了传统投资模式所面临的交易成本及指数跟踪误差。合成指数基金可以通过保持现金储备与购买股指期货合约来建立。

3. 某股票组合市值 8 亿元，β 值为 0.92。为对冲股票组合的系统性风险，基金经理决定在沪深 300 指数期货 10 月合约上建立相应的空头头寸，卖出价格为 3263.8 点。据此回答以下两题。[2015 年样题]

(1)该基金经理应该卖出股指期货(　　)手。

A. 702　　B. 752　　C. 802　　D. 852

【解析】沪深 300 指数期货合约的合约乘数为每点 300 元。该基金经理应该卖出的股指期货合约数为：$800000000 \times 0.92/(3263.8 \times 300) \approx 752$(手)。

(2)一段时间后，10 月股指期货合约下跌到 3132.0 点；股票组合市值增长了 6.73%。基金经理卖出全部股票的同时，买入平仓全部股指期货合约。此次操作共获利(　　)万元。

A. 8113.1　　B. 8357.4　　C. 8524.8　　D. 8651.3

【解析】此次 Alpha 策略的操作共获利：$800000000 \times 6.73\% + (3263.8 - 3132.0) \times 752 \times 300 = 8357.4$(万元)。

---

(2)CD　(3)C　3(1)B　(2)B

第六章　国债期货及衍生品分析与应用

一、单项选择题(以下各小题所给出的4个选项中，只有1项最符合题目要求，请将正确选项的代码填入括号内)

1. 国债期货交割不包括什么期权？(　　)［2024年5月真题］

A. 转换期权　　B. 价差期权　　C. 时机期权　　D. 月末期权

【解析】期权价值包括转换期权、月末期权和时机期权。在我国国债期货市场中，月末期权和时机期权价值较低，交割期权价值主要是指转换期权。

2. 投资者常使用中金所的(　　)进行国债期货套期保值。［2024年5月真题、2025年5月真题］

A. 10年期国债　　B. 浮动附息债　　C. 50年期国债　　D. 2年期金融债

【解析】BCD三项，非可交割券包括剩余期限过短、过长的国债，浮动附息债券，金融债，央票，信用债等债券。由于期限不匹配、利差变化等影响，对于非可交割债券的套保，会有比可交割券套保更大的基差风险。

3. 某资产组合由价值1亿元的股票和1亿元的债券组成，基金经理希望保持核心资产组合不变，为对冲市场利率水平走高的风险，其合理的操作是(　　)。［2022年7月真题］

A. 卖出债券现货　　B. 买入债券现货　　C. 买入国债期货　　D. 卖出国债期货

【解析】卖出套期保值是指投资者持有国债现货，并卖出国债期货，以规避因利率上行、国债现券价格下行带来的损失。

4. 某投资者预测国债收益率曲线将向下变平，10年期与5年期的国债收益率差将收窄，适宜的套利策略是(　　)。［2019年5月真题］

A. 卖出10年期国债期货，买入5年期国债期货

B. 卖出5年期国债期货，买入10年期国债期货

C. 卖出5年期国债期货，卖出10年期国债期货

D. 买入5年期国债期货，买入10年期国债期货

【解析】当收益率曲线向下变平时，即利率向下移动，长短期利差收窄，此时套利策略为卖出短端国债期货，买入长端国债期货。

5. 国债期货价格是98元，最便宜可交割债券(CTD)的修正久期是4.5。假如国债现券的价格为103元，修正久期是3.5，则完全对冲该国债的利率风险的套保比例是(　　)。(参考公式：套保比例＝(被套期保值债券的修正久期×债券价值)/(CTD修正久期×期货合约价值))［2023年5月真题］

A. 0.8175　　B. 0.7401　　C. 1.0000　　D. 1.3513

【解析】根据公式，可得：套保比例＝(被套期保值债券的修正久期×债券价值)/(CTD

1B　2A　3D　4B　5A

修正久期×期货合约价值）=（3.5×103）/（4.5×98）=0.8175。

6. 国债交易中，买入基差交易策略是指（　　）。［2017年5月真题］

A. 买入国债期货，买入国债现货　　B. 卖出国债期货，卖空国债现货

C. 卖出国债期货，买入国债现货　　D. 买入国债期货，卖空国债现货

【解析】国债期货的基差指的是用经过转换因子调整之后期货价格与其现货价格之间的差额。买入基差交易是指预期基差会增大，作为基差的多头，买入现货国债并卖出相当于转换因子数量的期货合约。

7. 4月22日，某投资者预判基差将大幅走强，即以100.11元买入面值1亿元的“13附息国债03”现券，同时以97.38元卖出开仓100手9月国债期货；4月28日，投资者决定结束套利，以100.43元卖出面值1亿元的“13附息国债03”，同时以97.40元买入平仓100手9月国债期货，若不计交易成本，其盈利为（　　）万元。［2015年11月真题］

A. 40　　B. 35　　C. 45　　D. 30

【解析】该投资者在国债期货市场上的收益为：［（97.38－97.40）/100］×100手×100万元＝－2（万元），在国债现券市场上的收益为：［（100.43－100.11）/100］×100000000＝32（万元），故该投资者在此次交易中的收益为：32－2＝30（万元）。

8. 对于任一只可交割券，P代表面值为100元国债的即期价格，F代表面值为100元国债的期货价格，C代表对应可交割国债的转换因子，其基差B为（　　）。

A. $B=(F\cdot C)-P$　　B. $B=(P\cdot C)-F$

C. $B=P-F$　　D. $B=P-(F\cdot C)$

【解析】国债期货的基差，指的是经过转换因子调整之后期货价格与现货价格之间的差额。对于任一只可交割券，其基差为：$B=P-(F\cdot C)$。其中，B代表国债价格与期货价格的基差；P代表面值为100元国债的即期价格；F代表面值为100元国债期货的价格；C代表对应可交割国债的转换因子。

9. 卖出基差交易与买入基差交易相比，卖出基差交易风险更______，获利更______。（　　）［2024年5月真题］

A. 大；困难　　B. 大；容易　　C. 小；容易　　D. 小；困难

【解析】卖出基差交易与买入基差交易方向相反，由于基差收敛的特征，卖出基差交易风险显得更低些，又由于买入国债期货相当于卖出了国债期货的交割选择权，卖出虚值的隐含期权也使得卖出基差交易更易获利。

10. 假设某债券投资组合价值是10亿元，久期为6，预计未来利率下降，因此通过购买200手的五年期国债期货来调整组合久期，该国债期货报价为105元，久期为4.8，则调整后该债券组合的久期为多少？（　　）［2023年5月真题］

A. 7　　B. 6　　C. 5　　D. 4

【解析】购买的国债期货不记入组合的市值，根据计算公式：调整后组合久期＝［100000万×6＋（200×105）万×4.8］/100000万≈7。

6C　7D　8D　9C　10A

11. 下列关于国债期货的说法不正确的是(　　)。

A. 国债期货仅对组合利率风险的单一因素进行调整，不影响组合持仓

B. 国债期货能对所有的债券进行套保

C. 国债期货为场内交易，价格较为公允，违约风险低，买卖方便

D. 国债期货拥有较高的杠杆，资金占用量较少，可以提高对资金的使用效率

【解析】B 项，国债期货并不能对所有的债券进行套保，期限不匹配会使套期保值的效果大打折扣。

12. 梯式策略在收益率曲线(　　)时是比较好的一种交易方法。

A. 水平移动　　B. 斜率变动　　C. 曲度变化　　D. 保持不变

【解析】在收益率曲线水平移动的情况下，投资者认为各期限的收益率都将向同一方向发生变动，变动幅度大致相当。在这种情况下，采用梯式策略是比较好的一种交易方法，投资者认为各期限的收益率变动基本相当，因此将头寸均匀分布于各期限上。

13. 下列说法中正确的是(　　)。

A. 非可交割债券套保的基差风险比可交割券套保的基差风险更小

B. 央票能有效对冲利率风险

C. 利用国债期货通过 beta 来整体套保信用债券的效果相对比较差

D. 对于不是最便宜可交割券的债券进行套保不会有基差风险

【解析】A 项，由于期限不匹配、利差变化等影响，对于非可交割债券套保，会有比可交割券套保更大的基差风险；B 项，央票一般到期都较短，因此久期较低，利率风险主要集中于期限结构的短端，由于期限结构的不匹配以及较短期限的利率波动和中长期的利率波动并不总一致，导致对冲效果降低；D 项，针对最便宜可交割券的套保是最直接的也是最有效的，基差风险相当小，并且在最后交割日会变成 0，其套期保值效果最好。针对其他可交割券来说，有更大基差风险，主要来源于这些券可能不会用于交割，因此基差不会在交割日收敛于 0，而是某个正值，这个值就是这些债券在交割日比最便宜可交割债券昂贵的幅度。对这些债券进行套保会有一定的基差风险。

14. 套期保值的效果取决于(　　)。

A. 基差的变动

B. 国债期货的标的利率与市场利率的相关性

C. 期货合约的选取

D. 被套期保值债券的价格

【解析】套期保值的效果取决于被套保债券的价格和期货合约价格之间的相互关系，即取决于基差的变动，由此产生的风险称为基差风险。

15. 国债期货价格和国债市场利率的关系是(　　)。

A. 反向变动关系　　B. 同向变动关系

C. 无相关关系　　D. 线性关系

【解析】国债期货的价格和国债市场利率是反向变动关系，影响和决定国债期货价格的

11B　12A　13C　14A　15A

主要因素是国债现货市场利率。

16. 某机构持有1亿元的债券组合，其修正久期为7，国债期货久期为6.8，假如国债期货报价105，该机构利用国债期货将其国债修正久期调整为3，合理的交易策略应该是(　　)。(参考公式：国债期货合约数量=(目标久期-组合久期)×组合价值)/(国债期货久期×国债期货价格))[2023年5月真题]

A. 做多国债期货合约56张　　B. 做空国债期货合约98张

C. 做多国债期货合约98张　　D. 做空国债期货合约56张

【解析】该机构利用国债期货将其国债修正久期由7调整为3，是为了降低利率上升使其持有的债券价格下跌的风险，应做空国债期货合约。对冲掉的久期=7-3=4，对应卖出国债期货合约数量=(4×1亿元)/(6.8×105万元)≈56(张)。

17. 债券投资组合与国债期货的组合的久期为(　　)。

A. (初始组合久期+期货久期)/2

B. (初始组合久期×初始组合市值+期货久期×期货市值)/(期货市值+初始组合市值)

C. (初始组合久期×初始组合市值+期货久期×期货市值)/期货市值

D. (初始组合久期×初始组合市值+期货久期×期货市值)/初始组合市值

【解析】利用国债期货进行久期管理是国债期货的重要应用，在进行债券组合管理时，通过直接买卖现券改变久期存在诸多弊端，包括流动性问题、不同债券信用状况的差异，而使用国债期货可以在不改变现券持仓的情况下改变组合的久期。组合久期=(初始组合久期×初始组合市值+期货久期×期货市值)/初始组合市值。

18. 一般来说，用国债期货做套期保值是为了对冲(　　)利率风险。

A. 短期　　B. 中期　　C. 长期　　D. 中长期

【解析】国债期货的套期保值是指投资者通过建立与现货相反的期货头寸，使得债券投资组合净值免受到利率波动的影响。一般来说，用国债期货做套期保值是为了对冲中长期利率风险。

19. 国债基差交易的空头从基差(　　)，中获得利润，由于做空现券，持有收益可能为(　　)。

A. 缩小；负　　B. 缩小；正　　C. 扩大；正　　D. 扩大；负

【解析】基差交易的空头从基差缩小中获得利润，由于做空现券，持有收益可能为负。基差交易的多头会从净基差扩大中获得利润，通常还会获得持有收益，主要为持有现货的收益减去融资成本。

20. 某付息国债的净价为98.2136，应计利息1.0423，转换因子1.004，其对应的TF1609国债期货合约价格为96.336。则该国债的基差为(　　)。

A. -1.4923　　B. 1.4923　　C. 0.9816　　D. -0.9816

【解析】国债期货的基差为$B=P-(F\times C)$，其中，B代表国债价格与期货价格的基差；P代表面值为100元国债的即期价格；F代表面值为100元国债期货的价格；C代表对应可交割国债的转换因子。故该国债基差=98.2136-96.336×1.004=1.4923。

16D　17D　18D　19A　20B

21．最早在场外市场交易的利率期权是(　　)。

A．利率上限期权　　B．利率下限期权

C．利率双限期权　　D．利率互换期权

【解析】利率期权，是指标的资产为利率工具，或与利率挂钩的产品，如国债、存单等的期权产品。最早的场外利率期权是利率上限期权，于 1983 年被推出。

二、多项选择题(以下各小题给出的 4 个选项中，至少有 2 项符合题目要求，请将符合题目要求选项的代码填入括号内)

1．某投资者将在 3 个月后收回一笔金额为 1000 万元的款项，并计划将该笔资金投资于国债。为避免利率风险，该投资者决定进行国债期货套期保值。若当日国债期货价格为 99.50，3 个月后期货价格为 103.02，则该投资者(　　)。[2017 年 5 月真题]

A．期货交易产生亏损　　B．期货交易获得盈利

C．应该卖出国债期货　　D．应该买入国债期货

【解析】3 个月后期货价格高于当日期货价格，投资者计划买入债券，担心债券价格上升，因此进行买入套期保值，应该买入国债期货，避免因国债价格上升而造成损失。

2．利率衍生品依据其(　　)等特性，在资产组合管理及资产配置过程中有着明显优势。

A．高杠杆　　B．交易成本低　　C．流动性好　　D．违约风险小

【解析】商业银行、保险、基金等作为债券市场的主要投资者，利率衍生品在这些机构投资者中有着广泛的应用，依据其高杠杆、交易成本低、流动性好、违约风险小等特性，在资产组合管理及资产配置过程中有着明显优势。

3．基差交易的利润来源包括(　　)。

A．期货价格的变化　　B．利息收入

C．基差变化　　D．持有收益

【解析】基差交易的利润来源主要来自两个方面：基差变化和持有收益。基差交易的多头会从基差扩大中获得利润，通常还会获得持有收益，主要为持有现货的收益减去融资成本。基差交易的空头可从基差缩小中获得利润，由于做空现券，持有收益可能为负。

4．下列关于基差交易的说法正确的是(　　)。

A．基差交易在实际操作中有多种交易方式，比如可以使用非 CTD 券进行交易，同时也会有更少风险

B．投资者可以进行单边的基差交易，当基差较大时，买入国债期货替代手中的现货，基差收敛后平仓国债期货再买回现货，以达到增强收益的目的

C．国债基差交易期货头寸手数要用转换因子调整，同样市值的不同债券卖空手数也不一样

D．国债期货是实物交割，最终的 CTD 券可能会发生变动，也为国债基差交易带来更多变数

【解析】A 项，基差交易在实际操作中有多种操作方式，比如可以使用非 CTD 券进行交易，交易机会更多，但同时也带来更多风险。

21A　▎　1BD　2ABCD　3CD　4BCD

5. 收益率曲线的变动可分为(　　)。

A. 水平移动　　B. 斜率变动　　C. 流动性变化　　D. 曲度变化

【解析】收益率曲线的变动可以分为三类：①水平移动，在收益率曲线水平移动的情况下，投资者认为各期限的收益率都将向同一方向发生变动，变动幅度大致相当；②斜率变动，包括向下变平、向下变陡、向上变平和向上变陡，俗称为牛平、牛陡、熊平、熊陡；③曲度变化，曲度变化分为变凹和变凸两种方式，收益率曲线通常是向下凸出的，而变凹后收益率曲线的凸度会变小。

6. 非可交割券包括(　　)。

A. 剩余期限过短的国债　　B. 浮动附息债券

C. 央票　　D. 剩余期限过长的国债

【解析】非可交割券包括剩余期限过短、过长的国债，浮动附息债券，金融债，央票，信用债等债券。由于期限不匹配、利差变化等影响，对于非可交割债券套保，会有比可交割券套保更大的基差风险。

7. 关于国债期货的套期保值效果，下列说法正确的是(　　)。

A. 金融债利率风险上的期限结构和国债期货相似，因此利率风险能得到较好对冲

B. 对含有赎回权的债券的套期保值效果不是很好，因为国债期货无法对冲该债券中的提前赎回权

C. 利用国债期货通过β来整体套期保值信用债券的效果相对比较好

D. 利用国债期货不能有效对冲央票的利率风险

【解析】C 项，利用国债期货通过β来整体套期保值信用债券的效果相对比较差，主要原因是信用债的价值由利率和信用利差构成，而信用利差和国债收益率的相关性较低。信用利差是信用债券的重要收益来源，由于这部分风险和利率风险的表现不一致，因此，使用国债期货不能解决信用债中的信用风险部分，所以造成套期保值效果比较差。

三、判断题(判断以下各小题的对错，正确的用 A 表示，错误的用 B 表示)

1. 目前在我国债券市场，买入基差不太容易操作。(　　)

【解析】目前在我国债券市场，买入基差较容易操作。实时观测到可交割券及国债期货的基差，并预期基差将增大，就可以入市进行买入债券、卖出期货的操作。

2. 相较于记账式国债，储蓄国债的发行更为重要。(　　)

【解析】目前我国发行的国债分为两类：储蓄国债和记账式国债。由于储蓄国债发行规模小且不可流通，且国债期货合约可交割国债为记账式国债，记账式国债的发行更为重要。

3. 基差的多头从基差的缩小中获得利润，如果国债净持有收益为正，那么基差的多头同样也可以获得持有收益。(　　)

【解析】基差交易的利润来源主要有两个方面：基差变化和持有收益。基差交易的多头从净基差扩大中获得利润，通常还会获得持有收益，主要为持有现货的收益减去融资成本。基差交易的空头从基差缩小中获得利润，由于做空现券，持有收益可能为负。

5ABD　6ABCD　7ABD　▎　1B　2B　3B

4. 基差的空头，也是国债期货的空头。(　　)

【解析】如果投资者预期基差会收敛，作为基差的空头，卖空现货国债并买入相当于转换因子数量的国债期货合约。

5. 国债期货是场外交易，资金占用量低，交易速度快。(　　)

【解析】国债期货为场内交易，价格较为公允，违约风险低，买卖方便。此外，国债期货拥有较高的杠杆，对资金的占用较少，可以提高对资金的使用效率。

6. 在对可交割券的套期保值研究中，针对最便宜可交割券的套期保值是最直接的也是最有效的。(　　)

【解析】在对可交割券的套期保值研究中，针对最便宜可交割券的套期保值是最直接也是最有效的，基差风险相当小，并且在最后交割日会变成0，其套期保值效果最好。针对其他可交割券来说，有更大的基差风险。

7. 变凸后收益率曲线的凸度会变大，如果用利率的相对变化来衡量，意味着中间期限的利率向上移动，而长短期限的利率向下移动。(　　)

【解析】收益率曲线的曲度变化分为变凹和变凸两种方式。收益率曲线通常是向下凸出的，而变凹后收益率曲线的凸度会变小，如果用利率的相对变化来衡量，意味着中间期限的利率向上移动，而长短期限的利率向下移动；反之，收益率曲线变得更凸出，中间期限的利率相对向下移动，而长短期限的利率则相对向上移动。

8. 套期保值者持有的现货价格的变化与国债期货的收益率变化并不完全相关。(　　)

【解析】在实际操作中，由于国债期货是一种虚拟的标准化合约，被实施套保的债券与期货合约的基础债券一般来说并不相同，也就是说套保者持有的现货价格的变化与国债期货的收益率变化并不完全相关。

9. 金融债的利率风险能得到较好对冲，基差的风险较小。(　　)

【解析】金融债利率风险的期限结构和国债期货相似，因此，利率风险得到较好对冲，但是基差的风险仍然很大。

10. 收益率曲线变凸，则卖出中间期限的国债期货、买入长短期限的国债期货。(　　)

【解析】如果投资者认为收益率曲线斜率会有所变化，则可以适当调整配置于长、短期限的国债期货头寸规模比例，如下图所示：

曲度变化	曲线变化观点和策略			
	中间期限		长短期限	
变凹	利率相对上移	卖出国债期货	利率相对下移	买入国债期货
变凸	利率相对下移	买入国债期货	利率相对上移	卖出国债期货

11. 推出挂钩 LPR 的利率期权可以缓解 LPR 波动对银行资产负债表的冲击。(　　)

【解析】推出挂钩 LPR 的利率期权有助于进一步满足金融机构多样化的利率风险管理需求，同时可以缓解 LPR 波动对银行资产负债表的冲击。

4B　5B　6A　7B　8A　9B　10B　11A

四、综合题（以下各小题所给出的4个选项中，至少有1项符合题目要求，请将正确选项的代码填入括号内）

1. 假设在2月10日，投资者预计2～10年各期限的美国国债收益率将平行下移，于是买入2年、5年和10年期美国国债期货，采用梯式投资策略。各期限国债期货价格和DV01如表6－1所示。投资者准备买入100手10年期国债期货，且拟配置在各期限国债期货的DV01基本相同。一周后，收益率曲线整体下移10BP，2年期国债期货，5年期国债期货，10年期国债期货期末价格分别为109.938，121.242，130.641，则投资者最终损益为（　　）万美元。

表6－1　各期限国债期货价格和DV01

品种	面值	期初价格	修正久期	每手合约DV01
2年期国债期货	20万美元	109.742	1.8	39.51美元
5年期国债期货	10万美元	120.695	4.5	54.31美元
10年期国债期货	10万美元	129.828	6.3	81.79美元

A. 24.50　　B. 20.45　　C. 16.37　　D. 16.24

【解析】为保证配置在各期限国债期货的DV01基本相同，投资者应在买入100手10年期国债期货的同时，买入(81.79×100)/39.51≈207（手）的2年期国债期货和(81.79×100)/54.31≈151（手）的5年期国债期货。最后损益为：(109.938－109.742)/100×20×207＋(121.242－120.695)/100×10×151＋(130.641－129.828)/100×10×100＝8.1144＋8.2597＋8.1300＝24.5041（万美元）≈24.50（万美元）。

2. 某保险公司打算买入面值为1亿元的国债，但当天未买到，希望明天买入。保险公司希望通过国债期货规避隔夜风险。已知现券久期为4.47，国债期货久期为5.30，现券价格为102.2575，国债期货市场净价为83.4999，国债期货合约面值为100万元，则应该______国债期货合约______份。（　　）

A. 买入；104　　B. 卖出；1　　C. 买入；1　　D. 卖出；104

【解析】保险公司担心债券价格上涨，应买入国债期货合约，应买入的国债期货份数＝(1.022575亿×4.47)/(83.4999万×5.3)≈104（份）。

3. 某基金现有资产为40亿元，修正久期为7.5；负债为50亿元，修正久期为5.6。国债期货（面值为100万元）的当前价格为98.6，最便宜可交割债券（CTD）的修正久期为6.2，转换因子为1.1。据此回答以下三个问题。

(1) 根据久期缺口＝资产久期－负债久期×负债/资产，该基金当前的久期缺口是（　　）。

A. 0.5　　B. 1.0　　C. 1.5　　D. 2.0

【解析】根据公式，可得：久期缺口＝7.5－5.6×50÷40＝0.5。

(2) 该基金面临的风险是（　　）。

A. 利率上涨，资产减值　　B. 利率下跌，资产减值

C. 利率上涨，负债减值　　D. 利率下跌，负债减值

1A　2A　3(1)A　(2)A

【解析】该基金久期缺口为0.5，资产受利率影响更大，利率上升时资产减值。

(3)为对冲风险，该基金需要交易(　　)手国债期货。

A. 380　　B. 327　　C. 297　　D. 5312

【解析】根据公式，可得：国债期货数量 =(目标久期 - 组合久期) × 组合价值 ÷(国债期货久期 × 国债期货价格) = 0.5 × 4000000000 ÷(98.6 × 6.2 × 10000) = 327.16(手)。

(3)B

第七章　外汇期货及衍生品分析与应用

一、单项选择题(以下各小题所给出的4个选项中，只有1项最符合题目要求，请将正确选项的代码填入括号内)

1. 美国某公司从德国进口价值为1000万欧元的商品，2个月后以欧元支付货款，当美元的即期汇率为1.0890，期货价格为1.1020，那么该公司担心(　　)。[2022年7月真题]

A. 欧元贬值，应做欧元期货的多头套期保值

B. 欧元升值，应做欧元期货的空头套期保值

C. 欧元升值，应做欧元期货的多头套期保值

D. 欧元贬值，应做欧元期货的空头套期保值

【解析】对于进口企业而言，若其应付账款是外币，则企业面临的主要外汇风险是本币贬值(外币升值)。本币贬值(外币升值)将导致企业应付账款的本币价值上升，相当于负债规模提高。由于该公司2个月后需要支付1000万欧元的价款，所以，该公司担心未来欧元会上涨，从而需要支付更多的美元来换取相同的1000万欧元。为了避免外汇风险，该公司应该进行本币空头套期保值或外币多头套期保值。本币空头套期保值，即在外汇市场上进行卖出本币外汇远期合约、本币外汇期货合约，抑或买入本币外汇看跌期权等交易。外币多头套期保值，即在外汇市场上进行买入外币外汇远期合约、外币外汇期货合约，抑或买入外币外汇看涨期权等交易。如果未来欧元上涨，该公司可以通过在期货市场上的获利减少现货市场上的亏损。

2. 中国某企业出口一批电力装备，约定3个月后以英镑结算。为完全防范外汇波动风险，该企业宜采用的策略是(　　)。[2018年5月真题]

A. 卖出英镑看跌期权　　B. 买入英镑NDF

C. 买入英镑看涨期权　　D. 卖出英镑远期合约

【解析】在出口业务中，若应收账款是外币，则企业面临的主要外汇风险是本币升值(外币贬值)。本币升值(外币贬值)意味着以外币计价的应收账款的本币价值下降，相当于资产价值下跌。为管理该风险，出口企业通常开展本币多头套期保值或外币空头套期保值。本币多头套期保值，即在外汇市场上买入本币外汇远期合约、本币外汇期货合约，或者买入本币外汇看涨期权及卖出本币外汇看跌期权。外币空头套期保值，即在外汇市场上卖出外币外汇远期合约、外币外汇期货合约，或者买入外币外汇看跌期权。

3. 2012年9月17日，香港交易所推出“人民币货币期货”，这是首只进行实物交割的人民币期货。港交所推出人民币货币期货的直接作用是(　　)。[2017年5月真题]

A. 提高外贸交易便利程度　　B. 推动人民币利率市场化

C. 对冲离岸人民币汇率风险　　D. 扩大人民币汇率浮动区间

【解析】进出口企业可以利用外汇远期、外汇期货、外汇期权以及外汇掉期等汇率类衍生

1C　2D　3C

品来对冲汇率波动风险，以减少收支外币的不确定性。目前，有的企业机构利用场内交易的汇率期货和期权进行风险管理，有的企业机构会借助场外交易的各类汇率类衍生品管理风险。同时，作为经纪商或做市商的金融机构也会承担一定的汇率风险，也需要在场内或场外市场的进一步的金融衍生品交易中把风险控制在可承受的范围内。

4. 从事境外工程总承包的中国企业在投标欧洲某个电网建设工程后，在未确定是否中标之前，最适合利用(　　)来管理汇率风险。［2015 年 11 月真题］

A. 人民币/欧元期权　　B. 人民币/欧元远期

C. 人民币/欧元期货　　D. 人民币/欧元互换

【解析】本题中，一旦企业中标，前期需投入欧元外汇，为规避欧元对人民币升值的风险，企业有两种方案可供选择：一是卖出人民币/欧元期货；二是买入人民币/欧元看跌期权。第一种方案利用外汇期货市场，价格灵活，操作简单。但是利用外汇期货无法管理未中标风险，因此对于前期需投入的欧元的汇率风险不能完全规避。第二种方案中，外汇期权多头只要付出一定的权利金，就能获得远期以执行价格的汇率来买卖外汇的权利。因此，除了能够规避欧元/人民币汇率波动风险外，也能够规避未来不能中标的风险。

5. 假设当前欧元兑美元期货的价格是 1.3600（即 1 欧元 = 1.3600 美元），合约大小为 125000 欧元，最小变动价位是 0.0001 点。那么当前合约价格每跳动 0.0001 点时，合约价值变动(　　)。［2015 年 7 月真题］

A. 12.5 美元　　B. 12.5 欧元　　C. 13.6 欧元　　D. 13.6 美元

【解析】最小变动价位是 0.0001 点，那么当前合约价格每跳动 0.0001 点时，即 1 欧元 = 1.3599 美元或 1 欧元 = 1.3601 美元，合约价值变动为 125000 × 0.0001 = 12.5（美元）。

6. 下列关于跨境资本流动，说法错误的是(　　)。

A. 跨境资本流动依据时间长短可以分为三类：长期资本流动、中期资本流动和短期资本流动

B. 长期跨境资本流动是指期限在一年之上的资本流动

C. 一国利率发生变化会影响该国跨境资本流动

D. 资本的逐利性会引发跨境资本流动

【解析】A 项，跨境资本流动依据时间长短可以分为两类：长期资本流动和短期资本流动，前者是指期限在一年之上的资本流动，后者是指期限在一年以内的资本流动。

7. 根据购买力平价理论，(　　)是影响汇率变动的最重要的基本因素。

A. 利率　　B. 通货膨胀　　C. 国际收支　　D. 财政政策

【解析】通货膨胀是指在信用货币制度下，流通中的货币数量超过经济实际需要而引起的货币贬值和物价水平全面而持续的上涨。根据购买力平价理论，通货膨胀是影响汇率变动的最重要的基本因素。

8. (　　)一般应用在预测未来近月份的外汇期货合约涨势大于远月份的外汇期货合约。

A. 牛市套利　　B. 熊市套利　　C. 蝶式套利　　D. 卖出套利

4A　5A　6A　7B　8A

【解析】牛市套利一般应用在预测未来近月份的外汇期货合约涨势大于远月份的外汇期货合约，或者近月份的外汇期货合约跌势小于远月份的外汇期货合约的情况。

9. 一般而言，出口型企业出口产品收取外币货款时，将面临______或______的风险。(　　)

A. 本币升值；外币贬值　　B. 本币升值；外币升值

C. 本币贬值；外币贬值　　D. 本币贬值；外币升值

【解析】一般而言，出口型企业出口产品收取外币货款时，将面临本币升值或外币贬值的风险。进口型企业进口产品和设备支付外币时，将面临本币贬值或外币升值的风险。

10. 某投资者预期美元兑日元市场汇率在未来会有一波较大幅度的波动，于是他决定采取(　　)去进行投资。在4月5日，该投资者买入一手5个月欧式日元看涨期权和一手5个月欧式日元看跌期权，两份期权的协定汇率为1美元兑109.73日元，期权费为10.89USD/JPY。5个月后，市场汇率为1美元兑131.51日元。此刻，投资者的损益为0，达到盈亏平衡点。

A. 同价底部对敲策略　　B. 异价底部对敲策略

C. 同价顶部对敲策略　　D. 异价顶部对敲策略

【解析】同价底部对敲组合适用于投资者预期市场汇率将出现较大的波动，但对于变动方向有一定的不确定的情况。同价顶部对敲组合则适用于投资者预期市场汇率不会出现大幅波动的情况。虽然，异价底部对敲组合也适用于投资者预期市场汇率将出现较大的波动，但对于变动方向有一定的不确定的情况。但和同价底部对敲组合策略比，只有市场汇率波动更为剧烈时，投资者才能获利。异价顶部对敲组合适用于投资者预期市场汇率将趋于平稳的情况。

二、多项选择题(以下各小题给出的4个选项中，至少有2项符合题目要求，请将符合题目要求选项的代码填入括号内)

1. 国内某企业进口巴西铁矿石，约定4个月后以美元结算。为防范外汇波动风险，该企业宜采用的策略是(　　)。[2022年7月真题]

A. 卖出人民币期货　　B. 买入人民币期货

C. 买入人民币看涨期权　　D. 买入人民币看跌期权

【解析】对于进口企业而言，若其应付账款是外币，则企业面临的主要外汇风险是本币贬值(外币升值)。本币贬值(外币升值)将导致企业应付账款的本币价值上升，相当于负债规模提高。为应对该风险，进口企业通常进行本币空头套期保值，即在外汇市场上进行卖出本币外汇远期合约、本币外汇期货合约，或买入本币外汇看跌期权等交易。

2. 6月1日，某美国进口商预期3个月后需支付进口货款2.5亿日元，目前的即期汇率为JPY/USD＝0.008358，三个月期JPY/USD期货价格为0.008379。该进口商为了避免3个月后因日元升值而需付出更多的美元，在CME外汇期货市场进行套期保值。若9月1日即期汇率为JPY/USD＝0.008681，三个月期JPY/USD期货价格为0.008688，9月到期的JPY/USD期货合约面值为1250万日元，则该美国进口商(　　)。[2016年11月真题]

9A　10A　|　1AD　2AD

A. 需要买入20手期货合约

B. 需要卖出20手期货合约

C. 现货市场盈利80750美元、期货市场亏损77250美元

D. 现货市场损失80750美元、期货市场盈利77250美元

【解析】该美国进口商为了避免3个月后日元升值而付出更多的美元，应该在期货市场上买入JPY/USD期货合约。由于3个月后需支付日元为2.5亿，而每份合约的价值为1250万日元，所以，合约数为：25000/1250 = 20(手)。现货市场上的盈亏为：250000000 × (0.008358 - 0.008681) = -80750(美元)。在期货市场上，进口商在6月买入20手9月到期的期货合约，9月份进行反向操作平仓，则期货市场上的盈亏为：250000000 × (0.008688 - 0.008379) = 77250(美元)。

3. 境外融资企业可能面临与汇率相关的问题有(　　)。

A. 融资的利息还款　　B. 融入资金的本金使用及偿还

C. 融资方式的不确定性　　D. 融资市场的选择

【解析】对于境外融资企业而言，利息偿付和本金偿付会对其财务报表形成冲击，因此稳定的汇率对其较为重要。

4. 某美国机械设备进口商3个月后需支付进口货款3亿日元，则该进口商(　　)。[2015年5月真题]

A. 可以卖出日元/美元期货进行套期保值

B. 可能承担日元升值风险

C. 可以买入日元/美元期货进行套期保值

D. 可能承担日元贬值风险

【解析】B项，该美国进口商3个月后需要支付日元，如果日元升值，他需要花费更多的美元兑换日元，所以，可能承担日元升值风险；C项，买入日元/美元期货，当日元升值时，可以获得期货收益，抵消了一部分的现货损失，达到套期保值的目的。

5. 下列关于芝加哥商业交易所(CME)人民币期货套期保值的说法，不正确的是(　　)。

A. 拥有人民币负债的美国投资者适宜做多头套期保值

B. 拥有人民币资产的美国投资者适宜做空头套期保值

C. 拥有人民币负债的美国投资者适宜做空头套期保值

D. 拥有人民币资产的美国投资者适宜做多头套期保值

【解析】C项，拥有人民币负债的美国投资者更担心的是人民币的升值，所以，应该买入人民币期货合约，进行多头套期保值，在即期外汇市场和外汇期货市场上建立盈亏冲抵机制；D项，拥有人民币资产的美国投资者更担心的是人民币的贬值，所以，应该卖出人民币期货合约，进行空头套期保值。

6. 适合做外汇期货买入套期保值的有(　　)。

A. 三个月后将要支付款项的某进口商付汇时外汇汇率上升

B. 三个月后将要支付款项的某进口商付汇时外汇汇率下降

3AB　4BC　5CD　6AC

C. 外汇短期负债者担心未来外汇升值

D. 外汇短期负债者担心未来外汇贬值

【解析】A 项，进口商付汇时外汇汇率上升，该进口商应该买入外汇期货合约，三个月后卖出获得收益，冲抵汇率上升的损失；C 项，外汇短期负债者担心未来外汇升值，应该买入外汇期货合约，如果未来外汇升值，外汇期货合约卖出获得的收益可以抵消一部分现货的损失。

7. 对于境外短期融资企业而言，可以考虑以(　　)作为风险管理的工具。

A. 外汇期货　　B. 外汇期权　　C. 股指期货　　D. 场外衍生品

【解析】当涉及时间跨度较长的融资时，境外融资企业多适合以场外的外汇衍生品作为风险管理的工具。对于短期融资企业而言，可以考虑外汇期货或外汇期权等场内市场交易工具。

8. 对我国境外投资企业而言，主要面临风险有(　　)。

A. 法律风险　　B. 汇率波动风险

C. 投资项目的不确定性　　D. 流动性风险

【解析】随着国家“一带一路”等政策的出台，越来越多的中国企业“走出去”参与海外市场开发、资本运作以及当地基础建设等业务，对外投资业务逐渐成为企业新的盈利增长点。与此同时，境外投资业务开展过程中，企业将面临日益显著的汇率风险。因此，境外投资企业需要合理利用外汇衍生品平抑汇率波动风险，减少投资项目的不确定性。

9. 外汇跨币种套利必须具备的条件包括(　　)。

A. 买进或卖出的外汇期货合约通常应在相同的交割月份

B. 两种货币之间应具有关联性与相互替代性

C. 交易受同一因素制约

D. 币种一定要可自由兑换

【解析】外汇期货跨币种套利是指交易者根据对交割月份相同而币种不同的期货合约在某一交易所价格走势的预测，买进(卖出)某一交割月份某一货币的期货合约，而同时卖出(买入)另一种相同交割月份、另一关联货币期货合约的行为。外汇跨币种套利必须具备以下条件：①两种货币之间应具有关联性与相互替代性；②交易受同一因素制约；③买进或卖出的外汇期货合约通常应在相同的交割月份。

三、判断题(判断以下各小题的对错，正确的用 A 表示，错误的用 B 表示)

1. 短期融资企业多适合以场外的外汇衍生品作为风险管理的方式。(　　)

【解析】当涉及时间跨度较长的融资时，境外融资企业多适合以场外的外汇衍生品作为风险管理的工具。对于短期融资企业而言，可以考虑外汇期货或外汇期权等场内市场交易工具。

2. 进出口企业对外汇风险规避策略的要求是：能够平抑汇率波动风险以减少收支外币的不确定性。(　　)

【解析】一般而言，出口型企业出口产品收取外币货款时，将面临本币升值或外币贬值的

7AB　8BC　9ABC　｜　1B　2A

风险。进口型企业进口产品和设备支付外币时，将面临本币贬值或外币升值的风险。进出口企业可以利用外汇远期、外汇期货、外汇期权以及外汇掉期等汇率类衍生品来对冲汇率波动风险，以减少收支外币的不确定性。

3. 利用外汇远期和外汇期货进行套期保值的原理一样，交易场所也一样。(　　)

【解析】利用外汇远期和外汇期货进行套期保值的原理相同，但交易场所不同，在保证金、流动性、信用风险、灵活性等方面都存在不同。

4. 金融机构以及从事国际业务的实体企业机构是汇率类衍生品的主要交易者。(　　)

【解析】金融机构以及从事国际业务的实体企业机构是汇率类衍生品的主要交易者。实体企业机构在从事进出口贸易、境外投资和境外融资等活动时，常常会遇见现金流收入的计价货币不同于现金流支出的计价货币的情形，而两种不同货币之间的汇率变化，会给企业机构带来实际的或者账面上的汇兑损益。

5. 对于出口企业而言，其在外汇市场上的操作应该是买入本币外汇期货合约，以防范本币升值(外币贬值)带来的风险。(　　)

【解析】在出口业务中，若应收账款是外币，则企业面临的主要外汇风险是本币升值(外币贬值)。本币升值(外币贬值)意味着以外币计价的应收账款的本币价值下降，相当于资产价值下跌。为管理该风险，出口企业通常开展本币多头套期保值，即在外汇市场上买入本币外汇远期合约、本币外汇期货合约，或者买入本币外汇看涨期权及卖出本币外汇看跌期权。

6. 投资者从事外汇期权交易的目的一般是获利和对冲。(　　)

【解析】投资者从事外汇期权交易的目的一般为两种：一是获利；二是对冲。外汇期权交易策略可分为两类：一是单一期权(期权与现汇的配置)；二是期权组合(期权与期权的配置)。

7. 外汇掉期是指交易双方约定在一前一后两个不同的起息日进行方向相反的两次货币交换。(　　)[2023 年 5 月真题]

【解析】外汇掉期是指交易双方约定在一前一后两个不同的起息日进行方向相反的两次货币交换。在第一次货币交换中，一方按照约定的汇率用货币 A 交换货币 B；在第二次货币交换中，该方再按照另一约定的汇率用货币 B 交换货币 A。

8. 一国发生通货膨胀时对外比价也会下跌。(　　)

【解析】两国货币之间的汇率，从根本上说也是由其所代表的价值量的对比关系来决定。因此，在一国发生通货膨胀的情况下，该国货币所代表的价值量就会减少，实际购买力也就下降，对外比价也会下跌。

四、综合题(以下各小题所给出的 4 个选项中，至少有 1 项符合题目要求，请将正确选项的代码填入括号内)

1. 某美国投资者买入 50 万欧元，计划投资 3 个月，但又担心期间欧元对美元贬值，该投资者决定用 CME 欧元期货进行空头套期保值(每张欧元期货合约为 12.5 万欧元)。假设当

3B　4A　5A　6A　7A　8A　▎　1B

日欧元(EUR)兑美元(USD)即期汇率为1.4432，3个月后到期的欧元期货合约成交价格EUR/USD为1.4450。3个月后欧元兑美元即期汇率为1.4120，该投资者欧元期货合约平仓价格EUR/USD为1.4101。因汇率波动该投资者在现货市场______万美元，在期货市场______万美元。(不计手续费等费用)(　　)。

A. 获利1.56；获利1.565　　B. 损失1.56；获利1.745

C. 获利1.75；获利1.565　　D. 损失1.75；获利1.745

【解析】现货市场损益 = 50 × (1.4120 − 1.4432) = −1.56(万美元)，期货市场获利 = (1.4450 − 1.4101) × 50 = 1.745(万美元)。

2. 某国内企业与美国客户签订一份总价为100万美元的照明设备出口合同，约定3个月后付汇，签约时人民币汇率1美元 = 6.8元人民币。该企业选择CME期货交易所RMB/USD主力期货合约进行买入套期保值，成交价为0.150。3个月后，人民币即期汇率变为1美元 = 6.65元人民币，该企业卖出平仓RMB/USD期货合约，成交价为0.152。据此回答以下两题。

(1)则买入期货合约(　　)手。

A. 10　　B. 8　　C. 6　　D. 7

【解析】该出口企业面临的风险是人民币兑美元的升值风险，故应该买入期货合约，买入期货合约的手数 = 100万美元/(0.15 × 100万元人民币) ≈ 7(手)。

(2)套期保值后总损益为(　　)元。

A. −56900　　B. 14000　　C. 56900　　D. −150000

【解析】该出口企业套期保值情况如表7−1所示。

表7−1　套期保值效果评估

	损益计算
期货市场损益	7手 × 100万元人民币 × (0.152 − 0.15) = 14000美元 利用3个月后人民币即期汇率可计算对应的人民币损益为： 14000美元 × 6.65 = 93100元人民币
现货市场损益	100万美元 × (6.65 − 6.8) = −150000元人民币
套期保值后总损益	93100元人民币 − 150000元人民币 = −56900元人民币

3. A企业为中国的一家家具制造企业。作为出口方，A企业于1月份签订了一笔出口合同，约定三个月后交付200万美元价值的家具，而进口方则分两次支付200万美元货款：第一次是三个月后按照合同约定支付120万美元，第二次是在第一次支付完成后一个月再将剩余的80万美元尾款支付完毕。A企业认为未来半年美元兑人民币有贬值的可能，为了避免未来有可能产生的汇率损失，A企业选择分别买入三个月后和四个月后的人民币兑美元远期合约进行风险锁定。A企业在和某金融机构协商之后，分别购入三个月及四个月的人民币兑美元远期合约，对应的美元兑人民币汇率为6.8380和6.8360。则A企业在该合同下的收入为(　　)。

A. 820.56万元　　B. 546.88万元　　C. 1367.44万元　　D. 1369.76万元

2(1)D　(2)A　3C

【解析】未来人民币无论如何升值，对A企业而言，该合同下的收入为$6.8380\times120+6.8360\times80=1367.44$(万元)。

4. A企业为美国一家进出口公司，2016年3月和法国一家贸易商达成一项出口货物订单，约定在三个月后收取对方90万欧元的贸易货款。当时欧元兑美元汇率为1.1306。随着英国脱欧事件发展的影响，使得欧元面临贬值预期。A企业选择了欧元兑美元汇率期权作为风险管理的工具，用以规避欧元兑美元汇率风险。经过分析，A企业选择买入7手执行汇率1.1300的欧元兑美元看跌期权，付出的权利金为11550美元，留有风险敞口25000欧元。

(1)到6月份若欧元兑美元汇率贬值至1.1036，那么与没有买入该期权相比，A企业收入增加了(　　)。

A. 11550美元　　B. 21100美元　　C. 22100美元　　D. 23100美元

【解析】到6月份若欧元兑美元汇率贬值至1.1036，那么A企业到期完全可以执行期权，以欧元兑美元为1.1300的汇率卖出875000欧元，收到$1.1300\times875000=988750$(美元)。如果没有买入该期权，则A企业卖出875000欧元的收入为$1.1036\times875000=965650$(美元)，A企业会减少23100美元的收入。又买入该期权的成本是11550美元，因此最终A企业收入增加了$23100-11550=11550$(美元)。

(2)到6月份，若欧元升值，欧元兑美元即期汇率调整至1.2154，那么与不购买期权相比A企业到期损益为(　　)。

A. 23100美元　　B. 22100美元　　C. －21100美元　　D. －11550美元

【解析】到6月份，若欧元升值，欧元兑美元即期汇率调整至1.2154，A企业到期可以放弃执行期权，最多就是损失了权利金11550美元。

5. 2016年2月1日，中国某企业与欧洲一家汽车公司签订总价300万欧元的汽车进口合同，付款期为三个月，签约时人民币汇率为1欧元＝7.4538元人民币。企业签订合同当天，银行三个月远期欧元兑人民币的报价为7.4238/7.4630。企业以该价格与银行签订外汇远期合同，从而可以在三个月后按1欧元兑7.4630元人民币的价格向银行换入300万欧元用以支付贷款。假设企业签订进口合同并且操作远期结售汇业务后，人民币兑欧元不断贬值，三个月后人民币兑欧元即期汇率已降至1欧元＝8.0510元人民币，与不进行套期保值相比，进行远期结售汇会使企业少支付货款(　　)。

A. 24153000元　　B. 22389000元　　C. 1764000元　　D. 46542000元

【解析】三个月后，企业可以用$300万\times7.4630=22389000$元人民币换入300万欧元，如果不进行套期保值，则企业需用$300万\times8.0510=24153000$元人民币换入300万欧元，则进行远期结售汇会使企业少支付货款$24153000-22389000=1764000$元。

6. 我国某大型工贸公司在2015年5月承包了纳米比亚M76号公路升级项目，合同约定工贸公司可在公路建设阶段分批向项目投入资金，并计划于2016年1月16日正式开工，初始投资资金是2000万美元，剩余资金的投入可根据项目进度决定。考虑到人民币有可能贬值，公司决定与工商银行做一笔远期外汇交易。2015年5月12日，工贸公司与工

4(1)A　(2)D　5C　6A

商行约定做一笔远期外汇交易，金额为2000万美元，期限为8个月，约定的美元兑人民币远期汇率为6.5706。2016年1月，交易到期，工贸公司按照约定的远期汇率6.5706买入美元，卖出人民币。8个月后，工商银行美元兑人民币的即期汇率变为6.5720/6.5735，工贸公司通过远期外汇合约节省(　　)。

A. 5.8万元　　B. 13147万元　　C. 13141.2万元　　D. 13144万元

【解析】工贸公司通过远期外汇合约节省(6.5735 - 6.5706) ×2000 =5.8(万元)。

7. 当前美元兑日元汇率为115.00，客户预期美元兑日元两周后大幅升值，于是买入美元兑日元看涨期权。客户选择以5万美元作为期权面值进行期权交易，客户同银行签订期权投资协议书，确定美元兑日元期权的协定汇率为115.00，期限为两星期，根据期权费率即时报价(例1.0%)交纳期权费500美元(5万×1.0% =500)。

(1)如果期权到期日之前，该期权报价变为1.5%，客户选择卖出手中的这个美元兑日元看涨期权，则投资回报率为(　　)。

A. 50%　　B. 40%　　C. 30%　　D. 20%

【解析】客户卖出手中的这个美元兑日元看涨期权，收取期权费为：50000 ×1.5% =750(美元)，总盈利为：750 -500 =250(美元)，投资回报率为：(250/500) ×100% =50%。

(2)如果客户选择持有该期权到期。到期时美元兑日元即时汇率变为120.00，则客户执行该期权，投资回报率为(　　)。

A. 217%　　B. 317%　　C. 417%　　D. 517%

【解析】如果美元兑日元即时汇率变为120.00，则客户执行该期权，每1美元可获利：120 -115 =5(日元)，5万美元面值共可获利25万日元，在客户选择轧差交割的情况下，则银行将25万日元按到期日即时汇率120.00折成2083.33美元打入客户指定账户(即250000 ÷120≈2083.33美元)，投资回报率为：(2083.33 -500)/500 ×100% ≈317%。

8. 若美国某银行在三个月后应向甲公司支付100万英镑，同时，在一个月后又将收到乙公司另一笔100万英镑的收入，此时，外汇市场汇率如下：

即期汇率：1英镑 =1.5960/1.5970美元(银行的买价/银行的卖价，下同)

一个月远期：1英镑 =1.5868/1.5880美元

三个月远期：1英镑 =1.5729/1.5742美元

该银行先在远期市场上买入三个月后应支付的英镑，再在即期市场上将其卖出。同时，将一个月后要收到的英镑先在远期市场上卖出，并在即期市场上买入。则两笔交易合计每英镑可获得收益(　　)。

A. 0.0218美元　　B. 0.0102美元　　C. 0.0116美元　　D. 0.032美元

【解析】第一笔交易每英镑可得收益1.5960 -1.5742 =0.0218(美元)，第二笔交易每英镑须贴出1.5970 -1.5868 =0.0102(美元)，两笔交易合计每英镑可获得收益0.0116美元。

9. 国内某汽车零件生产企业某日自美国进口价值1000万美元的生产设备，约定3个月后支付货款；另外，2个月后该企业将会收到150万欧元的汽车零件出口货款；3个月后企业还将会收到200万美元的汽车零件出口货款。据此回答以下三题。[2017年5月真题]

7(1)A　(2)B　8C

(1)该企业面临的外汇风险敞口为(　　)。

A. 1000 万美元的应付账款和 150 万欧元的应收账款

B. 1000 万美元的应收账款和 150 万欧元的应付账款

C. 800 万美元的应付账款和 150 万欧元的应收账款

D. 800 万美元的应收账款和 150 万欧元的应付账款

【解析】1000 万美元为 3 个月后的应付账款，150 万欧元为 2 个月后的应收账款，200 万美元为 3 个月后的应收账款，因此外汇风险敞口为应付账款 = 1000 - 200 = 800(万美元)和 150 万欧元的应收账款。

(2)下列说法正确的是(　　)。

A. 若人民币对美元升值，则对该企业有利

B. 若人民币对美元贬值，则对该企业有利

C. 若人民币对欧元升值，则对该企业不利

D. 若人民币对欧元贬值，则对该企业不利

【解析】国内企业面临 800 万美元的应付账款和 150 万欧元的应收账款的外汇风险敞口，若人民币对美元升值，美元相对贬值，则应付账款的压力减小，对该企业有利；若人民币对欧元升值，欧元相对贬值，则应收账款的实际价值减小，对该企业不利。

(3)为了对冲该风险，该企业应该(　　)。

A. 买入远期美元　　B. 卖出远期美元　　C. 买入远期欧元　　D. 卖出远期欧元

【解析】企业面临的风险是未来美元升值，欧元贬值，所以企业应该买入远期美元，卖出远期欧元。

10. 表 7 - 2 为某日银行外汇牌价：(人民币/100 单位外币)

表 7 - 2　某日银行外汇牌价

货币名称	现汇买入价	现汇卖出价	现钞买入价	现钞卖出价	基准价
英镑	1511.37	1520.02	1479.5	1523.51	1520.87
港币	97.96	98.28	97.18	98.33	98.22
美元	766.16	768.57	760.02	769.24	768.33

据此回答以下三题。[2016 年 11 月真题]

(1)当天，客户到该银行以人民币兑换 6000 港币现钞，需要付出(　　)元人民币。

A. 5877.60　　B. 5896.80　　C. 5830.80　　D. 5899.80

【解析】客户到银行以人民币兑换 6000 港币现钞，对于银行而言，采用的是现钞卖出价，则客户需要支付的人民币为：6000 ×98.33/100 =5899.80(元)。

(2)当天，另一位客户到该银行欲将 4000 英镑现钞兑换等值人民币，该客户能兑换(　　)元人民币。

A. 60454.80　　B. 60800.80　　C. 59180.00　　D. 60940.40

【解析】客户到银行将 4000 英镑现钞兑换等值人民币，对于银行而言，采用的是现钞买

9(1)C　(2)AC　(3)AD　10(1)D　(2)C

入价，则该客户能兑换的人民币为：4000×1479.5/100=59180(元)。

(3)当天，一家出口企业到该银行以10000美元即期结汇，可兑换(　　)元等值的人民币。

A. 76616.00　　B. 76857.00　　C. 76002.00　　D. 76024.00

【解析】客户到银行将10000美元即期结汇，对于银行而言，采用的是现汇买入价，则该客户能兑换的人民币为：10000×766.16/100=76616(元)。

---

(3)A

第八章　场外衍生品

一、**单项选择题**（以下各小题所给出的4个选项中，只有1项最符合题目要求，请将正确选项的代码填入括号内）

1. 在期权定价中，需要基于期权存续期间标的资产价格的最大或最小值分布函数的期权类型是（　　）。［2025年5月真题］

A. 回望期权　　B. 美式期权　　C. 远期起点期权　　D. 亚式期权

【解析】回望期权的价值取决于标的资产在期权存续期间的最高值或最低值。

2. 上市公司发行期限为3年的固定利率债券。若一年后市场利率进入下降周期，则（　　）能够降低该上市公司的未来利息支出。［2018年11月真题］

A. 买入利率封底期权　　B. 买入利率互换

C. 发行逆向浮动利率票据　　D. 卖出利率互换

【解析】在利率互换市场中，通常将利率互换交易中固定利息的支付者称为互换买方或互换多方，而将固定利息的收取者称为互换卖方或互换空方。本题中，上市公司预期利率下行，通过互换协议将债券的固定利率转换称为浮动利率。所以，该上市公司处在互换合约中的空方或者卖方的地位。

3. 以下关于利率互换说法正确的是（　　）。［2018年5月真题］

A. 利率互换一般在场内交易　　B. 利率上升时互换买方获得额外收益

C. 固定利率的支付者为互换卖方　　D. 利率互换一般为短期协议

【解析】A项，利率互换是指交易双方约定在未来的一定期限内，对约定的名义本金按照不同的计息方法定期交换利息的一种场外交易的互换协议；C项，在利率互换市场中，通常将利率互换交易中固定利息的支付者称为互换买方，或互换多方，而将固定利率的收取者称为互换卖方或互换空方；D项，企业作为融资活动的主动管理者可以根据自己的判断来选择合适的互换协议期限。

4. 关于上海清算所的铁矿石掉期合约，以下说法错误的是（　　）。

A. 该铁矿石掉期合约是一种铁矿石现货价格指数类衍生品

B. 该铁矿石掉期合约的期限长，最长将近3年

C. 该铁矿石掉期合约采取现货交割

D. 该铁矿石掉期的市场参与者包括投资人、经纪公司、合规交易平台、清算所及其清算会员

【解析】上海清算所的铁矿石掉期合约采用了现金交割，到期时交易双方根据结算价格与远期协议价格之间的差进行现金结算，不涉及现货交割。

5. 进行货币互换的主要目的是（　　）。［2015年样题］

1A　2D　3B　4C　5A

A. 规避汇率风险　　B. 规避利率风险　　C. 增加杠杆　　D. 增加收益

【解析】一般意义上的货币互换由于只包含汇率风险，可以用来管理境外投融资活动过程中产生的汇率风险，而交叉型的货币互换则不仅可以用来管理汇率风险，也可以用来管理利率风险。

6. 下面关于利率互换说法错误的是(　　)。

A. 利率互换是指双方约定在未来的一定期限内，对约定的名义本金按照不同的计息方法定期交换利息的一种场外交易的金融合约

B. 一般来说，利率互换合约交换的只是不同特征的利息

C. 利率互换中存在两边的利息计算都是基于浮动利率的情况

D. 在大多数利率互换中，合约一方支付的利息是基于浮动利率进行计算的，则另一方支付的利息也是基于浮动利率计算的

【解析】D 项，在大多数利率互换中，合约一方支付的利息是基于浮动利率进行计算的，而另一方支付的利息则是基于固定利率计算的。在某些情况下，两边的利息计算都是基于浮动利率，只不过各自参考了不同的浮动利率。

7. 一般情况下，利率互换交换的是(　　)。

A. 相同特征的利息　　B. 不同特征的利息

C. 本金　　D. 本金和不同特征的利息

【解析】利率互换是指交易双方约定在未来的一定期限内，对约定的名义本金按照不同的计息方法定期交换利息的一种场外交易的互换协议。一般来说，利率互换合约交换的只有利息，而不涉及本金的互换，所以将其本金称为名义本金。

8. 如果一家企业获得了固定利率贷款，但是基于未来利率水平将会持续缓慢下降的预期，企业希望以浮动利率筹集资金。所以企业可以通过(　　)交易将固定的利息成本转变成为浮动的利率成本。

A. 期货　　B. 互换　　C. 期权　　D. 远期

【解析】互换是约定交易双方在未来的特定时刻按照既定价格交换一系列现金流的金融衍生协议，是一种典型的场外衍生品。通过互换交易，该企业可以在不改变现有负债结构的同时，将固定的利息支出转变成为浮动的利息支出。

9. 在进行利率互换合约定价时，浮动利率债券的定价基本上可以参考(　　)。

A. 市场价格　　B. 历史价格　　C. 利率曲线　　D. 未来现金流

【解析】浮动利率债券的定价基本上可以参考市场价格，因为市场上有实时的成交价作为参考，而固定利率债券则有固定的未来现金流，所以其定价要依赖于当前的整条利率期限曲线。

10. 某互换利率协议中，固定利率为 7.00%，银行报出的浮动利率为 6 个月的 Shibor 的基础上升水 98BP，那么企业在向银行初次询价时银行报出的价格通常为(　　)。

A. 6.00%　　B. 6.01%　　C. 6.02%　　D. 6.03%

【解析】该企业想通过互换协议将固定利率支付换成浮动利率支付，而固定利率支付是

6D　7B　8B　9A　10C

已经确定了的。所以，给定企业的要求，银行只能通过调整浮动利率的升贴水来反映市场的行情并报出合适的价格。银行报出的价格是在 6 个月 Shibor 的基础上升水 98BP，这个价格换成规范的利率互换报价，相当于 6 月期 Shibor 互换的价格，即 7% －98BP = 6.02%。所以，如果企业向银行初次询价的时候，银行报出的价格通常是 6.02%。

11. 企业结清现有的互换合约头寸时，其实际操作和效果有差别的主要原因是利率互换中(　)的存在。

A. 信用风险　　B. 政策风险　　C. 利率风险　　D. 技术风险

【解析】企业结清现有互换合约头寸的方式有：①出售现有互换合约，相当于期货交易里的平仓；②对冲原互换协议，相当于通过反向交易来锁仓；③解除原有的互换协议，相当于提前协议平仓。这三种方式虽然表面上效果相同，但是实际操作和效果可能有差别，主要的原因在于利率互换交易中信用风险的存在。在第一种方式中，将合约卖出，相当于把自己的合约义务卖给了第三方，而第三方的信用风险情况需要现有合约交易对手评估后才能确定。所以，利用这种方式平仓时，需要获得现有交易对手的同意。在第二种方式中，因为通过建立方向相反的互换合约来锁仓，所以原来合约中的信用风险情况并没有改变。在第三种方式中，因为合约完全解除了，所以原有的信用风险也不存在了，更不会产生新的信用风险。

12. 下列关于货币互换说法错误的是(　　)。

A. 货币互换是指在约定期限内交换约定数量的两种货币本金，同时定期交换两种货币利息的交易协议

B. 期初、期末交换货币通常使用相同汇率

C. 期初交换和期末收回的本金金额通常一致

D. 期初、期末各交换一次本金，金额变化

【解析】D 项，货币互换一般在期初按约定汇率交换两种货币本金，并在期末以相同汇率、相同金额进行一次本金的反向交换。

13. 通过股票收益互换可以实现的目的不包括(　　)。

A. 杠杆交易　　B. 股票套期保值

C. 创建结构化产品　　D. 创建优质产品

【解析】通过股票收益互换，投资者可以实现杠杆交易、股票套期保值或创建结构化产品等目的。例如，股票二级市场的投资者可以利用股票收益互换，从而在不需要实际购买相关股票的情况下，只需支付资金利息就可以换取股票收益，这类似于投资者通过融资买入股票，是一种放大投资杠杆的操作。

14. 企业可以通过多种方式来结清现有的互换合约头寸，其中出售现有的互换合约相当于(　)。

A. 反向交易锁仓　　B. 期货交易里的平仓

C. 提前协议平仓　　D. 交割

【解析】企业可以通过多种方式来结清现有的互换合约头寸：①出售现有的互换合约，

11A　12D　13D　14B

相当于期货交易里的平仓；②对冲原互换协议，相当于通过反向交易来锁仓；③解除原有的互换协议，相当于提前协议平仓。

15. 下列哪种结清现有互换合约头寸的方式可能产生新的信用风险？(　　)

A. 出售现有的互换合约　　B. 对冲原互换协议

C. 解除原有的互换协议　　D. 履行互换协议

【解析】出售现有的互换合约相当于把自己的合约义务卖给了第三方，而第三方的信用风险情况需要现有合约交易对手评估后才能确定，所以可能产生新的信用风险。

16. 下列关于场外期权说法正确的是(　　)。

A. 场外期权是指在证券或期货交易所场外交易的期权

B. 场外期权的各个合约条款都是标准化的

C. 相比场内期权，场外期权在合约条款方面更严格

D. 场外期权是一对一交易，但不一定有明确的买方和卖方

【解析】B 项，相对于场内期权而言，场外期权的各个合约条款都不必是标准化的，合约的买卖双方可以依据双方的需求进行协商确定；C 项，场外期权在合约条款方面更加灵活；D 项，场外期权是一对一交易，一份期权合约有明确的买方和卖方，且买卖双方对对方的信用情况都有比较深入的了解。

17. 当前，我国的中央银行没与下列哪个国家签署货币协议？(　　)

A. 巴西　　B. 澳大利亚　　C. 韩国　　D. 美国

【解析】当前我国的中央银行已经与多个国家签署了货币互换协议，包括韩国、澳大利亚、俄罗斯、巴西等 22 个国家，总金额达到 1.7 万亿元人民币。

18. 利率互换是指交易双方约定在未来一定期限内对约定的(　　)按照不同的计息方法定期交换利息的互换协议。

A. 实际本金　　B. 名义本金　　C. 利率　　D. 本息和

【解析】利率互换是指交易双方约定在未来一定期限内对约定的名义本金按照不同的计息方法定期交换利息的互换协议。一般来说，利率互换合约交换的只有利息，而不涉及本金的互换，所以将其本金称为名义本金。

19. 下列哪项不属于无融资的信用衍生品？(　　)

A. 信用违约互换　　B. 信用利差期权　　C. 信用溢价远期　　D. 信用联结票据

【解析】信用衍生品可以分为两大类，分别是无融资的信用衍生品和融资的信用衍生品。无融资的信用衍生品，是指交易双方直接就约定的第三方信用事件进行交易和现金流交换。其典型代表是信用违约互换，此外还包括总收益互换、信用溢价远期和信用利差期权等。融资的信用衍生品，是指信用衍生品被嵌入债券，最终由债券持有人负担相应的信用风险，如信用联结票据、合成型抵押债务凭证等。

20. 下列关于担保债务凭证的说法不正确的是(　　)。

A. 有一些 CDO 所对应的资产池既包括债券，也包括贷款

15A　16A　17D　18B　19D　20C

B. 在典型的 CDO 结构中，信用资产池的所有者(发起人)把该资产池打包转让给一个特殊目的机构(SPV)

C. 从投资者的角度来看，合成 CDO 与常规 CDO 存在明显的差别

D. 从发起人的角度来看，发起人把资产转让给了 SPV，并得到了 SPV 支付的现金，相当于把资产变现，并调整了其资产负债表的基本结构

【解析】C 项，从投资者的角度来看，合成 CDO 与常规 CDO 没有明显的差别。而从发起人的角度来看，合成 CDO 与常规 CDO 的最大差别在于信用风险转移给 SPV 的方式：在常规 CDO 中，信用风险的转移是通过信用资产的转让实现的；而在合成 CDO 中，信用风险的转移是通过信用衍生品的交易来实现的。

21. 多资产期权往往包含两个或两个以上的标的资产，其典型代表是(　　)。

A. 障碍期权　　B. 回望期权　　C. 亚式期权　　D. 彩虹期权

【解析】常见的奇异期权类别包括：①路径依赖期权，包括亚式期权、远期起点期权、障碍期权和回望期权等；②相关性期权，也称为多资产期权，其典型代表包括交换期权、最优(最差)期权、二元期权、比值期权、彩虹期权等；③其他奇异期权。

二、多项选择题(以下各小题给出的 4 个选项中，至少有 2 项符合题目要求，请将符合题目要求选项的代码填入括号内)

1. 下列哪项属于无融资的信用衍生品？(　　)[2025 年 5 月真题]

A. 信用违约互换　　B. 信用溢价远期

C. 合成型抵押债务凭证　　D. 信用联结票据

【解析】信用衍生品可以分为两大类，分别是无融资的信用衍生品和融资的信用衍生品。无融资的信用衍生品，是指交易双方直接就约定的第三方信用事件进行交易和现金流交换。其典型代表是信用违约互换，此外还包括总收益互换、信用溢价远期和信用利差期权等。融资的信用衍生品，是指信用衍生品被嵌入债券，最终由债券持有人负担相应的信用风险，如信用联结票据、合成型抵押债务凭证等。

2. 关于利率互换，正确的表述是(　　)。[2018 年 5 月真题]

A. 利率互换双方不交换本金

B. 交易双方可以通过互换降低各自成本

C. 可以规避双方可能存在的利率风险

D. 利率水平下降，会提高固定利率支付方的收益

【解析】D 项，如果在未来浮动利率上升，那么支付固定利率的一方将获得额外收益，这相当于看涨利率且在利率上涨后获得收益，对应于金融投资中的买方或多方。

3. 违约互换业务中，企业(　　)将触发 CDS。[2017 年 5 月真题]

A. 员工流失　　B. 有大量应付债券

C. 倒闭　　D. 有大量预付债券

【解析】信用违约互换(CDS)是最基本的信用衍生品合约。根据 ISDA 发布的 2009 年场外衍生品交易主协议和定义文件，信用衍生品合约中的信用事件可以包括：①债务人破产

21D　｜　1AB　2ABC　3BC

或倒闭；②在破产保护条件下进行债务重组；③技术违约；④债券的信用利差超过既定水平；⑤信用评级下调超过既定的水平。其中，技术违约是指债务人无法按时足额地偿还债务的利息。

4. 在交易场外衍生产品合约时，能够实现提前平仓效果的操作有(　　)。[2019 年 5 月真题]

A. 和原合约的交易对手再建立一份方向相反，到期期限相同的合约

B. 和另外一个交易商建立一份方向相反，到期期限相同的合约

C. 利用场内期货进行同向操作

D. 和原合约的交易对手约定以现金结算的方式终止合约

【解析】以互换头寸的处理为例，企业结清现有的互换合约头寸的主要方法有：①出售现有的互换合约；②对冲原互换协议；③解除原有的互换协议。

5. 比较具有代表性的奇异期权有(　　)。

A. 障碍期权　　B. 回望期权　　C. 牛市期权　　D. 蝶式期权

【解析】当前的金融市场中，奇异期权种类繁多，不同种类之间并非泾渭分明。常见的奇异期权类别包括：①路径依赖期权，包括亚式期权、远期签发期权、障碍期权和回望期权等；②相关性期权，也称为多资产期权，其典型代表包括交换期权、最优(最差)期权、二元期权、比值期权、彩虹期权等；③其他奇异期权。

6. 下列对场外股指期权合约的说法，正确的是(　　)。

A. 合约标的是股票价格指数，需要将指数转化为货币计量

B. 合约基准价是根据提出需求的一方决定的

C. 合约乘数的大小不是根据提出需求的一方决定的

D. 合约乘数的大小决定了提出需求的一方对冲现有风险时所需要的合约总数量

【解析】C 项，因为该合约是专门针对甲方需求而设计的，所以合约乘数可以根据甲方的要求而设定，以便甲方根据所要对冲风险的总量来确定所需要的合约数量。

7. 固定对浮动、浮动对浮动形式的货币互换是(　　)的组合。

A. 利率互换　　B. 货币互换　　C. 商品互换　　D. 信用互换

【解析】固定对浮动、浮动对浮动形式的互换同时涉及汇率风险和利率风险，相当于包含了利率互换，是利率互换和货币互换的组合。所以，一般将以上两种类型互换称为交叉型货币互换。

8. 下列对于互换协议作用说法正确的有(　　)。

A. 对资产负债进行风险管理　　B. 构造新的资产组合

C. 对利润表进行风险管理　　D. 对所有者权益进行风险管理

【解析】通过将互换协议与现有的资产或者负债相结合，一方当事人可以改变资产或负债组合未来现金流的特征，从而改变资产或负债组合的风险/收益特征。所以，互换协议可以用来管理资产或负债的风险，也可以用来构造新的资产组合。

4ABD　5AB　6ABD　7AB　8AB

9. 下列关于解除原有互换协议说法正确的是(　　)。

A. 解除原有互换协议时，由不希望提前结束的一方提供一定的补偿

B. 解除原有互换协议时，由希望提前结束的一方提供一定的补偿

C. 解除原有互换协议时，协议双方都不需提供补偿

D. 解除原有互换协议时，可以协议将未来的现金流贴现后进行结算支付，提前实现未来的损益

【解析】在解除原有互换协议时，通常由希望提前结束的一方提供一定的补偿，或者协议将未来的现金流贴现后进行结算支付，提前实现未来的损益，使得原有的互换协议完全解除。

10. 场外期权设计的约束条件基本上可以分为(　　)。

A. 标的资产相关的金融市场行情

B. 可交易的金融资产或工具

C. 买方的预算

D. 交易成本、市场流动性以及做空交易相关限制

【解析】识别约束条件是指识别影响期权定价和交易的外部市场条件以及客户的预算约束。具体而言，主要包括：①金融市场中可交易的金融资产或者工具，以及交易成本、市场流动性以及做空交易相关限制等；②标的资产相关的金融市场行情，包括标的资产的价格水平和波动率水平，以及与期权定价和对冲密切相关的市场利率水平；③识别客户的预算约束。

11. 如果买方拟通过场外期权进行风险管理，则在设计场外期权时，卖方需要明确买方(　　)。

A. 面临的风险　　　　B. 所需的对冲程度

C. 风险承受能力　　　　D. 变动预期

【解析】明确客户需求是指金融机构要明确客户参与场外期权交易的基本需求。总体而言，客户需求可以分为两类，分别是对冲风险和投资。面对对冲风险的需求，金融机构应明确客户现有资产组合的风险因子以及要对冲哪些风险因子、要对冲的标的资产价格区间以及对冲的规模。

12. 场外期权一方通常根据另一方的特定需求来设计场外期权合约。通常把提出需求的一方称为甲方，下列关于场外期权的甲方说法正确的有(　　)。

A. 甲方只能是期权的买方

B. 甲方可以用期权来对冲风险

C. 甲方无法通过期权承担风险来谋取收益

D. 假如通过场内期权，甲方满足既定需求的成本更高

【解析】A 项，在场外期权交易中，提出需求的一方既可以是期权的买方，也可以是期权的卖方；C 项，甲方可通过期权实现两类需求：对冲风险和通过承担风险来谋取收益。

9BD　10ABCD　11AB　12BD

13. 下列关于各奇异期权结构的说法，正确的是(　　)。

A. 路径依赖期权只依赖于标的资产在期权到期时的价格

B. 远期起点期权在生效时是平值期权

C. 若障碍期权只有在障碍水平被触及或者说被触发时才生效，则该期权属于敲出障碍期权

D. 回望期权的价格通常高于同等条款下普通期权的价格

【解析】A 项，路径依赖期权的主要特征是期权价值依赖于标的资产价格从期权生效直至到期的时间内走过的路径。C 项，若期权只有在障碍水平被触及或者说被触发时才生效，则该期权属于敲入障碍期权。

14. 下列属于场外期权条款的项目的有(　　)。

A. 合约到期日　B. 合约基准日　C. 合约乘数　D. 合约标的

【解析】场外期权合约的条款主要有：合约基准日、合约到期日、合约标的、合约乘数、合约基准价、乙方义务、甲方义务等。

15. 下列关于场外期权的说法，正确的是？(　　)

A. 场外期权是一对一交易

B. 场外期权的各个合约条款都是标准化的

C. 场外期权的期权结构只有奇异期权机构

D. 场外期权的非标准化体现为其丰富而复杂的期权结构

【解析】B 项，场外期权的各个合约条款都不必是标准化的，交易双方可以基于各自的需求和条件进行协商确定；C 项，在实践中，有一些场外期权采用普通欧式或美式期权的结构，但是采用奇异期权结构的场外期权更为普遍。

16. 信用衍生品挂钩于特定的债务人发行的债券或者债务，该债务人可以是(　　)。

A. 主权国家的政府　B. 实体企业

C. 特殊目的机构　D. 个人

【解析】信用衍生品挂钩于特定的债务人发行的债券或者债务，也称为参考实体。该债务人既可以是某个主权国家的政府，也可以是市场经济中的金融机构或者是实体企业，甚至可以是一些特殊目的机构。

17. 银行是信用衍生品的主要参与者，其参与信用衍生品的原因主要有(　　)。

A. 承担信用风险并获取收益　B. 实现信用资产组合的分散化

C. 降低特定的信用风险暴露　D. 充当信用衍生品的做市商或者交易商

【解析】从当前的金融市场情况看，银行是信用衍生品的主要参与者。其参与信用衍生品的原因主要有三个：①实现信用资产组合的分散化；②降低特定的信用风险暴露；③充当信用衍生品的做市商或者交易商。

18. 下列关于信用风险和信用衍生品的说法正确的是(　　)。

A. 只有少数几个主权国家的政府债务是不存在信用风险的，而其他经济主体则都存在不同程度的信用风险

13BD　14ABCD　15AD　16ABC　17BCD　18ACD

B. 在成熟的金融市场中，只有投资银行、商业银行、保险公司和实体企业可以参与信用衍生品交易

C. 信用风险或来自于公司债券，或来自于非 AAA 级主权债券，也有可能来自于普通的商业贷款

D. 金融机构进行信用衍生品的交易，要么是为了对冲已有的信用风险暴露，要么是为了额外的信用风险暴露

【解析】B 项，在成熟的金融市场中，包括投资银行、商业银行、保险公司、实体企业、共同基金和对冲基金在内的众多机构都有可能参与信用衍生品的交易。

19. 下列关于利率互换计算过程的说法，正确的有(　　)。

A. 对于支付浮动利率的一方，合约价值为浮动利率债券价值

B. 对于支付固定利率的一方，合约价值为浮动利率债券价值减去固定利率债券价值

C. 对于支付浮动利率的一方，合约价值为固定利率债券价值减去浮动利率债券价值

D. 浮动利率债券的价值可以用新的对应期限的折现因子对未来收到的利息和本金现金流进行贴现

【解析】对于支付固定利率的一方，合约价值为浮动利率债券价值(B_{fl})减去固定利率债券价值(B_{fix})；对于支付浮动利率的一方，合约价值为固定利率债券价值(B_{fix})减去浮动利率债券价值(B_{fl})。计算固定利率债券的价值 B_{fix} 只要用新的对应期限的折现因子对未来收到的利息和本金现金流进行贴现即可。

20. 公式

$$R_{fix} = \left(\frac{1 - Z_n}{Z_1 + Z_2 + \cdots + Z_n}\right) \cdot m$$

可以用来计算(　　)。

A. 权益互换固定利率　　B. 股指期权价值

C. 权益证券价值　　D. 利率互换固定利率

【解析】B 项，期权定价可用 B－S－M 模型；C 项，权益证券价值计算公式为：

$$V_{\text{equity}} = \frac{\text{当前价格}}{\text{上一次互换价格}} \times \text{名义本金}$$

三、判断题(判断以下各小题的对错，正确的用 A 表示，错误的用 B 表示)

1. 股票收益互换通常能够让投资者实现套期保值的目的。(　　)

【解析】通过股票收益互换，投资者可以实现杠杆交易、股票套期保值或创建结构化产品等目的。

2. 信用违约互换(CDS)交易中，标的违约率越高，买方支付的保费越少。(　　)[2017 年 5 月真题]

【解析】信用违约互换支付的费用与该参考实体的信用水平相关，其信用利差越高，支付的费用越高。

3. 在利率互换业务中，多头为固定利率的支付方。(　　)[2016 年 11 月真题]

19BC　20AD　▎　1A　2B　3A

【解析】在利率互换市场中，通常将利率互换交易中固定利息的支付者称为互换买方或互换多方，而将固定利息的收取者称为互换卖方或互换空方。

4. 互换可以用来增加交易中的杠杆。(　　)[2015 年 7 月真题]

【解析】通过股票收益互换，投资者可以实现杠杆交易、股票套期保值或创建结构化产品等目的。

5. 互换协议是约定两个或两个以上的当事人在将来交换一系列现金流的协议，是一种典型的场内衍生产品。(　　)

【解析】互换是约定交易双方在未来的特定时刻按照既定价格交换一系列现金流的金融衍生协议，是一种典型的场外衍生品。

6. 在场外衍生品市场中，远期协议是交易规模最大的。(　　)

【解析】在场外衍生品市场中，互换协议的交易规模最大。这主要是因为它具有其他场外衍生品所不具有的特征。相对于远期协议而言，一份远期协议通常只约定一次现金流的交换，而互换协议则可以约定多次现金流的互换，可省却多次交易的麻烦。相对于场外期权而言，互换协议的定价是线性的，结构更加简单，也更易于定价，所以更受用户偏爱。

7. 人民币对外币的货币互换，既交换人民币与外汇的本金，又交换两种货币的利息。(　　)[2015 年 3 月真题]

【解析】货币互换是交易双方在约定期限内交换既定数量的两种货币本金，同时定期交换两种货币利息的互换协议。

8. 央行货币互换的运作机制可以有效规避汇率风险，降低汇兑费用。(　　)

【解析】央行货币互换的运作机制是中央银行将通过互换协议而得到的外币注入本国金融体系，使得本国的商业机构可以从本国金融机构借入对方国家的货币并用于支付从对方国家进口的商品，这样，在双边贸易中出口企业将会收到本币货款，从而可以有效规避汇率风险，降低汇兑费用。

9. 股票二级市场的投资者可以利用股票收益互换，从而在不需要实际购买相关股票的情况下，只需支付资金利息就可以换取股票收益。(　　)

【解析】通过股票收益互换，投资者可以实现杠杆交易、股票套期保值或创建结构化产品等目的。例如，股票二级市场的投资者可以利用股票收益互换，从而在不需要实际购买相关股票的情况下，只需支付资金利息就可以换取股票收益，这类似于投资者通过融资买入股票，是一种放大投资杠杆的操作。

10. 相对于远期协议而言，互换协议只涉及一次现金流的交换。(　　)

【解析】一份远期协议通常只涉及一次现金流的交换，而互换协议则可以约定多次现金流的互换。

11. 如果两个非金融企业之间在融资方面没有比较优势时，可以通过订立互换协议来降低双

4A　5B　6B　7A　8A　9A　10B　11B

方的融资成本。( )

【解析】一般情况下，如果两个非金融企业之间在融资方面有比较优势，那么通过订立互换协议，可以同时降低双方的融资成本。

12. 交易对手协议提前结束互换时，双方的权利和义务可以继续行使和遵守。( )

【解析】交易对手协议提前结束互换，双方的权利义务同时撤销。

13. 央行货币互换通常用于国际金融市场中的小币种。( )

【解析】央行货币互换通常用于国际金融市场中的小币种，这是因为相对于美元、欧元、日元等主要币种，小币种的使用量比较低，比较容易受到流动性冲击。如果要求商业银行去为这些小币种提供远期或者互换等衍生品服务，交易成本会很高。

14. 固定对固定的货币互换既涉及利率波动风险又涉及汇率风险。( )

【解析】因为固定对固定的货币互换所交换的利息数额是确定的，不涉及利率波动风险，只涉及汇率风险，所以这种形式的互换是一般意义上的货币互换。

15. 在股票收益互换中，在期初和期末标的股票或股指会发生交割。( )

【解析】股票收益互换合约所交换的两个系列的现金流，其中一系列挂钩于某个股票的价格或者某个股票价格指数，而另一系列现金流则挂钩于某个固定或浮动的利率，也可以挂钩于另外一个股票或股指的价格。此外，在股票收益互换中，通常约定无本金交割，即期初和期末标的股票或股指都不会发生交割。

16. 相比场内期权，场外期权在合约条款方面并不灵活。( )

【解析】场外期权是在证券或期货交易所之外交易的期权。相对于交易所内的标准化期权而言，场外期权的各个合约条款都不必是标准化的，交易双方可以基于各自的需求和条件进行协商确定。因此，场外期权在合约条款方面更加灵活。

17. 有的 CDO 按照优先、中间和权益级进行划分，权益级的信用评级可能为 B 或 BB，风险最高。( )

【解析】有的 CDO 按照优先、中间和权益级来分，优先级的 CDO 的信用评级是 AAA，风险最低；中间级的评级则可能是 B 或者 BB；权益级则没有信用评级，风险最高。

18. CDS 的卖方在获得费用的同时承担了参考实体的市场风险，并在参考实体发生违约时向买方支付相当于名义金额减去回收金额之外的损失。( )

【解析】CDS 与保险很类似，投资者买入 CDS，相当于投了保险，当风险事件(信用事件)发生时，投资者就获得赔偿。CDS 的卖方在获得费用的同时承担了参考实体的信用风险，并在参考实体发生违约时向买方支付相当于名义金额减去回收金额之外的损失。

19. 在给多资产期权定价时，资产组合中各个资产之间的相关性不会影响期权价格。( )

【解析】相关性期权也称为多资产期权，其收益受到至少两个标的资产的影响。标的资产既可以同属一类资产，如权益类，也可以属于不同种类的资产，如权益类与大宗商品

12B 13A 14B 15B 16B 17B 18B 19B

类。正因有多个标的资产的价格变化影响期权的价值，所以标的资产之间的相关系数在期权定价中扮演着重要的角色。

四、综合题（以下各小题所给出的4个选项中，至少有1项符合题目要求，请将正确选项的代码填入括号内）

1. 中国的某家公司开始实施“走出去”战略，计划在美国设立子公司并开展业务。但在美国影响力不够，融资困难。因此该公司向中国工商银行贷款5亿元，利率5.65%。随后该公司与美国花旗银行签署一份货币互换协议，期限5年。协议规定在2018年9月1日，该公司用5亿元向花旗银行换取0.8亿美元，并在每年9月1日，该公司以4%的利率向花旗银行支付美元利息，同时花旗银行以5%的利率向该公司支付人民币利息。到终止日，该公司将0.8亿美元还给花旗银行，并回收5亿元。据此回答以下两题。

(1)计算每年支付利息的时候，中国公司需要筹集(　　)万美元资金来应对公司面临的汇率风险？

A. 320　　B. 330　　C. 340　　D. 350

【解析】从上述数据中可以算出公司为应对汇率风险所需筹集的资金 = 8000 × 4% = 320(万美元)。

(2)假设货币互换协议是以浮动利率计算利息，在项目期间美元升值，则该公司的融资成本会怎么变化？(　　)

A. 融资成本上升　　B. 融资成本下降　　C. 融资成本不变　　D. 不能判断

【解析】美元升值，那么该公司所支付利息的美元价值上升，则筹集相同美元所需的人民币更多，融资成本上升。

2. 甲乙双方签订一份场外期权合约，在合约基准日确定甲现有的资产组合为100个指数点。未来指数点高于100点时，甲方资产组合上升，反之则下降。合约乘数为200元/指数点，甲方总资产为20000元。据此回答以下两题。

(1)要满足甲方资产组合不低于19000元，则合约基准价格是(　　)点。

A. 95　　B. 96　　C. 97　　D. 98

【解析】合约基准价格 = 100 × (1 − 下跌幅度) = 100 × [1 − (20000 − 19000)/20000] = 95(点)。

(2)假设未来甲方预期资产价值会下降，购买一个欧式看跌期权，行权价为95，期限1个月，期权的价格为3.8个指数点。假设指数跌到90，则到期甲方资产总的市值是(　　)元。

A. 500　　B. 18316　　C. 19240　　D. 17316

【解析】甲方购买一个看跌期权，期权价格 = 3.8 × 200 = 760(元)，初始资产组合价格 = 20000 − 760 = 19240(元)；指数跌到90，期权的市值 = 200 × (95 − 90) = 1000(元)；期末资产组合价格 = 19240 × 90/100 = 17316(元)；总的资产市值等于期末资产组合价格加上期权市值 = 17316 + 1000 = 18316(元)。

3. 某投资银行通过市场观察，目前各个期限的市场利率水平基本上都低于3个月前的水平，

1(1)A　(2)A　2(1)A　(2)B

而3个月前，该投资银行作为债券承销商买入并持有了3个上市公司分别发行的固定利率的次级债X、Y和Z，信用级别分别是BBB级、BB级和CC级，期限分别为4年、5年和7年，总规模是12.8亿美元。为了保护市场利率水平下行所带来的债券价值上升，该投资银行发起了合成CDO项目。

(1)下列关于CDO总规模的设定哪项是合理的？(　　)

A. 10亿美元　　B. 13亿美元　　C. 16亿美元　　D. 18亿美元

【解析】CDO的总规模要以基础资产池的总规模为限。在案例中，投资银行所持有的公司债券规模为12.8亿美元，所以以此为基础资产而发行CDO时，CDO的面值不能超过12.8亿美元，因此只有10亿美元的规模是合理的。

(2)下列关于CDO期限的设定哪项是合理的？(　　)

A. 3年　　B. 5年　　C. 7年　　D. 9年

【解析】CDO的期限不应该超过基础资产的期限。作为基础资产的3只债券的剩余期限都大于3年，所以把CDO的期限设定为3年是合理的。

4. 期货公司为某机构设计了一款场外期权产品，以便对其进行风险管理，表8-1是这款场外期权合约的主要条款：

表8-1　某场外期权合约的主要条款

项目	条款
合约甲方	某机构
合约乙方	期货公司
合约基准日	2022年10月28日
合约到期日	2022年12月28日
合约标的	以甲方资产组合中的26只股票为成分股，其权重由甲方给定而构造出来的指数。 指数基准点的确定方式是在合约基准日为100点。
合约乘数	300元/指数点
合约基准价格	96.2点
合约结算价格	合约到期日标的指数的点位
乙方义务	在合约到期日，如果合约结算价格低于合约基准价格，乙方须向甲方支付一笔额度为“合约乘数×(合约基准价格-合约结算价格)”的现金；如果合约结算价等于或高于合约基准价格，乙方无须向甲方支付任何资金。
甲方义务	在合约基准日，甲方须向乙方支付一笔额度为550元的费用。

根据以上信息，回答以下四题。

(1)这款产品中所含的期权是(　　)

A. 行权价为100的看涨期权　　B. 行权价为100的看跌期权

C. 行权价为96.2的看涨期权　　D. 行权价为96.2的看跌期权

【解析】指数价格下跌跌破既定的基准价96.2，甲方获得低于基准部分的收益，所以这是一个看跌期权，行权价就是合约规定的基准价。

3(1)A　(2)A　4(1)D

(2)合约甲方所持有的期权头寸是(　　)

A. 看涨期权多头　　B. 看涨期权空头　　C. 看跌期权多头　　D. 看跌期权空头

【解析】乙方的义务就是甲方的权利，即甲方拥有上面提到的看跌期权。

(3)合约中的期权在合约建立时处于的价值状态是(　　)

A. 实值　　B. 平值　　C. 虚值　　D. 无法确定

【解析】合约刚开始建立时，指数的点位是100，而看跌期权的行权价则是96.2，所以这是一个虚值期权。

(4)假设到期日合约的结算价格为98.2，则这时的现金流状况是(　　)

A. 甲方向乙方支付现金540元　　B. 乙方向甲方支付现金600元

C. 甲方向乙方支付现金600元　　D. 甲乙双方无现金流动，合约自然失效

【解析】结算价没有低于96.2，所以乙方没有履约义务，即到期时没有现金流发生(甲方不行权)。

---

(2)C　(3)C　(4)D

第九章　结构化产品

一、单项选择题(以下各小题所给出的4个选项中，只有1项最符合题目要求，请将正确选项的代码填入括号内)

1. 保本型股指联结票据是由固定收益证券与股指期权组合构成的，其中的债券可以看作是(　　)。

A. 附息债券　　B. 零息债券　　C. 定期债券　　D. 永续债券

【解析】结构最简单的保本结构由无风险的零息债券和普通期权多头构建。

2. 以沪深300指数为标的的结构化产品的期末价值结算公式是：价值 = 面值 × {110% + 150% × max[-30%，min(0，指数收益率)]}。该产品中的保本率是(　　)。[2015年11月真题]

A. 74%　　B. 120%　　C. 65%　　D. 110%

【解析】当指数收益率小于 -30% 时，该结构化产品的期末价值将被锁定为：110% + 150% × (-30%) = 65%，所以保本率为65%。

3. (　　)使得产品的固定收入部分明显高于市场同期和同信用级别固定收益证券的利息收入。

A. 保本结构　　B. 收益增强结构　　C. 自动赎回结构　　D. 双赢结构

【解析】收益增强结构是指产品在获得内嵌的固定收益证券所带来的利息收益之外，还通过期权净空头或其他结构来获得收入，二者叠加使得产品的固定收入部分明显高于市场同期和同信用级别固定收益证券的利息收入。

4. 在结构最简单的保本结构中，为了保证到期时投资者回收的本金不低于初始投资本金，零息债券与投资本金的关系是(　　)。

A. 零息债券的面值 > 投资本金　　B. 零息债券的面值 < 投资本金

C. 零息债券的面值 = 投资本金　　D. 零息债券的面值 ≥ 投资本金

【解析】结构最简单的保本结构由无风险的零息债券和普通期权多头构建。为了保证到期时投资者回收的本金不低于初始投资本金，产品所配置的固定收益证券在产品到期时的价值等于产品本身的初值。

5. 对于发行者而言，设计双赢结构的一个关键点在于设定敲入/敲出障碍水平，该水平的设置必须满足的公式是(　　)。

A. 浮动收益证券利息 - 向下敲入看跌期权价格 = 向下敲出跨式组合的价格

B. 浮动收益证券利息 + 向下敲入看跌期权价格 = 向下敲出跨式组合的价格

C. 固定收益证券利息 - 向下敲入看跌期权价格 = 向下敲出跨式组合的价格

D. 固定收益证券利息 + 向下敲入看跌期权价格 = 向下敲出跨式组合的价格

1B　2C　3B　4C　5D

【解析】对于发行者而言，设计双赢结构的一个关键点在于设定敲入/敲出障碍水平，该水平的设置必须满足的公式是：固定收益证券利息 + 向下敲入看跌期权价格 = 向下敲出跨式组合的价格。其中的固定收益证券的资金配置比例必须保证产品到期时等于投资的本金。

6. 利率类结构化产品中的金融衍生工具不能以(　　)为标的。

A. 基准利率　　B. 互换利率　　C. 债券价格　　D. 股票价格

【解析】利率类结构化产品同样是由固定收益证券和金融衍生工具构成，其中的金融衍生工具以基准利率、互换利率、债券价格或者债券价格指数等利率类变量为标的。

7. 区间浮动利率票据是普通债券与(　　)的组合。

A. 利率期货　　B. 利率期权　　C. 利率远期　　D. 利率互换

【解析】区间浮动结构化产品是普通债券与利率期权的组合。具体而言，区间浮动结构化产品是利息支付联结于某个市场基准利率的浮动利率债券，而且，产品的息票率具有上下浮动界限，如最高不超过10%，最低不低于5%。

8. 当金融市场的名义利率比较______，而且收益率曲线呈现较为______的正向形态时，追求高投资收益的投资者通常会选择区间浮动利率票据。(　　)

A. 低；陡峭　　B. 高；陡峭　　C. 低；平缓　　D. 高；平缓

【解析】当金融市场的名义利率比较低，而且收益率曲线呈现较为陡峭的正向形态时，追求高投资收益的投资者通常会选择区间浮动利率票据。区间浮动利率票据实际上相当于普通的浮动利率票据以及利率上限期权空头和利率下限期权多头的组合，这样的结构在正收益率曲线较陡峭时能产生比较高的投资收益。

9. 反向双货币债券与双货币债券的最大区别在于，反向双货币债券中(　　)。

A. 利息以本币计价并结算，本金以本币计价并结算

B. 利息以外币计价并结算，本金以本币计价并结算

C. 利息以外币计价并结算，本金以外币计价并结算

D. 利息以本币计价并结算，本金以外币计价并结算

【解析】反向双货币结构化产品与双货币结构化产品的结构类似，两者最大的区别在于，反向双货币结构化产品中利息收入是以外币计价并结算的，而本金则是以本币计价并结算的。因此，投资者的风险敞口只体现在利息收入上，风险敞口是比较小的。

10. 对于固定利率支付方来说，在利率互换合约签订时，互换合约价值(　　)。[2015 年 7 月真题]

A. 小于零　　B. 不确定　　C. 大于零　　D. 等于零

【解析】利率互换合约可以看作面值等额的固定利率债券和浮动利率债券之间的交换。签订之初，固定利率债券和浮动利率债券的价值相等，互换合约的价值为零。但是，随着时间的推移，利率期限结构会发生变化，两份债券的价值不再相等，因此互换合约价值也将不再为零。

6D　7B　8A　9B　10D

11. 下列利率类结构化产品中，不属于内嵌利率远期结构的是(　　)。

A. 区间浮动利率结构　　B. 超级浮动利率结构

C. 正向浮动利率结构　　D. 逆向浮动利率结构

【解析】根据结构化产品内嵌的金融衍生工具的不同，利率类结构化产品通常包括内嵌利率远期的结构和内嵌利率期权的结构。前者包括正向/逆向浮动利率结构、超级浮动利率结构等，后者则包括利率封顶浮动利率结构以及区间浮动利率结构等。

二、多项选择题(以下各小题给出的4个选项中，至少有2项符合题目要求，请将符合题目要求选项的代码填入括号内)

1. 关于保本型股指联结票据说法无误的有(　　)。

A. 其内嵌的股指期权可以是看涨期权

B. 其内嵌的股指期权可以是看跌期权

C. 当票据到期时，期权的价值依赖于当时的股指行情走势

D. 票据内嵌期权的类型由发行者决定

【解析】D项，在设计结构化产品的标的资产、种类、潜在风险和收益等属性时，发行人都应该考虑客户的需求和客户对市场行情的期待。

2. 对发行者而言，保本型股指联结票据产品的设计需要考虑的因素有(　　)。

A. 客户需求　　B. 期权的价格

C. 发行产品的成本　　D. 收益

【解析】对发行人而言，设计保本结构化产品时要在外部市场环境、客户需求和业务经营等方面达成平衡。外部市场环境主要包括各类金融资产的价格水平，到期收益率水平和期权的价格水平都属于外部环境。业务经营方面则是指发行人在设计和发行产品时要充分考虑自身在该项业务中的经营成本和费用。

3. 向上敲出看涨期权的定价受哪些因素的影响？(　　)

A. 标的资产　　B. 向上敲出水平　　C. 剩余期限　　D. 利率

【解析】向上敲出看涨期权的定价比普通的看跌期权复杂，除了标的资产、行权价格、波动率、利率和剩余期限、分红等因素外，还受到向上敲出水平的影响。在其他条件相同的情况下，向上敲出欧式看涨期权的价格要低于普通欧式看涨期权的期权，而且，敲出障碍水平越接近行权价格，则该障碍期权价格越低。

4. 根据结构化产品内嵌的金融衍生工具的不同，利率类结构化产品通常包括(　　)。

A. 内嵌利率远期的结构　　B. 内嵌利率期权的结构

C. 内嵌利率期货的结构　　D. 内嵌利率互换的结构

【解析】根据结构化产品内嵌的金融衍生工具的不同，利率类结构化产品通常包括内嵌利率远期的结构和内嵌利率期权的结构。其中，互换合约相当于一系列的远期合约。所以内嵌利率互换的利率类结构化产品可以归类到内嵌利率远期的结构中。

5. 利率类结构化产品中的内嵌利率远期结构包括(　　)。

A. 正向/逆向浮动利率票据　　B. 利率封顶浮动利率票据

11A ▌ 1ABC 2ABCD 3ABCD 4AB 5AD

C. 区间浮动利率票据　　　　　　　　　D. 超级浮动利率票据

【解析】根据结构化产品内嵌的金融衍生工具的不同，利率类结构化产品通常包括内嵌利率远期的结构和内嵌利率期权的结构。前者包括正向/逆向浮动利率结构、超级浮动利率结构等，后者则包括利率封顶浮动利率结构以及区间浮动利率结构等。

6. 在哪些情况下，逆向浮动利率票据将给投资者带来较高的收益？(　　)

A. 利率处于上升趋势中　　　　　　　B. 利率处于下降趋势中

C. 正收益率曲线　　　　　　　　　　D. 负收益率曲线

【解析】从投资者的角度来看，逆向浮动利率票据的收益特征与传统的浮动利率票据的收益特征刚好相反。在以下两种情况下，逆向浮动利率票据将给投资者带来较高的收益：①利率处于下降趋势中，这时固定利率债券的价值和利率互换合约的价值都将上升；②正收益率曲线，此时利率互换合约将给投资者带来正利差。

7. 汇率类结构化产品有(　　)两种基本结构。

A. 双货币结构　　　　　　　　　　　B. 汇率联动期权结构

C. 货币联结结构　　　　　　　　　　D. 指数货币结构

【解析】汇率类结构化产品的投资收益挂钩于汇率变化，即产品利息收入或本金偿还都受到汇率变化的影响。汇率类结构化产品有两种基本结构，即双货币结构以及汇率联动期权结构。

8. 双货币债券可以分解成为两类基本的金融工具，分别是(　　)。

A. 以本币计价的固定利率债券　　　　B. 以外币计价的固定利率债券

C. 外汇期权合约　　　　　　　　　　D. 外汇远期合约

【解析】双货币结构化产品可以分解成为两类基本的金融工具，分别是：①一份普通的、以本币计价的固定利率债券；②一份或多份外汇远期合约。其中，普通的固定利率债券保证了双货币结构化产品能够为投资者带来固定的、以本币计价的利息收入，而外汇远期合约则可以在该债券发行时确定以本币表示债券本金在未来所对应的外币数量。

9. 下列关于汇率类结构化产品的说法中正确的是(　　)。

A. 在双货币结构中，如果本币贬值了，则投资该双货币债券的实际收益率就比较低

B. 双货币债券对于那些持有人民币资产、追求稳健投资但又不愿意提早将人民币卖出的投资者而言，是有较大吸引力的

C. 若投资者只期望获得标的资产价格本身变动所带来的收益，而不愿意承担汇率风险的变动，则应该选择具有数量调整期权结构的产品

D. 反向双货币结构化产品中，投资者的风险敞口只体现在利息收入上，风险敞口较小

【解析】A 项，当双货币结构化产品到期时，可通过执行外汇远期合约，获得确定数量的外币，并在当时的即期市场中将其换回本币。这样，双货币结构化产品的本金偿还就受到期末时即期汇率的影响。如果本币贬值了，则可以换回更多的本币，投资该双货币结构化产品的实际收益率就比较高。

6BC　7AB　8AD　9BCD

三、判断题（判断以下各小题的对错，正确的用 A 表示，错误的用 B 表示）

1. 双货币债券的本金以一种货币支付，利息以另一种货币支付，该结构能对冲汇率风险。（ ）［2025 年 5 月真题］

【解析】双货币结构仍面临汇率波动导致的本金或利息兑换损失，需结合外汇对冲工具（如远期合约）才能有效对冲风险。

2. 收益增强类结构化产品能够提供高于市场同期的利率，因此其优点是收益高风险小。（ ）［2020 年 11 月真题］

【解析】对投资者而言，收益增强结构的最大优势是能产生较高的固定现金流入，产品支付的利息明显高于同期限同信用等级的固定收益证券的利息。但是，产品本身存在一定的风险。通常情况下，产品本身是无法实现 100% 保本。收益增强程度较高，意味着所卖出的期权价格较高。这意味着期权的实值程度较高（虚值程度较低）或者期限较长，总体而言风险较大。

3. 收益增强型股指联结票据为了产生较高的利息，通常需要在票据中嵌入股指期权空头或者价值为负的远期合约。（ ）［2018 年 11 月真题］

【解析】收益增强型股指联结票据具有收益增强结构，使得投资者从票据中获得的利息率高于市场同期的利息率。为了产生高出的利息现金流，通常需要在票据中嵌入股指期权空头或者价值为负的股指期货或远期合约，其中期权空头结构最为常用。期权空头使得投资者获得期权费收入，将该收入叠加到票据的利息中，就产生了更高的利息流，即所谓的收益增强。

4. 由于结构化产品通常都是到期才结算的，所以在产品持有期间发行方不需要调整风险对冲的头寸。（ ）［2018 年 5 月真题］

【解析】基于现有的外部市场环境来对结构化产品的条款进行调整的方式有多种，可以调整每份合约对应的期权份数（调整参与率），可以调整内嵌期权的行权价（涨幅超过一定水平才能给产品带来额外收益），可以调整产品的最大获利幅度等。因此，在产品持有期间，风险对冲的头寸也应根据结构化产品的风险暴露进行相应调整。

5. 收益增强型结构化产品不含有保本条款。（ ）［2015 年样题］

【解析】保本结构是将固定收益证券与以权益类资产为标的的期权结构多头组合而成。如果将其中的期权结构多头改为空头，则可以得到收益增强型结构化产品。

6. 雪球期权是典型的权益类结构化产品。（ ）

【解析】权益类结构化产品包括保本结构、收益增强结构、自动赎回结构和双赢结构等典型的权益类结构化产品的构造。既有收益增强，也有自动赎回结构的产品被称为雪球期权。

7. 收益增强型股指联结票据是为那些风险厌恶程度较高的投资者而设计的。（ ）

【解析】对投资者而言，保本结构化产品既可以规避投资亏损的风险，又可以通过产品中配置的期权结构来获得标的资产价格变动所带来的收益。保本结构对于风险厌恶型的投

1B　2B　3A　4B　5A　6A　7B

资者尤其是个人投资者而言具有较大的吸引力。而收益增强结构总体而言风险较大。

8. 逆向浮动结构的息票率是浮动的，通常每3个月或者6个月调整一次。当金融市场处于持续的利率上涨过程中，逆向浮动结构将为投资者带来更高的收益。(　　)

【解析】逆向浮动结构类似于浮动利率债券，其主要特征在于产品的息票率等于某个固定利率减去某个浮动利率。因此，逆向浮动结构的息票率是浮动的，通常每3个月或6个月调整一次。当金融市场处于持续的利率下跌过程中，逆向浮动结构将为投资者带来更高的投资收益。

9. 区间浮动利率结构化产品的投资者的投资目的是确保投资的最低收益。(　　)

【解析】区间浮动利率结构化产品的投资者大多是货币市场的投资者，如货币市场基金等。其投资的目的是确保投资的最低收益。当市场利率走势下跌时，这类产品对投资者而言是比较具有吸引力的。

10. 逆向浮动利率票据的主要特征在于票据的息票率等于某个固定利率加上某个浮动利率。(　　)

【解析】逆向浮动利率结构类似于浮动利率债券，其主要的特征在于产品的息票率等于某个固定利率减去某个浮动利率。因此，当金融市场处于持续的利率下跌过程中，逆向浮动结构将为投资者带来更高的投资收益。

11. 当市场利率走势下跌时，区间浮动利率结构化产品对货币市场投资者而言是比较具有吸引力的。(　　)

【解析】区间浮动利率票据的投资者大多是货币市场的投资者，其投资的目的是确保投资的最低收益。当市场利率走势下跌时，这类票据对投资者而言是比较具有吸引力的。

12. 在双货币结构中，产品的利息收入所用的计价货币不同于产品的本金偿还所用的计价货币。(　　)

【解析】在双货币结构中，产品的利息收入所用的计价货币不同于产品的本金偿还所用的计价货币。具体而言，投资者的投资的本金和收到的利息均以相同的货币(本币)计价，而期末收回的本金却以另一种货币(外币)计价。

13. 数量调整期权可以把汇率变动对汇率联动期权结构化产品的影响剥离。(　　)

【解析】针对汇率的变动，可以把产品的到期收益以初始时刻的汇率折算为本币并返回给投资者。具有该属性的期权就是数量调整期权，可以把汇率的影响剥离。

14. 双货币结构化产品的风险敞口小于反向双货币结构化产品的风险敞口。(　　)

【解析】双货币结构化产品的构造使得投资的本金受到汇率风险，风险敞口比较大。反向双货币结构化产品中利息收入是以外币计价并结算的，而本金则是以本币计价并结算的，风险敞口只体现在利息收入上，风险敞口较小。

四、综合题(以下各小题所给出的4个选项中，至少有1项符合题目要求，请将正确选项的代码填入括号内)

8B　9A　10B　11A　12A　13A　14B

1. 某资产管理机构设计了一款挂钩于沪深300指数的结构化产品，期限为6个月，若到期时沪深300指数的涨跌在-3.0%到7.0%之间，则产品的收益率为9%，其他情况的收益率为3%。据此回答以下三题。[2017年5月真题]

(1)投资于该理财产品的投资者对股市未来半年行情的看法基本为(　　)。

A. 预期涨跌幅度在-3.0%到7.0%之间

B. 预期涨跌幅度在7%左右

C. 预期跌幅超过3%

D. 预期跌幅超过7%

【解析】若到期时沪深300指数的涨跌在-3.0%到7.0%之间，则产品的收益率为9%，远远高于其他情况的收益率，所以投资者预期涨跌幅度在-3.0%到7.0%之间。

(2)假设产品发行时沪深300指数的点数是3200点，则该结构化产品中的期权的行权价为(　　)。

A. 3104和3414　B. 3104和3424　C. 2976和3424　D. 2976和3104

【解析】若到期时沪深300指数的涨跌在-3.0%到7.0%之间，产品行权，所以期权的行权价分别为3200×(1-3%)=3104，3200×(1+7%)=3424。

(3)结构化产品的设计和发行会受当时金融市场的影响。本案例中的产品在(　　)下比较容易发行。

A. 六月期Shibor为5%　B. 一年期定期存款利率为4.5%

C. 一年期定期存款利率为2.5%　D. 六月期Shibor为3%

【解析】C项，在两种情况下，产品的收益率分别为9%和3%，均高于目前一年期定期存款利率2.5%，所以在该种情况下产品比较容易发行；D项，六月期Shibor为3%与本案例中的产品的最低收益率相同，因此，在该种情况下产品比较容易发行。

2. 某款收益增强型的股指联结票据的主要条款如表9-1所示。请据此条款回答以下四题。

表9-1　某收益增强型股指联结票据主要条款

发行者	美国的某个信用评级为AAA级的商业银行
发行对象	中国境内的资产规模超过100万元人民币的投资者
发行规模	10亿人民币
票据期限	1年
息票率	14.5%
发行价格	100(百元报价方式)
标的指数	标准普尔500指数(S&P500)
票据赎回价值	100×[1-(指数期末值-指数期初值)÷指数期初值]
最大赎回价值	100
最小赎回价值	0

(1)该收益增强型股指联结票据在票据中嵌入了(　　)合约。

A. 看涨期权　B. 看跌期权

C. 价值为负的股指期货　D. 价值为正的股指期货

1(1)A　(2)B　(3)CD　2(1)A

【解析】从票据的赎回条款可以看出，投资者卖出了以标准普尔 500 指数为标的的看涨期权，同时获得了较高的息票率。这里的看涨期权的执行价格是票据发行时标准普尔 500 指数的价格。如果指数在期末时比期初时有所升值，那么投资者回收的资金就会降低。这是投资该票据的主要风险。

(2)假设在该股指联结票据发行的时候，标准普尔 500 指数的价位是 1500 点，期末为 1800 点，则投资收益率为(　　)。

A. 4.5%　　B. 14.5%　　C. -5.5%　　D. 94.5%

【解析】票据赎回价值 = 100 × [1 - (1800 - 1500) ÷ 1500] = 80(元)，由于息票率为 14.5%，则回收资金为 80 + 14.5% × 100 = 94.5(元)，所以投资收益率 = (94.5 - 100) ÷ 100 = -5.5%。

(3)假定标准普尔 500 指数分别为 1500 点和 3000 点时，以其为标的的看涨期权空头和看涨期权多头的理论价格分别是 8.68 元和 0.01 元，则产品中期权组合的价值为(　　)元。

A. 14.5　　B. 5.41　　C. 8.68　　D. 8.67

【解析】该产品中含有两个期权，一个是看涨期权空头，它的行权价是指数期初值 1500 点，期限是 1 年，每个产品中所含的份额是"100/指数期初值"份；另一个期权是看涨期权多头，它的行权价是指数期初值的两倍 3000 点，期限也是 1 年，每个产品中所含的份额也是"100/指数期初值"份。这两个期权都是普通的欧式期权，每个产品所占的期权份额的理论价格分别为 8.68 元和 0.01 元，所以产品中期权组合的价值是 8.67 元。

(4)假设该产品中的利息是到期一次支付的，市场利率为(　　)时，发行人将会亏损。

A. 5.35%　　B. 5.37%　　C. 5.39%　　D. 5.41%

【解析】现在产品的定价是 14.5%，这个价格的一部分来自于卖出的期权，即 8.67%，另一部分则是市场无风险利率水平。又因为 1 年之后才拿到利息，要考虑贴现，则市场利率的水平应该根据以下方程得到：100 × 市场利率 = 100 × 14.5% - 8.67 × (1 + 市场利率)，由此算得市场利率应该是 5.36%。如果市场利率水平比 5.36% 低，那么依照 14.5% 的价格发行的话，发行人将会亏损。这种情况下，发行人可能会降低产品的发行价格。

3. 某资产管理机构发行了一款保本型股指联结票据，产品的主要条款如表 9-2 所示。根据主要条款的具体内容，回答以下两题。

表 9-2　某保本型股指联结票据主要条款

项目	条款
产品发行方	某资产管理机构
产品起始日期	2015 年 5 月 30 日
产品到期日	2016 年 5 月 30 日
面值(元)	100
标的指数	上证 50 指数
赎回价值(元)	100 + 100 × max(标的指数涨跌幅，0)

(2)C　(3)D　(4)A

(1)假设产品即将发行时1年期的无风险利率是4.5%，为了保证产品能够实现完全保本，发行者就要确保每份产品都有(　　)元的资金用于建立无风险的零息债券头寸。

A. 95　　B. 95.3　　C. 95.7　　D. 96.2

【解析】当标的指数在产品到期日的价格与起始日的相比出现下跌的话，那么指数涨跌幅就是一个负数，最终计算得到的赎回价值就是100元，这与产品的面值也就是产品初始投资是相同的，这就是完全保本特征；反之，如果标的指数上涨了，那么赎回价值不仅仅包括100元，还包括一部分指数上涨带来的收益。为了保证产品能够实现完全保本，发行者就要确保每份产品都有100/(1+4.5%)≈95.7(元)的资金用于建立无风险的零息债券头寸。

(2)假设产品运营需0.8元，则用于建立期权头寸的资金有(　　)元。

A. 4.5　　B. 14.5　　C. 3.5　　D. 94.5

【解析】根据(1)的结果，用于建立期权头寸的资金=100-95.7-0.8=3.5(元)。

4. 逆向浮动利率票据的主要条款如表9-3所示。

表9-3　某款逆向浮动利率票据的主要条款

发行规模	10亿美元
票据期限	3年
票据息票	9%减去6月期美元即期Libor，利息每半年支付一次，每半年调整一次
最低息票率	0投资者在任何时候获得的利率都不可能是负的，即当6月期美元即期Libor达到或高于9%时，投资者不承担向发行者支付利息的义务

该逆向浮动利率票据可以分解成三个较为基础的金融工具，以下哪个不属于这三个金融工具？(　　)。

A. 利率上限期权　　B. 利率远期合约　　C. 固定利率债券　　D. 利率互换合约

【解析】这款逆向浮动利率票据的结构较为简单，可以将其分解成以下三个较为基础的金融工具：①一个固定利率债券；②一份利率互换合约，使投资者可以获得固定利率并且支付浮动利率；③一个利率上限期权，投资者从票据的发行者手中买入并持有。

5. 表9-4是双货币债券的主要条款。

表9-4　某款双货币债券的主要条款

发行人	某AAA级商业银行
发行规模	5亿元人民币
债券期限	3年
息票率	6.00%，按年支付，以人民币计价和支付
到期价值	0.8亿美元

(1)到期时该债券所隐含的美元对人民币的汇率是(　　)。

A. 6.15　　B. 6.24　　C. 6.25　　D. 6.38

【解析】人民币本金为5亿元，债券到期时回收的本金却是0.8亿美元，这相当于美元兑

3(1)C　(2)C　4B　5(1)C

人民币的汇率为5/0.8 =6.25。

(2)该双货币债券的目标投资者是持有人民币的中国投资者，关于该产品特征说法不正确的是(　　)。

A. 投资者的利息收入不存在外汇风险

B. 投资者获得的利息收入要高于同期的可比的普通债券的利息收入

C. 投资者的本金收回将承担外汇风险，风险敞口大于投资本金

D. 投资者可以从人民币贬值过程中获得相对较高的收益

【解析】C项，投资者的本金收回将承担外汇风险，风险敞口等于投资本金，因为在债券到期时，投资者将收到美元作为本金偿还，所以需要将美元转换成人民币。

6. 表9-5是一款简单的指数货币期权票据的主要条款。

表9-5　某款指数货币期权票据的主要条款

发行规模	1亿美元
票据期限	5年
息票率	5.00%，按年支付，以美元计价和支付
目标汇率	人民币兑美元
到期价值	当到期时的即期汇率小于6.5时(人民币升值)，投资者收回的本金R如下公式计算：$R=1$亿美元$\times(1-\frac{6.5-S}{S})$反之，当汇率等于或大于6.5时(人民币贬值)，投资者全额收回本金，其中，S表示人民币兑美元的汇率
最低到期价值	0

(1)从表9-5中的到期价值条款可以看到，该指数货币期权票据中内嵌了(　　)。

A. 人民币看涨期权　　B. 人民币看跌期权

C. 美元看涨期权　　D. 美元看跌期权

【解析】该指数货币期权票据中内嵌了人民币的看涨期权(即美元兑人民币的看跌期权)。投资者投资于这款票据，相当于卖出了看涨期权，当人民币升值时，投资者将蒙受损失。

(2)该票据具有最低到期价值条款，当人民币升值到(　　)，产品的到期价值将等于零。

A. 6.5　　B. 4.5　　C. 3.25　　D. 3.5

【解析】该票据还具有最低到期价值条款。从到期价值计算公式可以看到，当人民币升值到3.25，即升值100%时，产品的到期价值将等于零。如果人民币升值幅度大于100%，到期价值将是负数，意味着投资者在期末时不仅损失了全部本金，而且还欠了发行人一定额度的资金。

---

(2)C　6(1)AD　(2)C

第十章　衍生品业务风险管理

一、单项选择题（以下各小题所给出的4个选项中，只有1项最符合题目要求，请将正确选项的代码填入括号内）

1. 第一个每日VaR为95，期限为50天；第二个每日VaR是99，期限为100天，请问谁的总VaR比较大？（　　）［2024年5月真题］

A. 第一个大　　B. 第二个大　　C. 无法比较　　D. 一样大

【解析】N天的 $VaR_N = VaR_1 \times \sqrt{N}$，代入可得第一个 $VaR_N = VaR_1 \times \sqrt{N} = 95 \times \sqrt{50} = 671.75$，第二个 $VaR_N = VaR_1 \times \sqrt{N} = 99 \times \sqrt{100} = 990$。

2. 适合计算VaR的置信水平是（　　）。［2018年5月真题］

A. 60%　　B. 40%　　C. 95%　　D. 5%

【解析】在险价值（VaR），是指在一定概率水平α%（置信水平）下，某金融资产或资产组合的价值在未来特定时期可能的最大损失。95%的置信水平的含义是有95%的把握认为最大损失不会超过VaR值。置信水平在一定程度上反映了金融机构对于风险承担的态度或偏好。较大的置信水平意味着较高的风险厌恶程度，希望能够得到把握较大的预测结果，也希望所用的计算模型在对极端事件进行预测时失败的可能性更小。

3. 下列表述属于敏感性分析的是（　　）。［2017年5月真题］

A. 股票组合经过股指期货对冲后，若大盘下跌40%，则组合净值仅下跌5%

B. 当前“15附息国债16”的久期和凸性分别是8.42和81.32

C. 在随机波动率模型下，“50ETF购9月3.10”明日的跌幅为95%的可能性不超过70%

D. 若利率下降500个基点，指数下降30%，则结构化产品的发行方将面临4000万元的亏损

【解析】敏感性分析，是指在保持其他条件不变的情况下，研究单个风险因子的变化对金融产品或资产组合的收益或经济价值产生的可能影响。最常见的敏感性指标包括衡量股票价格系统性风险的β系数、衡量利率风险的久期和凸性以及衡量期权类金融衍生品市场风险的希腊字母等。

4. 某个资产组合下一日的在险价值（VaR）是250万元。假设资产组合的收益率分布服从正态分布，以此估计该资产组合4个交易日的VaR，得到（　　）万元。［2021年12月真题］

A. 1000　　B. 750　　C. 625　　D. 500

【解析】在实际中，大多数资产通常都有每天的报价或者结算价，可以据此来计算每日的VaR，并在基础上扩展到N天的VaR。根据扩展公式，可得：

$$VaR_N = VaR_1 \times \sqrt{N} = 250 \times \sqrt{4} = 500（万元）$$

1B　2C　3B　4D

5. (　　)是指在保持其他条件不变的前提下，研究单个市场风险要素的变化可能会对金融工具、资产组合的收益或经济价值产生的可能影响。[2016 年 11 月真题]

A. 敏感性分析　　B. 情景分析　　C. 缺口分析　　D. 久期分析

【解析】敏感性分析是指在保持其他条件不变的情况下，研究单个风险因子的变化对金融产品或资产组合的收益或经济价值产生的可能影响，最常见的敏感性指标包括衡量股票价格系统性风险的 β 系数、衡量利率风险的久期和凸性以及衡量期权类金融衍生品市场风险的希腊字母等。

6. 产品层面的风险识别的核心内容是(　　)。

A. 识别各类风险因子的相关性

B. 识别整个部门的金融衍生品持仓对各个风险因子是否有显著的敞口

C. 识别影响产品价值变动的主要风险因子

D. 识别业务开展流程中出现的一些非市场行情所导致的不确定性

【解析】产品层面的风险识别是识别出单个金融衍生品所存在的风险，核心内容是识别出影响产品价值变动的主要风险因子。部门层面的风险识别是在产品层面风险识别的基础上，充分考虑一个交易部门所持有的所有金融衍生品的风险，核心内容是识别出各类风险因子的相关性及整个部门的金融衍生品持仓对各个风险因子是否有显著的敞口。公司层面的风险识别则是在部门层面风险识别的基础上，更多地关注业务开展流程中出现的一些非市场行情所导致的不确定性，包括授权、流程、合规、结算等活动中的风险。

7. 对于金融衍生品业务而言，(　　)是最明显的风险。

A. 操作风险　　B. 信用风险　　C. 流动性风险　　D. 市场风险

【解析】对于金融衍生品业务而言，市场风险是最明显的风险。金融机构在开展金融衍生品业务时，其所持有的金融衍生品头寸可能处于未对冲状态。这种情况下，金融市场的行情变化将有可能导致衍生品头寸的价值发生变化，出现亏损，使金融机构蒙受损失。

8. 假设基金公司持有金融机构为其专门定制的上证 50 指数场外期权，当市场处于下跌行情中，金融机构亏损越来越大，而基金公司为了对冲风险并不愿意与金融机构进行提前协议平仓，使得金融机构无法止损。这是场外产品(　　)的一个体现。

A. 市场风险　　B. 流动性风险　　C. 操作风险　　D. 信用风险

【解析】金融衍生品业务的流动性风险，是指金融机构无法在较短的时间内以合适的价格建立或者平掉既定的金融衍生品头寸。相对而言，场外交易的金融衍生品的流动性风险要高于场内交易的流动性风险。其根本原因在于场外交易的金融衍生品的非标准化特征。场外交易的金融衍生品通常是交易双方根据各自的需求相互协商而确定。如果交易中的一方在合约未到期前想把合约平仓，而另外一方不同意，那么计划平仓一方就面临较大的困难。

9. (　　)是指用数量化指标来反映金融衍生品及其组合的风险高低程度。

A. 风险度量　　B. 风险识别　　C. 风险对冲　　D. 风险控制

【解析】金融衍生品业务的风险度量，是指用数量化指标来反映金融衍生品及其组合的风

5A　6C　7D　8B　9A

险高低程度。金融衍生品包含的风险有多种，并不是所有的风险都可以进行数量化度量。风险度量的方法主要包括：敏感性分析；情景分析和压力测试；在险价值。

10. 金融机构估计其风险承受能力，适宜采用(　　)风险度量方法。[2024 年 5 月真题]

A. 敏感性分析　　B. 在险价值　　C. 压力测试　　D. 情景分析

【解析】压力测试可以被看作一些风险因子发生极端变化情况下的极端情景分析。在这些极端情景下计算金融产品的损失，是对金融机构计算风险承受能力的一种估计。

11. 金融机构在做出合理的风险防范措施之前会进行风险度量，(　　)度量方法明确了情景出现的概率。

A. 情景分析　　B. 敏感性分析　　C. 在险价值　　D. 压力测试

【解析】情景分析和压力测试只设定了情景，但是没有明确情景出现的概率，所以对于辅助金融机构做出合理的风险防范措施而言，略有不足。为了解决这个问题，需要用到在险价值(VaR)方法。在险价值，是指在一定概率水平 $\alpha\%$(置信水平)下，某金融资产或资产组合的价值在未来特定时期(N 天)可能的最大损失。计算 VaR 的目的在于明确未来 N 天内投资者有 $\alpha\%$ 的把握认为其资产组合的价值损失不会超过多少。

12. 当资产组合的结构比较复杂时，使用(　　)来计算 VaR 在算法上较为简便。

A. 解析法　　B. 图表法

C. 模拟法　　D. 以上选项均不正确

【解析】计算 VaR 有解析法和模拟法两种方法，使用模拟法较为简便。模拟法又包括历史模拟法和蒙特卡罗模拟法。当资产组合的结构比较复杂时，使用模拟法来计算 VaR 在算法上较为简便，但是要想得到较为准确的 VaR，所需的运算量可能会很大。

13. 运用模拟法计算 VaR 的关键是(　　)。

A. 根据模拟样本估计组合的 VaR

B. 得到组合价值变化的模拟样本

C. 模拟风险因子在未来的各种可能情景

D. 得到在不同情境下投资组合的价值

【解析】模拟法是指通过模拟风险因子在未来的各种可能情景，然后根据组合价值与风险因子的关系，得到在不同情境下投资组合的价值，从而得到组合价值变化的模拟样本，进而根据该样本来估计组合的 VaR。模拟法的关键，在于模拟出风险因子的各个情景。

14. 场内金融工具的特点不包括(　　)。

A. 通常是标准化的　　B. 在交易所内交易

C. 有较好的流动性　　D. 交易成本较高

【解析】场内金融工具通常是标准化的，在特定的交易所内集中交易，通常具有比较好的流动性，方便交易者及时地以较低的交易成本来调整头寸。这是利用场内金融工具进行风险对冲的一个优势，即对冲交易的成本比较低，时间效率较高。

10C　11C　12C　13C　14D

15. 金融机构为了获得预期收益而主动承担风险的经济活动是(　　)。

A. 设计和发行金融产品　　B. 自营交易

C. 为客户提供金融服务　　D. 设计和发行金融工具

【解析】金融机构自身也有一部分资金用于自营交易，即通过主动承担风险来获得一定的预期收益。ACD 三项，金融产品和服务中蕴含市场风险，相关资产或风险因子随着市场行情的变动而变动，从而导致金融产品的价值发生变化，使金融机构在未来承担或有支付义务。

16. 金融机构维护客户资源并提高自身经营收益的主要手段是(　　)。

A. 具有优秀的内部运营能力

B. 利用场内金融工具对冲风险

C. 设计比较复杂的产品

D. 直接接触客户并为客户提供合适的金融服务

【解析】对于金融机构而言，客户是一种资源，是金融机构竞争力的体现。能够直接接触客户并为客户提供合适的金融服务，是维护客户资源并提高自身经营收益的主要手段。

17. 金融机构内部运营能力体现在(　　)上。

A. 通过外部采购的方式来获得金融服务

B. 利用场外工具来对冲风险

C. 恰当地利用场内金融工具来对冲风险

D. 利用创设的新产品进行对冲

【解析】恰当地利用场内金融工具来对冲风险，是金融机构内部运营能力的体现，这相当于金融机构利用场内金融工具的组合，生产出服务于客户的各类金融产品。如果金融机构内部运营能力不足，无法利用场内工具来对冲风险，那么可以通过外部采购的方式来获得金融服务，并将其销售给客户，以满足客户的需求。

18. 金融机构可以通过创设新产品进行风险对冲，下列不属于创设新产品的是(　　)。

A. 资产证券化　　B. 商业银行理财产品

C. 债券　　D. 信托产品

【解析】金融机构为其客户提供一揽子金融服务后，除了可以利用场内、场外的工具来对冲风险，也可以将这些风险打包并分切为多个小型金融资产，并将其销售给众多投资者。这种方式也可以实现风险的转移。通过创设新产品来进行风险对冲，在实际中有多方面的应用，例如资产证券化、信托产品、商业银行理财产品等。

二、多项选择题(以下各小题给出的 4 个选项中，至少有 2 项符合题目要求，请将符合题目要求选项的代码填入括号内)

1. 在计算金融资产的在险价值(VaR)时用到历史模拟法和蒙特卡洛模拟法，下列表述正确的是(　　)。[2022 年 7 月真题]

A. 历史模拟法对金融资产价值的概率分布不做任何假设

15B　16D　17C　18C　┃　1AB

B. 蒙特卡洛模拟需要假定金融资产价值服从一定的概率分布
C. 蒙特卡洛模拟不需要考虑各个风险因子之间的相关性
D. 蒙特卡洛模拟不需要依赖于历史数据

【解析】CD两项，蒙特卡罗模拟法的实施，首先要假设风险因子服从一定的联合分布，并根据历史数据来估计出联合分布的参数。

2. 金融机构建立衍生品头寸后，要规避其风险，可选择的方法有(　　)。[2018年11月真题]

A. 利用场内工具对冲　　B. 利用场外工具对冲
C. 准备风险储备金　　D. 创设新产品进行对冲

【解析】对冲风险，可以选择场内市场的金融工具，也可以选择场外市场的金融工具。此外，金融机构还可以将现有风险打包成新的金融产品并销售出去，从而将风险资产剥离出资产负债表。

3. 可以作为压力测试的场景有(　　)。[2017年5月真题]

A. 股指期货合约全部跌停　　B. “911”事件
C. 东南亚金融危机　　D. 美国股市崩盘

【解析】压力测试可以被看作一些风险因子发生极端变化情况下的极端情景分析。在这些极端情景下计算金融产品的损失，是对金融机构计算风险承受能力的一种估计。具体来看，极端情景包括历史上曾经发生过的重大损失情景和假设情景。

4. 关于敏感性分析，以下说法正确的是(　　)。[2016年11月真题]

A. 期权价格的敏感性分析依赖于特定的定价模型
B. 当风险因子取值发生明显非连续变化时，敏感性分析结果较为准确
C. 做分析前应准确识别资产的风险因子
D. 期权的希腊字母属于敏感性分析指标

【解析】B项，敏感性分析通常都是基于产品定价模型的一阶或者二阶线性分析，所以风险因子变动在小范围内时，得出的数字才有意义，特别是对于含有期权这种非线性衍生品的产品而言。如果风险因子变动过大，根据敏感性分析得出的结果的精确性就比较差。

5. 计算在险价值VaR至少需要(　　)等方面的信息。[2015年11月真题]

A. 修正久期　　B. 资产组合未来价值变动的分布特征
C. 置信水平　　D. 时间长度

【解析】在险价值VaR，是指在一定概率水平$\alpha\%$(置信水平)下，某金融资产或资产组合的价值在未来特定时期(N天)可能的最大损失。计算VaR至少需要三方面的信息：①时间长度N；②置信水平；③资产组合未来价值变动的分布特征。

6. 关于情景分析和压力测试，下列说法正确的是(　　)。[2015年7月真题]

A. 压力测试是考虑极端情景下的情景分析
B. 相比于敏感性分析，情景分析更加注重风险因子之间的相关性
C. 情景分析中没有给定特定情景出现的概率

2ABD　3ABCD　4ACD　5BCD　6ABCD

D. 情景分析中可以人为设定情景

【解析】A 项，压力测试可以被看作一些风险因子发生极端变化情况下的极端情景分析；B 项，敏感性分析是单一风险因素分析，而情景分析则是一种多因素同时作用的综合性影响分析，因此，在情景分析的过程中，要注意考虑各种头寸的相关关系和相互作用；C 项，情景分析和压力测试只设定了情景，但是没有明确情景出现的概率；D 项，情景分析中的情景可以人为设定，可以直接使用历史上发生过的情景，也可以从市场风险要素历史数据的统计分析中得到，或通过运行在特定情况下市场风险要素的随机过程得到。

7. 可以用来度量金融资产价值对风险因素的敏感性指标有(　　)。[2015 年 7 月真题]

A. 期权的 Delta　　B. 期权的 Gamma　　C. 凸性　　D. 久期

【解析】最常见的敏感性指标包括衡量股票价格系统性风险的 β 系数、衡量利率风险的久期和凸性以及衡量衍生品风险的希腊字母等。常用的希腊字母包括 Delta、Gamma、Vega、Theta、Rho。

8. 金融衍生品业务中的风险识别可以从哪些层面上进行？(　　)

A. 产品层面　　B. 市场层面　　C. 部门层面　　D. 公司层面

【解析】金融衍生品业务中的风险识别可以从三个层面上进行，分别是产品层面、部门层面和公司层面。产品层面的风险识别是识别出单个金融衍生品所存在的风险；部门层面的风险识别是在产品层面风险识别的基础上，充分考虑一个交易部门所持有的所有金融衍生品的风险；公司层面的风险识别是在部门层面风险识别的基础上，更多地关注业务开展流程中出现的一些非市场行情所导致的不确定性，包括授权、流程、合规、结算等活动中的风险。

9. 界定流动性风险的关键在于(　　)。

A. 时间　　B. 数量　　C. 价格　　D. 损益

【解析】金融衍生品业务的流动性风险，是指金融机构无法在较短的时间内以合适的价格建立或者平掉既定的金融衍生品头寸。界定流动性风险的关键在于时间和价格。既定规模的金融衍生品的建仓或平仓所需的时间越短，则产品的流动性越高，流动性风险就越低。在交易价格方面，无论是建仓还是平仓，交易的价格如果与产品的价值偏离很小，则表示流动性较高；反之则说明流动性较低。

10. 操作风险的识别通常在(　　)进行。

A. 市场层面　　B. 产品层面　　C. 公司层面　　D. 部门层面

【解析】操作风险也可以称为运行风险，是衍生品业务开展过程中不当或失效的内部控制过程、人员和系统以及外部事件造成损失的可能性。操作风险的识别通常在公司层面或者部门层面，与单个衍生品的联系并不紧密，少有从产品层面进行操作风险的识别。

11. 从交易系统上看，公司内部的(　　)等各个信息技术板块之间都有可能因为信息系统被破坏而导致金融衍生品业务运行面临风险。

A. 交易系统　　B. 估值系统　　C. 风控系统　　D. 财务系统

【解析】从交易系统上看，公司内部的交易系统、估值系统、风控系统以及财务系统等

7ABCD　8ACD　9AC　10CD　11ABCD

各个信息技术板块之间都有可能因为信息系统被破坏而导致金融衍生品业务运行面临风险。

12. 下列关于金融衍生品的各种风险的说法中正确的是(　　)。

A. 在产品到期前，金融机构无法预先确定其所从事的金融衍生品业务及其所持有的金融衍生品能否带来净收益，这个不确定性就是金融衍生品业务中市场风险的主要体现

B. 场内交易的金融衍生品的信用风险高于场外交易的金融衍生品

C. 场内交易的金融衍生品的流动性风险低于场外交易的金融衍生品

D. 操作风险是由公司或部门内部因素造成的，而不是由外部因素导致的

【解析】B项，场内交易的金融衍生品通常在正规的、受监管的金融交易所内进行，交易所充当场内交易的所有金融衍生品的交易对手方，利用其雄厚的资金实力和风险管理能力来确保金融衍生品的履约，在这种条件下，场内交易的金融衍生品通常没有信用风险，或者说信用风险极低；场外交易的远期、互换、期权等金融衍生品通常是个性化的、非标准化的，并且没有类似交易所或者清算公司这样的机构充当中央对手方，因此场外交易的金融衍生品存在或低或高的信用风险。D项，操作风险是金融衍生品业务开展过程中不当或失效的内部控制过程、人员和系统以及外部事件造成损失的可能性。操作风险既可能由公司或部门内部因素造成，也可能由外部因素导致。

13. 金融机构通常需要综合运用各种风险度量方法对风险情况进行全面的评估和判断。风险度量的方法主要包括(　　)。

A. 情景分析　　B. 在险价值计算　　C. 敏感性分析　　D. 压力测试

【解析】风险度量的方法主要包括敏感性分析、情景分析和压力测试、在险价值(VaR)。这三种方法各有优缺点，通常需要金融机构综合运用，以对金融衍生品的市场风险做出全面的评估和判断。

14. 对于较复杂的金融资产组合，敏感性分析具有局限性是因为(　　)。

A. 风险因子往往不止一个

B. 风险因子之间具有一定的相关性

C. 需考虑各种头寸的相关关系和相互作用

D. 传统的敏感性分析只能采用线性近似

【解析】敏感性分析具有一定的局限性，主要表现在较复杂的金融资产组合的风险因子往往不止一个，且彼此之间具有一定的相关性，需要引入多维风险测量方法。而传统的敏感性分析只能采用线性近似，其假设风险因子的微小变化与金融产品价值的变化呈线性关系，无法捕捉其中的非线性变化。C项属于在情景分析的过程中要注意考虑的内容。

15. 通常情况下，场外交易衍生品的特点有(　　)。

A. 可随时结算

B. 结算的频率远远高于产品存续期间交易日的数量

12AC　13ABCD　14ABD　15CD

C. 结算的频率远远低于产品存续期间交易日的数量

D. 到期才结算

【解析】在实际中，场外交易的衍生品通常只有到期才结算，或者结算的频率远远低于产品存续期间交易日的数量。

16. 下列描述中属于极端情景的有(　　)。

A. 相关关系走向极端　　B. 历史上曾经发生过的重大损失情景

C. 模型参数不再适用　　D. 波动率的稳定性被打破

【解析】极端情景包括历史上曾经发生过的重大损失情景和假设情景。假设情景包括模型假设，模型参数不再适用，市场价格巨幅波动，原本稳定的关系如相对价格、相关性、波动率等的稳定性被打破，市场流动性急剧降低，相关关系走向极端的 +1 或 -1，外部环境发生重大变化等情景。

17. 在设计压力情景时，需要考虑的因素包括(　　)。

A. 市场风险要素变动　　B. 宏观经济结构调整

C. 宏观经济政策调整　　D. 微观要素敏感性问题

【解析】一般来说，在设计压力情景时，既要考虑市场风险要素变动等微观要素敏感性问题，也要考虑宏观经济结构和经济政策调整等宏观层面的因素。

18. 压力测试可以在(　　)进行。

A. 金融机构大范围层面　　B. 部门层面

C. 市场层面　　D. 某个产品层面

【解析】一般来说，在设计压力情景时，既要考虑市场风险要素变动等微观要素敏感性问题，也要考虑宏观经济结构和经济政策调整等宏观层面的因素。这是在金融机构大范围层面进行的压力测试，或者部门层面针对某个资产组合进行的压力测试。压力测试也可以在某个产品层面进行，而且测试的精确性可能更高。

19. 平值期权在临近到期时，期权的 Delta 会发生急剧变化，原因是(　　)。

A. 难以在收盘前确定期权将会以虚值或实值到期

B. 用其他工具对冲时需要多少头寸不确定

C. 所需的头寸数量可能在到期当日或前一两日剧烈地波动

D. 对冲头寸频繁而大量地调整

【解析】当平值期权在临近到期时，期权的 Delta 会由于标的资产价格的小幅变化而发生较大幅度的变动，因为难以在收盘前确定该期权将会以虚值或实值到期，所以用其他工具对冲时就面临着不确定需要多少头寸的问题，或者所需的头寸数量可能在到期当日或前一两日剧烈地波动，从而产生对冲头寸频繁而大量的调整。

20. 临近到期日，(　　)的 Gamma 逐渐趋于零。

A. 虚值期权　　B. 实值期权　　C. 平值期权　　D. 深度虚值期权

【解析】随着剩余时间的缩短，虚值期权和实值期权的 Gamma 都逐渐地缩小并趋近于零，意味着这两类期权的 Delta 逐渐趋于稳定；而平值期权的 Gamma 越来越大，并且在

16ABCD　17ABCD　18ABD　19ABCD　20ABD

临近到期日时急剧上升，意味着在临近到期日时，平值期权的 Delta 将会发生急剧变化，导致期权对冲的难度将提高很多。

21. 情景分析和压力测试可以通过一些数学关系进行较为明确的因素分析，从而给出有意义的风险度量，这些因素包括(　　)。

A. 期权价值　B. 期权的 Delta　C. 标的资产价格　D. 到期时间

【解析】因为期权价值及其 Delta 与其他因素，如标的资产价格、到期时间等因素的数学关系较为明确，所以情景分析和压力测试可以给出有意义的风险度量。

22. 在险价值风险度量方法中，$\alpha=95$ 意味着(　　)。

A. 有 95% 的把握认为最大损失不会超过 VaR 值

B. 有 95% 的把握认为最大损失会超过 VaR 值

C. 有 5% 的把握认为最大损失不会超过 VaR 值

D. 有 5% 的把握认为最大损失会超过 VaR 值

【解析】在险价值是指在一定概率水平 $\alpha\%$(置信水平)下，某金融资产或资产组合的价值在未来特定时期(N 天)可能的最大损失。计算 VaR 的目的在于，明确在未来 N 天内投资者有 $\alpha\%$ 的把握认为其资产组合的价值损失不会超过多少。

23. 图 10－1 是资产组合价值变化 $\Delta\Pi$ 的概率密度函数曲线，其中阴影部分表示(　　)。

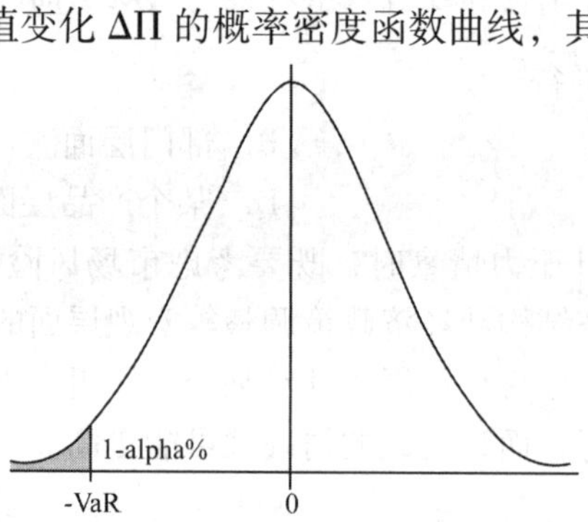

图 10－1　资产组合价值变化 $\Delta\Pi$ 的概率密度函数曲线

A. 资产组合价值变化跌破－VaR 的概率是 $1-\alpha\%$

B. 资产组合价值变化跌破－VaR 的概率是 $\alpha\%$

C. 资产组合价值变化不超过－VaR 的概率是 $\alpha\%$

D. 资产组合价值变化不超过－VaR 的概率是 $1-\alpha\%$

【解析】钟形曲线是资产组合价值变化 $\Delta\Pi$ 的概率密度函数曲线，阴影部分的意思表示资产组合价值变化跌破－VaR 的概率是 $1-\alpha\%$。由此可以看出，VaR 实际上是某个概率分布的分位数。

24. 在险价值风险度量中，影响时间长度 N 选择的因素包括(　　)。

A. 金融机构的管理政策　B. 流动性

C. 期限　D. 风险对冲频率

【解析】选择时间长度 N 就是确定要计算资产在未来多长时间内的最大损失，这应该根

21ABCD　22AD　23AC　24ABCD

据资产的特点和金融机构的管理政策来确定。一般而言，流动性强的资产往往需要每日计算 VaR，而期限较长的头寸则可以每星期或每月计算 VaR。此外，投资组合调整、市场数据收集和风险对冲等的频率也是影响时间长度选择的重要因素。

25. 在险价值风险度量中，选择较大的 $\alpha\%$ 意味着（　　）。
A. 较高的风险厌恶程度　　B. 较低的风险厌恶程度
C. 希望能够得到把握较小的预测结果　　D. 希望能够得到把握较大的预测结果
【解析】在置信水平 $\alpha\%$ 的选择上，该水平在一定程度上反映了金融机构对于风险承担的态度或偏好。较大的置信水平意味着较高的风险厌恶程度，希望能够得到把握较大的预测结果，也希望所用的计算模型在对极端事件进行预测时失败的可能性更小。

26. 计算 VaR 时，需要建立资产组合价值与各个风险因子的数学关系模型，这些风险因子包括（　　）。
A. 波动率　　B. 利率　　C. 个股价格　　D. 股指期货价格
【解析】在资产组合价值变化的分布特征方面，通常需要为其建立概率分布模型，首先需要建立资产组合价值与各个风险因子的数学关系模型，例如期权组合的价值与标的资产、波动率、利率等因素有关系，股指期货套期保值组合的价值与各个股票价格和股指期货价格有关系。

27. 在资产组合价值变化的分布特征方面，建立各个风险因子的概率分布模型的方法有（　　）。
A. 解析法　　B. 图表法
C. 蒙特卡罗模拟法　　D. 历史模拟法
【解析】在资产组合价值变化的分布特征方面，通常需要为其建立概率分布模型。模型的建立基本上可以分为两步：①建立资产组合价值与各个风险因子的数学关系模型；②建立各个风险因子的概率分布模型。进行第二步工作有两种方法：解析法和模拟法。模拟法又包括历史模拟法和蒙特卡罗模拟法。

28. 金融机构在进行一些经济活动的过程中会承担一定的风险，这些活动包括（　　）。
A. 设计各种类型的金融工具　　B. 为客户提供风险管理服务
C. 为客户提供资产管理服务　　D. 发行各种类型的金融产品
【解析】金融机构通过设计和发行各种类型的金融产品和工具，为客户提供资产管理、风险管理等金融服务，从而承担了一定的风险。

29. 利用场内金融工具进行风险对冲时，需要（　　）。
A. 识别现有的风险暴露、风险因子，并进行风险度量
B. 决定需要对冲的风险的量
C. 选择合适的场内金融工具
D. 形成风险对冲计划，执行计划并及时监控和调整
【解析】利用场内金融工具进行风险对冲时，基本上要经历以下几个步骤：①要识别现有的风险暴露、风险因子，并进行风险度量；②要根据现有的风险管理政策来决定需要

25AD　26ABCD　27ACD　28ABCD　29ABCD

对冲的风险的量；③根据风险因子的属性选择合适的场内金融工具，并根据所需要对冲的风险量来确定所需要建立的场内金融工具的持仓量；④形成风险对冲计划，执行计划并及时监控和调整。

30. 金融机构为了维护客户资源会给其客户提供一揽子金融服务，包括(　　)。

A. 设计比较复杂的产品　　B. 提供融资服务

C. 提供风险管理服务　　D. 提供多层次的服务

【解析】金融机构为了给其客户提供一揽子金融服务而设计的产品可能会比较复杂，可能包含融资、风险管理等多层次的服务。如果不能提供这些服务，金融机构有可能会失去客户，同时也不利于自身经营收益提高。

31. 金融机构提供一揽子服务时，应该具备的条件有(　　)。

A. 金融机构具有足够的资金提供融资

B. 金融机构有足够的交易能力来对冲期权和远期融资合约中利率互换带来的多方面风险

C. 金融机构具备良好的信誉

D. 金融机构可以自由选择交易对手

【解析】金融机构提供的一揽子服务包含了场外看涨期权、场外看跌期权和远期融资。这些服务一方面需要金融机构具有足够的资金以便提供融资；另一方面也需要金融机构有足够的交易能力来对冲期权和远期融资合约中利率互换所共同带来的多方面风险。

32. 创设新产品进行风险对冲时，金融机构需要考虑的因素有(　　)。

A. 金融机构内部运营能力　　B. 投资者的风险偏好

C. 当时的市场行情　　D. 寻找合适的投资者

【解析】在实际中，新产品的设计可能会复杂许多，金融机构需要根据当时的市场行情和投资者的风险偏好设计产品，也需要寻找合适的投资者，这样才能在对冲风险和发行产品之间找到合适的平衡点。

33. 某金融机构作为普通看涨期权的卖方，如果合同终止时期货的价格上涨了，那么双方的义务是(　　)。

A. 金融机构在合约终止日期向对方支付：合约规模×(结算价格－基准价格)

B. 金融机构在合约起始日期向对方支付：权利金

C. 对方在合约终止日期向金融机构支付：合约规模×(结算价格－基准价格)

D. 对方在合约起始日期向金融机构支付：权利金

【解析】金融机构作为看涨期权的卖方，在卖出这款期权产品之后，就面临着或有支付风险，如果在合同终止日期期货的价格上涨了，那么金融机构就要给对方提供补偿。而期权的买方需要支付给卖方一笔权利金。

34. 利用场内看涨期权对冲场外期权合约风险，确定在每个合约中分配 Delta 的数量时需考虑(　　)等因素。

A. 管理能力　　B. 投融资利率　　C. 冲击成本　　D. 建仓成本

30ABCD　31AB　32BCD　33AD　34ACD

【解析】利用场内的看涨期权来对冲场外期权合约风险的方案中，每个合约中分配多少 Delta 这个问题的解决方案是：在建仓成本（单位 Delta 所需要的资金）、管理能力和冲击成本等多因素之间取得平衡。

35. 影响期权 Delta 的因素包括（　　）。

A. 波动率　　B. 置信水平　　C. β 系数　　D. 标的资产价格

【解析】期权的 Delta 不仅会随着标的资产价格这个随机变量的变化而变化，也会因为波动率的变化而变化。

三、判断题（判断以下各小题的对错，正确的用 A 表示，错误的用 B 表示）

1. 风险对冲时要考虑模型风险。（　　）［2024 年 5 月真题］

【解析】模型风险主要体现在估值层面和风险对冲操作层面。风险对冲操作时，如果使用了错误的模型，模型计算出来的对冲比率就会偏离实际所需的对冲比率，用模型构造的对冲交易策略也有可能出现偏差。

2. 情景分析可以同时考虑多种风险因子对金融资产价格变化的影响。（　　）［2018 年 5 月真题］

【解析】情景分析是一种多因素同时作用的综合性影响分析。在情景分析的过程中，要注意考虑各种头寸的相关关系和相互作用。

3. 利用场外工具进行风险对冲时，通过同时与多家机构进行交易，可以降低与单个交易对手交易额，从而降低信用风险。（　　）［2015 年 7 月真题］

【解析】因为场外交易存在较为显著的信用风险，所以金融机构在对冲风险时，通常选择多个交易对手，从而降低对每个交易对手的信用风险暴露。

4. 按照风险性质的不同，金融衍生品业务中的主要风险分为市场风险、信用风险、流动性风险、操作风险和道德风险。（　　）

【解析】按照风险性质的不同，金融衍生品业务中的主要风险分为市场风险、信用风险、流动性风险、操作风险和模型风险。

5. 如果所交易的金融衍生品没有二级市场，并且没有做市商，那么产品的估值就需要用到一定的定价模型。在这种情况下，产品模型风险相对较高。（　　）

【解析】对于场内交易的金融衍生品，若产品具有一定的流动性或者存在做市商，则其价格的重新估计可以通过市场成交价格或者做市商的报价进行确定。这种情况下，产品的模型风险相对较低。如果所交易的金融衍生品没有二级市场，并且没有做市商，那么产品的估值就不那么直接，就需要用到一定的定价模型。在这种情况下，产品模型风险相对较高。

6. 期权做市业务特别是场外期权业务中，对冲后的分布呈现出钟形曲线特征，这是由于期权定价的非线性特征所致。（　　）

【解析】期权做市业务特别是场外期权业务中，对冲后的分布呈现出明显的负偏特征，而并非钟形曲线特征。这是由于期权定价的非线性特征所致。

35AD ▎ 1A　2A　3A　4B　5A　6B

7. 用解析法计算 VaR 的困难在于协方差矩阵的估计。(   )

【解析】用解析法计算 VaR 要求明确资产组合价值变化的条件概率分布，并且需要计算众多风险因子的协方差矩阵。随着风险因子的提高(例如，股票组合中不同个股数量的提高)，协方差矩阵的估计变得异常困难。

8. 对于一些只有到期才结算，或者结算频率远远低于产品存续期间交易日的数量的场外交易的衍生品，不需要对其进行敏感性分析。(   )

【解析】敏感性分析的主要用途在于让产品发行者实时地看到产品的风险，并及时地采取对冲方法。而对冲操作可能需要交易场内的金融产品，场内产品通常是盯市结算。所以，为了准确把握对冲操作的效果，对于场外交易的衍生品也需要进行敏感性分析。

9. 在情景分析时，只要特定的情景出现，金融机构的资产组合将面临很大的损失，金融机构就会投入很大的资源进行风险防范。(   )

【解析】情景分析和压力测试存在一定的不足，主要就是没有明确出现特定情景或者压力情形的概率。即使特定的情景出现时金融机构的资产组合面临很大的损失，但是如果这个情景出现的概率极低，那么金融机构很可能不会为此投入较大的资源来进行风险防范。

10. 压力测试在某个产品层面进行时，测试的精确性可能比其他方面更高。(   )

【解析】压力测试可以在金融机构大范围层面或者在部门层面针对某个资产组合进行，也可以在某个产品层面进行，而且测试的精确性可能更高。这是因为风险因子与产品的价值之间的数学联系通常较为明确。

11. 平值期权的 Delta 变化的速度在平值附近最大。(   )

【解析】平值期权的 Delta 在最后一个交易日会随着标的资产价格的变化而变化，而且 Delta 变化的速度在平值附近最大。

12. 当金融机构面临的风险在某些极端情况下使得其难以找到满意的解决方案时，需要进行情景分析。(   )

【解析】在金融机构卖出期权之后，其所面临的风险在某些极端情况下会使得金融机构难以找到令人满意的解决方案。这种风险需要提前进行压力测试，以便做到事前有所准备。

13. 产品的两个结算日之间相隔越远，风险因子的变化就越小，敏感性分析的准确性也就越高。(   )

【解析】如果产品的两个结算日之间相隔较远的话，风险因子的变化就可能比较大，那么敏感性分析的准确性就比较差了。

14. 牵制风险只有期权做市商在从事期权交易的过程中才会遇到。(   )

【解析】期权做市商卖出期权后会面临牵制风险。这个风险不仅期权做市商会遇到，而且其他从事期权相关金融产品发行的机构也会遇到。

15. 计算 VaR 的目的是明确在未来特定时期内投资者的最大可能损失。(   )

7A　8B　9B　10A　11A　12B　13B　14B　15A

【解析】计算 VaR 的目的在于明确在未来 N 天内投资者有 $\alpha\%$ 的把握认为其资产组合的价值损失不会超过多少。

16. 在风险度量的在险价值计算中，$\Delta\Pi$ 是一个常量。(　　)

【解析】通过在险价值进行风险度量的过程中，$\Delta\Pi$ 表示资产组合价值的未来变动，是一个随机变量。

17. 计算 VaR 时，流动性强的资产可以每星期或每月计算 VaR，期限较长的头寸往往需要每日计算 VaR。(　　)

【解析】一般而言，流动性强的资产往往需要每日计算 VaR，而期限较长的头寸则可以每星期或每月计算 VaR。

18. 较大的置信水平 $\alpha\%$ 的选择意味着希望在对极端事件进行预测时失败的可能性更小。(　　)

【解析】置信水平在一定程度上反映了金融机构对于风险承担的态度或偏好。较大的置信水平意味着较高的风险厌恶程度，希望能够得到把握较大的预测结果，也希望所用的计算模型在对极端事件进行预测时失败的可能性更小。

19. 计算 VaR 时，需要建立资产组合价值与各个风险因子的数学关系模型，由于需要明确它们之间的数学表达式，所以这些关系都是线性的。(　　)

【解析】建立资产组合价值与各个风险因子的数学关系模型时，这些关系有的是线性的，有的是非线性的。无论是何种关系，都需要明确它们之间的数学表达式。

20. 在建立风险因子的概率分布模型时，利率服从对数正态分布，股票指数价格服从一个均值回归随机过程。(　　)

【解析】在资产组合价值变化的分布特征方面，需要建立各风险因子的概率分布模型，例如股票指数价格服从对数正态分布，利率服从一个均值回归随机过程等。

21. 运用模拟法计算 VaR 的关键在于根据模拟样本来估计组合的 VaR。(　　)

【解析】当使用解析法计算 VaR 遇到困难时，可以运用模拟法。模拟法的关键在于，模拟出风险因子的各个情景。模拟法包括历史模拟法和蒙特卡罗模拟法。

22. 场内金融工具的标准化可能使风险对冲机构的风险因子与场内交易的金融工具不一致，给交易带来一定的困难。(　　)

【解析】场内金融工具的标准化给对冲交易带来一定的困难。这是因为风险对冲机构所承担的风险可能是较为特殊的，其风险因子与场内交易的金融工具可能并不一致。

23. 金融机构在管理现有投资的收益时需要运用各种工具对冲潜在的风险，而在管理或有支付义务时不需要进行风险对冲。(　　)

【解析】无论是恰当地管理或有支付义务，还是管理现有投资的收益，都在一定程度上需要金融机构利用场外、场内的各种工具来对冲潜在的风险。

24. 常规的期货套期保值，大多利用场内金融工具进行风险对冲，但是较为复杂的期权做市

16B　17B　18A　19B　20B　21B　22A　23B　24B

大多利用场外金融工具进行风险对冲。(　　)

【解析】利用场内工具对冲风险是金融机构和其他实业机构管理风险的常规方法。无论是常规的期货套期保值，还是较为复杂的期权做市，大多都是利用场内的金融工具进行风险对冲。

25. 建仓完成之后，场内期权组合的 Delta 与场外期权合约的 Delta 总是保持一致。(　　)

【解析】因为期权的 Delta 不仅会随着标的资产价格这个随机变量的变化而变化，而且会因为波动率的变化而变化，所以当二者变化之后，场内期权组合的 Delta 可能不再与场外期权合约的 Delta 保持一致。

26. 卖出收益增强型的看涨期权能够让投资者在标的资产价格上涨时获得比较高的利息，当标的资产价格下跌时蒙受较大的亏损。(　　)

【解析】收益增强型的结构化产品，能够让投资者在标的资产价格下跌时获得比较高的利息，但是当标的资产价格上升时会蒙受损失。金融机构发行了这款产品，相当于获得了看涨期权多头。

四、综合题(以下各小题所给出的 4 个选项中，至少有 1 项符合题目要求，请将正确选项的代码填入括号内)

1. 某金融机构卖给某线缆企业一份场外看涨期权。为对冲风险，该金融机构发行了一款结构化产品获得看涨期权的多头头寸，具体条款如表 10－1 所示。

表 10－1　某金融机构发行的结构化产品的基本条款

项目	条款
发行方	某金融机构
面值	100 元
标的资产	上海期货交易所铜期货主力合约
起始日期	某年 6 月 1 日
终止日期	同年 12 月 1 日
基准价格	40000 元/吨
结算价格	产品终止日铜期货主力合约的结算价
息票率	10%
赎回价值	100 ×(1－结算价格相对于基准价格的涨跌幅)
最大赎回价值	100
最小赎回价值	0

据此回答以下两题。[2017 年 11 月真题]

(1)这是一款(　　)的结构化产品。

A. 嵌入了最低执行价期权(LEPO)　　B. 参与型红利证

C. 收益增强型　　D. 保本型

【解析】收益增强型结构化产品通常在票据中嵌入股指期权空头或者价值为负的股指期货或远期合约，其中期权空头结构最为常用。期权空头使得投资者获得期权费收入，将该收入叠加到票据的利息中，就产生了更高的利息流，即所谓的收益增强。

25B　26B　┃　1(1)C

(2) 关于该款结构化产品，以下描述正确的是(　　)。

A. 该产品相当于嵌入了一个铜期货的看涨期权多头

B. 该产品相当于嵌入了一个铜期货的看涨期权空头

C. 当标的资产价格下跌时，投资者可以获利

D. 当标的资产价格上涨时，投资者可以获利

【解析】该款收益增强型的结构化产品能够让投资者在标的资产价格下跌时获得比较高的利息，但是当标的资产价格上升时蒙受亏损。这样的产品相当于嵌入了一个铜期货的看涨期权空头。金融机构发行了这款产品，相当于获得了看涨期权多头，以此来对冲先前给线缆企业提供场外期权所带来的风险。

2. 假如市场上存在以下在2018年12月28日到期的铜期权，如表10－2所示。

表10－2　2018年12月28日到期的铜期权

期权	价格(元/吨)	Delta
C@39000	2772	0.5798
C@40000	2296	0.5151
C@41000	1882	0.4516

某金融机构通过场外期权合约而获得的Delta是－2525.5元，现在根据金融机构场外期权业务的相关政策，从事场外期权业务，需要将期权的Delta进行对冲。

(1) 如果选择C@40000这个行权价进行对冲，买入数量应为(　　)手。

A. 5592　　B. 4356　　C. 4903　　D. 3550

【解析】如果选择C@40000这个行权价进行对冲，则期权的Delta等于0.5151，而金融机构通过场外期权合约而获得的Delta则是－2525.5元，所以金融机构需要买入正Delta的场内期权来使得场内场外期权组合的Delta趋近于0。则买入数量＝2525.5÷0.5151≈4903(手)。

(2) 上题中的对冲方案也存在不足之处，则下列方案中最可行的是(　　)。

A. C@41000合约对冲2525.5元Delta

B. C@40000合约对冲1200元Delta、C@39000合约对冲700元Delta、C@41000合约对冲625.5元

C. C@39000合约对冲2525.5元Delta

D. C@40000合约对冲1000元Delta、C@39000合约对冲500元Delta、C@41000合约对冲825.5元

【解析】针对上题对冲方案存在的不足之处，例如所需建立的期权头寸过大，在交易时可能无法获得理想的建仓价格，这时，该金融机构可能需要再将一部分Delta分配到其他的期权中。至于在每个合约中分配多少Delta这个问题的解决方案则是：在建仓成本(单位Delta所需要的资金)、管理能力和冲击成本等多因素之间取得平衡。如果场内期权组合过于复杂，那么维护该头寸时需要付出较多的人力成本和资金成本。

---

(2) BC　2(1) C　(2) B